U0039004

語用學與《左傳》外交辭令

陳致宏◎著

語用學與《左傳》外交辭令

目　　錄

1

序

　　左氏著傳，其貌多方，百世之下，有其一體，皆足名家。學者執簡以求，率得所欲，若武庫焉，無所不有：研經者尙其義，錄往者迹其事，考世者證其變，好兵者襲其謀，摛文者模其辭。故讀四部必自五經始，而五經之鈐鍵在《左傳》；學者能以《左傳》爲津筏，而旁推交通之，則經學明，史學明，子學明，文學明。

　　上列論點，見筆者二十年前所撰《左傳導讀》。《左傳》號稱大經，全文十八萬字，「自天地人物，以及古今典故，鬼神情狀，無不綜核」，所以筆者所言，乃是宏觀概論，並未一一指實。試翻檢中央研究院林慶彰博士所編《經學研究論著目錄》、《日本研究經學論著目錄》諸書，《左傳》研究之琳琅滿目，正可見《左傳》一書之輝麗萬有，眾美並蓄。筆者撰有〈左傳學研究之現況與趨向〉，足以窺其涯略。

　　就《左傳》之經學研究而言，文本探討，無論質量皆嫌不足。自清末民初章太炎、劉師培二大古文家以來，針對《左傳》文本作宏觀而全面之經學研究者，並不多見，即單篇散論之成果，亦十分有限。再者，《左傳》與五經之因緣，尤其跟《春秋》經之關係，除公羊學派今文學家續彈「不傳《春秋》」之老調外，論著亦少。歷代《春秋》學史之研究，近二十年來已趨向冷落，十分可惜。宋、元、清之《春秋》學，尤其是《左傳》學，數量最多，品質最佳，大多是未經開發之學術處女地，值得用心投入。

　　歷史學界看待《左傳》，大多認定爲研究上古史之史料，配合二重證據，以建構上古史。較少從史學觀點或方法解讀《左傳》，即使有，也不夠宏觀與全面。這方面之成果闕如，將影響

有關《左傳》之經學、思想與文學之研究。從思想角度研究《左傳》，臺灣學者已作開創工作，成果可觀。值得再接再厲，作更深更廣之研討，此乃《左傳》研究目前開發最少，潛力最富之領域。如果我們能夠借鏡華嚴宗「理事不礙」之啓示，對《左傳》文本多作義理之詮釋，「詳人之所略，重人之所輕」，將可開啓出一片研究之新天地。

有關「《春秋》書法」之指涉，宋代以來學界多沿襲公羊家「微言大義」之解讀，純粹指思想內容之意涵，而未及其他。而錢鍾書《管錐編》獨排眾議，宣稱《春秋》書法即後代之修辭學、辭章學。筆者折衷舊論與錢說，會通義理與辭章，以詮釋《春秋》書法，撰有〈春秋書法與宋代詩學〉、〈方苞義法與春秋書法〉二文，將《春秋》書法、史家筆法、文章義法會通為一，以之說經解傳，講史談文，要皆順理成章，得其肯綮。此一經學、史學、文學之會通研究，印證科際整合之必要性與可行性。在《春秋》學研究方法論上，值得嘗試與推廣。

「上帝如果一隻手拿著現成的真理，一隻手拿著尋求真理的方法，我寧願選擇尋求真理的方法」，萊辛的名言，對於經學研究很有啓發作用。史學有史學方法論、哲學有哲學研究法、文學也有文學研究法；唯獨經學，長期以來，並未建構明確的研究方法或方法論，以協助學界尋求經學真理，不無遺憾。學術研究成果之卓越不凡，取決於選題新、資料新、方法新、見解新，四者有其一，皆屬難能可貴。尤其研究方法之新穎獨特，更堪稱「點鐵成金」妙手，最有助於真理之尋訪與追求。縱然面對舊資料，假如能夠運用新方法，也必然可以獲得嶄新之結論，精湛之成果。

陳君致宏，篤實仁厚，能潛心致力於學。高雄中山大學畢業後，考上本校碩士班，為挑戰好逸惡勞之人性，乃不隨重今輕古

之流俗，毅然從余問學，矢志攻讀《春秋左氏傳》。致宏於《左傳》素有雅好，頗有心得。余以通經致用為儒者之志業，方今國事如蝟，兩岸談判陷入膠著，書生報國唯有學術，遂以「《左傳》外交辭令之研究」論題，勉其從事。當時，余正主編《宋代文學研究叢刊》，為追求成果卓越，曾以材料生新、方法獨特、觀點殊異三事自勉勉人，方法獨特尤所注意。余治《春秋》、《左傳》，即以方法獨特、觀點殊異，作為斯學研究之倡導。陳君深以為然，遂運用語用學詮釋《左傳》之外交辭令，會通語言學原理與史傳文學文本，作科際整合之研究，賦古典以新貌，落實經學現代化。書成，都三十萬言，獲本校文學碩士學位。余嘉其治學之勤快，成果之豐碩，乃勉其出版流傳，以就教於學者方家。為篇幅所限，書分兩冊，其一稱為《語用學與左傳外交賦詩》，其一命為《語用學與左傳外交辭令》。適萬卷樓圖書公司有「優良論文」出版系列，特為推薦。

今秋，致宏以厚實學養考入本系博士班，名列狀元。研究計劃為《左傳說話藝術之研究》，視外交辭令之探討更為廣大，更近實用。余勉其選擇新觀點，運用新方法，以解讀舊文獻，詮釋老問題。知此道也，一切學問研究自有創意與發明。書出有日，爰誌數語如上，是為序。

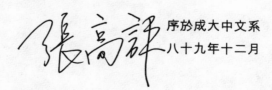

張高評　序於成大中文系
八十九年十二月

3

自　序

　　經學是中國傳統學術中重要的一環,傳統經學之研究經過學者不斷努力,至今已有相當的成績。就整體研究現況而言,今後經學的研究必須朝向新視野、新觀點來尋求突破。秉持此一理念,本書運用語用學觀點,對《左傳》外交辭令進行新的詮釋與探討。以下就本書各章內容及運用之觀點略作說明。

　　本書第一章首先說明目前《左傳》相關研究之情況,進而指出有關《左傳》文學與語言學之研究,仍有開發空間。並陳述新視野、新觀點對研究傳統典籍之必要性。並說明本文的研究範圍、資料取材及預期獲致的成果。

　　第二章則針對本書兩大關鍵語「語用學」及「《左傳》外交辭令」分別進行解析論述。就語言學角度而言,《左傳》外交辭令其性質是一種言語交際行為。在言語交際過程中,有些語言現象不單純是語言本身的問題,並且牽涉到使用語言的人及語言使用的環境,想要正確地解釋這些現象,則必須借助語用學。本書主要運用語用學角度來討論《左傳》中所載之外交辭令,分析外交辭令的交際過程與交際結果。語用學(Pragmatics)就是語言實用學,是研究特定情景中的特定話語,特別是研究在不同的言語交際環境下,如何理解語言和運用語言的一門學科。語用學的自 1930 年代為學者所提出,發展至今雖漸有成果,但整體而言,仍是有待進一步探討的學術領域。

　　外交辭令就是外交場合進行交際時所運用的一套語言

1

系統。《左傳》外交辭令依性質可別為外交辭令、外交應對與外交術語三類；其表達方式主要有對話、書面與賦詩三種。而外交辭令的說服內容，主要有文化、利益、形勢、邏輯與情感五大觀點。整體而言，《左傳》外交辭令是經過事前詳細規畫，強調說服效果的一種特殊言語交際行為，欲深入探討《左傳》外交辭令交際之情況，借鏡語用學觀點進行詮釋，是必要且可行的方式。

外交辭令首重成敗。成者，能為國家謀福求利；敗者，或將招致兵災禍患。外交辭令的本質是一種「言語交際」活動，有關《左傳》外交辭令成敗之探討，目前未有專門論著。本書第三章即借鏡語用學「語境」及「言語交際」等觀點，對《左傳》外交辭令之成敗進行分析。交際參與者、交際動機、溝通媒介、訊息內容與交際環境是構成言語交際的五大基本要素。以此五要素為基礎，配合外交辭令的實際運用，可分別由國際形勢、行人因素、交際動機及辭令內容等角度切入，對《左傳》外交辭令進行探討。

由語用學角度而言，國際形勢是外交辭令交際時主要的「客觀語境」。國際形勢，是指國家在國際社會中，所處的地位及其與各國間之關係。亦即國家在國際政治形勢中所處的地位與所能產生之影響力。國際形勢是國家外交政策制定之參考基準，在考量國際形勢的前提下，國家派遣行人進行折衝談判，為國家爭取最大利益。

在外交辭令交際過程中，行人是主要的參與者，其對辭令交際之表達與接受，產生相當的影響。就表達者而言，其「角色觀念」與「可信度」影響辭令的表達與接受。所謂角

色觀念是指言語交際雙方於交際過程中所扮演的角色與所處的地位。在言語交際進行時，交際雙方對角色之認知，將影響言語交際的進行。亞里斯多德提出信譽證明的觀念，指出可信度是說服的第一要素。

就接受者而言，「人格特質」與「預設心理」影響外交辭令的接受。此外，行人的臨場反應，亦是影響辭令交際成敗的重要因素之一。國家利益是外交工作的主要目的，爭取國家最大利益是外交辭令的主要任務。《左傳》外交辭令之交際，利益是其主要的交際動機。總之，由言語交際角度來探討《左傳》外交辭令，可對外交辭令之交際過程與交際結果有更深層的認識與了解。

辭令本身因素對外交辭令成敗產生相當的影響力。分析《左傳》外交辭令，發現文化對外交辭令之制約，是春秋外交辭令不同於戰國及之後外交辭令的重要特色。春秋時期外交交際雖有爭鬥、有機巧，但其外交辭令間亦流露出崇德尚禮的文化意蘊，此為其他時代所未有。此論點比較《戰國策》與《左傳》之外交辭令即可明顯看出。本書第四章即由文化制約角度來探討《左傳》外交辭令的表達與說服、交際與成敗。

德、禮為春秋文化的主要內涵，外交辭令的說服，無論動機如何，能以德、禮為說服觀點，則能增加辭令的接受度與可信度。又分析《左傳》以德、禮為主要說服內容之事例，發現想要以德、禮觀念進行說服者，除辭令內容須強調德、禮觀念的重要性，與考量對方文化素養外，國家實力往往才是左右德、禮說服的重要因素。德、禮說服是一種柔性說服，

3

其主要藉著德、禮文化對人們產生的制約作用來進行說服。但以德、禮為說服觀點的外交辭令，若無國家實力為後盾，或創造有利形勢以為憑藉，則以德、禮說服的外交辭令，僅能表現出表達者的文化素養，於實際交際上將無法產生作用。

此外，觀察《左傳》外交辭令，發現德、禮文化制約雖廣為各國行人於外交辭令中用以作為說服內容之主題。但德、禮多為外衣，真正辭令說服之關鍵，主要在於利害關係。外交辭令之目的以爭取利益為主，因此利益才是外交辭令交際主要動機。但以利益為主體的辭令內容，往往不便於公開外交場合中表達，因此外交辭令在利益為本的基礎上，選擇以德、禮文化為保護。此種情況愈至春秋晚期愈為盛行，分析其因主要是由於春秋晚期國際形勢愈形複雜所致。

外交交際的目的在於謀取國家利益，無論以何種說服觀點，爭取利益是外交辭令的最終目標。由於春秋晚期國際形勢日益複雜，外交辭令的交涉益形困難，於是外交辭令運用德、禮觀念為掩護，將利益交涉隱藏於德、禮說服背後，藉此以進行說服，增加外交辭令交際的成功率。本書第四章即由德、禮文化制約的角度，對《左傳》外交辭令之謀劃、交際與結果進行探討。

經學是中國學術的基礎，影響中國文化甚深。近年來經學的研究逐漸式微。如何將傳統經學與現代生活結合，是今後經學研究者所應致力的目標。本書嘗試由語用學的角度，對《左傳》外交辭令進行新的討論，學力有限，盡力為之，希望藉由本書的出版，能有拋磚引玉之效。

本書爲作者碩士論文之一部分，因篇幅之故，分論文爲兩冊，一冊名曰「語用學與《左傳》外交賦詩」，內容主要針對外交賦詩之相關問題進行探討。另冊名曰「語用學與《左傳》外交辭令」，內容主要由言語交際角度與文化制約觀點，來討論《左傳》外交辭令。兩書主要由語用學角度對《左傳》之外交賦詩與外交辭令進行討論，讀者欲觀全貌，可合而參之。本書因一分爲二之故，難免有疏漏不密之處，尚祈見諒。

　　本書的出版，要感謝指導教授張高評老師的提攜、鼓勵與指導。周虎林老師、葉政欣老師的批評指正，使本書能有所成。廖美玉老師、陳昌明老師、廖國棟老師、趙飛鵬老師、林耀潾老師等師長的批評指正，使本書更爲完備。此外，萬卷樓圖書公司梁錦興總經理、李冀燕主編及其他工作人員的幫助，以及學妹永文的幫忙校稿與諸多學友的關心，都是本書能夠出版的重要因素。

　　感謝父、母、妹妹多年來的鼓勵與支持，還有外公、外婆及諸多親友的鼓勵。

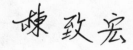

陳致宏

庚辰仲冬 成大

第一章　緒　　論

第一節、研究現況與論題提出

　　語用學（Pragmatics）即語言實用學。是研究特定情景
中的特定話語，特別是研究在不同的語言交際環境下，如何
理解語言和運用語言的一門學科。

　　外交辭令是指春秋時期外交行人於外交場合中所運用
的一套特殊語言符號系統。外交辭令之特性在於強調辭令的
說服性，要求辭令達成預定之外交目標，具有強烈的目的
性。《左傳》外交辭令之性質，屬於言語交際之一類。討論
外交辭令之表達、傳播與接受，西方語用學是可資借鏡的觀
念。

　　對於《左傳》外交辭令之探討，歷來學者著述多著重於
辭令特色與修辭技巧之討論，至於外交辭令之說服觀點及其
背後之文化因素等，則較少著墨。本文「詳人之所略，略人
之已詳」，擬由語用學角度對《左傳》外交賦詩進行新的解
析與詮釋。

一、研究現況

　　《左傳》全書凡十九萬六千餘字（含《春秋》），唐代
稱爲「大經」。內容豐富，文辭典麗，是中國先秦時期重要

的典籍。欲了解春秋時期之歷史、社會、文化與思想發展等，
《左傳》是重要的資料。《左傳》之研究向為中國學術研究
的重點之一。考其研究之現況，大體有以下四個角度：經學
角度、史學角度，文學角度及語言學角度。

　　《左傳》為十三經之一，由經學角度來探討，是中國傳
統學術致力之焦點。前輩學者研究成果斐然，主要研究觀點
大體包括經學史、經學思想、經義發微等角度。

　　史學的角度，主要視《左傳》為歷史資料，運用歷史的
眼光對《左傳》進行研究。史學角度又可分為傳統史學角度
與現代社會科學角度兩方向。傳統史學角度以《左傳》為編
年體之祖，研究《左傳》在中國歷史學上之意義，如研究其
中之官制、禮制等。現代社會科學角度則視《左傳》為保存
春秋時期社會經濟之珍貴史料，結合現代社會科學如經濟
學、社會學、人類學、天文學及二重證據等，研究《左傳》
資料中所反映出春秋當時之社會各層面的歷史現象與意義。

　　而文學角度則視《左傳》為繼《尚書》之後中國散文之
初祖，針對《左傳》之文學價值與意義進行探討[1]，文學角
度之研究，進一步可探討文章義法、文學修辭之問題[2]，近
年，因西方學術漸為學者所接受，遂有運用西方文學理論、

---

[1]　如張高評《左傳文學價值》、《左傳之文韜》等，即為此類研究
　　之代表。
[2]　如張高評《左傳文章義法撢微》（臺北：文史哲出版社，民國
　　71 年 10 月初版）。

解釋學等觀點研究《左傳》之專著[3]。

語言學角度，是指將《左傳》視爲保存先秦語言運用情況之資料，對其進行語法、句法、詞彙等之語言學分析[4]，另有由文化語言學角度進行探討者[5]。

整體而言，對於《左傳》之研究，學者多運用傳統史學與文學之觀點進行，由語言學角度切入者則以大陸、香港地區爲多，臺灣學者或見單篇論文探討《左傳》與語言學之關係者，但未見專著討論[6]。又有關《左傳》外交辭令之研究，學者多著重於賦詩引詩，及辭令修辭與語言特色之探討，對於外交辭令的實際交際較少觸及。

二、論題提出

《左傳》中的辭令主要分爲對內諫說與對外外交辭令兩種[7]。其中外交辭令尤其具有有相當重要性。試觀《左傳》

---

[3] 如張素卿《敘事與解勢—左傳經解研究》，（臺北：書林出版公司，1998 年 4 月一版）。

[4] 例如：管燮初《左傳句法研究》，（合肥：安徽教育出版社，1994 年 12 月第一版）、張文國《左傳名詞研究》，（北京：中國社會科學出版社，1998 年 12 月第一版）等。

[5] 如申小龍《中國句型文化》，（長春：東北師範大學出版社，1988 年 11 月第一版），即以《左傳》爲材料，由分析左傳主題句、施事句、關係句等句法進一步探討漢語句型語民族語言心理之關係。

[6] 詳見書末所附參考書目。

[7] 沈玉成　劉寧　著《春秋左傳學史稿》，（江蘇古籍出版社，1992 年 6 月第一 1 版），頁 100。

之內容，主要有兩大部分，一為敘事，一為辭令[8]，而此兩部分往往相輔相成。劉知幾《史通‧載言》：「逮左氏為書，不遵古法，言之與事，同在傳中。然而言事相兼，煩省合理，故使讀者尋繹不倦，覽諷忘疲。」[9]指出言與事是《左傳》內容的兩大部分。

錢穆先生對於中國古代歷史之記載，亦提出「言事並重」之看法，並舉《左傳》為證。徐復觀先生亦曾提出《左傳》一書的特質，乃「以史傳經」，即運用敘事之方式，對春秋大義進行闡釋。指出《左傳》敘事遠較《公羊傳》、《穀梁傳》詳細，且除單純記事外，對於辭令言談之載錄亦十分重視。總而言之，言與事是構成歷史的兩大要件，《左傳》內容正是以言與事為記錄主體。

春秋時期周王室式微，改由霸主號令諸侯，而霸主之威信主要建立在外交盟會上。因此外交在春秋時期國際政治上，有著舉足輕重的影響。各諸侯國對於外交工作皆投入相當心力，設有「行人」一職，專司外交事務之處理。語言是行人進行外交交際與溝通時運用的主要媒介，外交辭令就是外交場合所運用的特殊語言符號系統。這一語言符號系統因其涉及內容與場合之特殊，而有別於一般的語言體系。

《左傳》外交辭令向為歷代學者所關注與稱揚，《左傳》

---

[8] 宋‧真德秀《文章正宗》分文章為四，敘事、辭令即佔其中之二。
[9] 唐‧劉知幾 撰、清‧浦起龍 釋《史通通釋》，（臺北：里仁

襄公二十五年與襄公三十一年分別記載孔子與叔向對子產
外交辭令之盛贊[10]。唐劉知幾《史通》是盛贊《左傳》辭令
之精妙，清代桐城古文家、浙東史學家等亦對《左傳》外交
辭令多所贊譽。總之，《左傳》外交辭令是目前《左傳》研
究中較少觸及又極具研究價值者。

目前關於《左傳》外交辭令的研究觀點，多以傳統經學、
史學觀點為主。或有由語言角度切入者，但多就修辭技巧層
面進行探討[11]。學術論文寫作貴在創新，所謂創新是指新材

書局，民國 82 年 6 月出版），頁 34。

[10] 魯襄公二十一年，鄭子展、子產侵陳，子產以外交辭令說服晉
國接受鄭國獻捷。孔子曰：「《志》有之：『言以足志，文以
足言。』不言，誰知其志？言之無文，行而不遠。晉為伯，鄭
入陳，非文辭不為功，慎辭哉！」魯襄公三十一年，子產壞晉
館垣，晉使士文伯讓之，子產以外交辭令使晉侯見鄭伯。《左
傳》載叔向曰：「辭之不可以已也如是夫！子產有辭，諸侯賴
之，若之何其釋辭也？詩曰『辭之輯矣，民之協矣；辭之繹矣，
民之莫矣』，其知之矣。」

[11] 以下羅列目前有關《左傳》外交辭令相關研究現況：
◎臺灣地區論文：1、李新霖〈春秋左氏傳行人外交辭令研究〉
（《台北工專學報‧第二十二期》，民國 78 年 3 月，頁 441 至
460。）
◎大陸地區論文：1、沈松勤〈試論左傳的行人辭令〉（《杭州
大學學報》（哲學社會科學版）1983 年第 1 期，頁 137 至 142。）
2、劉 焱〈左傳外交辭令描寫探析〉（《安徽大學學報》，1983
年第 3 期，頁 101。）3、溫洪隆、涂光雍〈左傳的外交辭令〉
（《先秦兩漢魏晉南北朝文學攬勝》武漢：湖北教育出版社，1988
年 3 月，頁 56 至 60。）4、李醒華〈左傳外交辭令的特色〉（《語
文輔導》1988 年第 1、2 期合刊，頁 49 至 53。）5、尹雪梅〈試
論左傳的行人辭令〉（《天津大學學報》（社會科學版），1989
年第 1 期，頁 72 至 74。）6、王守謙〈略論左傳中行人與行人

料、新視野、新方法。《左傳》外交辭令是一種語言的運用，分析其基本性質，可以說是一種言語交際（特殊的言語交際）。因此，欲深入討論《左傳》外交辭令，語用學是可借鏡的一門學科。基於上述理由，本文嘗試運用語用學觀念對《左傳》外交辭令進行新的探討。又因出版篇幅所限，本書僅針對外交辭令之交際與文化制約等問題，進行解析與探討。有關外交賦詩部分，請見「語用學與《左傳》外交賦詩」。

第二節、研究範圍與資料取材

以下分別說明本文研究範圍與資料取材。

一、研究範圍

本文主要以《左傳》中所記載之外交辭令爲主要討論範圍[12]。《左傳》外交辭令凡二百三十六則，依其性質可別爲

辭令〉（《松遼學刊》（社會科學版），1990 年第 2 期，頁 83 至 86 轉 112。）7、劉中頊〈左傳中「行人辭令的語言特色」〉（《長沙水電師院學報》（社科版），1990 年第 2 期，頁 121 至 126。）8、黃樣興〈試論左傳的婉辭〉（《運城師專學報》，1987 年第 3 期，頁 35 至 39 轉 43。）9、蔣　寅〈左傳和戰國策說辭的比較研究—兼論春秋戰國兩種不同的文化背景與美學趨向〉（《大連師範學院學報》（社科版），1987 年第 2 期，頁 23 至 32。）10、郭　丹〈《左傳》行人辭令之修辭藝術研究〉（《第一屆中國修辭學學術研討會論文集》，1999 年 6 月，頁 461 至 480。）以上列出與本文論題密切相關者。

[12] 經詳細點讀《左傳》後，析得行人外交辭令計二百三十六見。

外交辭令、外交應對與外交術語等三類。外交辭令是指經國家正式指派，負有外交任務之辭令。外交應對則是外交辭令之外，於一般例行外交場合之應對。外交術語則是指於外交交際過程中所使用的特殊特定的專業用語，如盟辭、載書、請戰、稱謂等特定用語與辭彙。本文主要以外交辭令爲探討對象，旁及外交應對與外交術語。

　　歸納《左傳》外交辭令，其中具有外交目的，涉及交際成敗者，共一百二十九則。交際成功者一百零七則，交際失敗者計二十二則。

　　在探討《左傳》外交辭令之前，有一基本問題必須說明，即《左傳》中所載之外交辭令記載之依據、其內容的真實度的問題。欲探討此一問題，首先要瞭解《左傳》一書的性質。暫且不論今古文經學之爭論，就《左傳》編年體例所載內容而言，其無疑是一部史書。中國是一重視歷史的民族，歷史的記載與傳承是十分神聖的事，《左傳》既然具有史書的性質，則其所載具有一定的可信度。在史書編纂方法中，有所謂「歷史想像」，即歷史編纂者將自己置於歷史情境中，由此想像歷史事件發生當時的情況[13]。

依其性質，可別爲外交辭令、外交應對、外交術語三部分；就表達方式而論，主要有對話、賦詩、書信三方式。就辭令說服內容而言，可別爲文化觀點、利益觀點、形勢觀點、邏輯觀點與情感觀點等。相關論述請見「語用學與《左傳》外交辭令」。

[13] 杜維運《史學方法論》，（臺北：三民書局，民國84年9月），

　　讀者或有疑問《左傳》所載言談對話，是否亦是一種「歷史想像」？錢鍾書《管錐編》中提及《左傳》中的言談對話成分，「蓋非記言也，乃代言也。」記言與代言之分別，大致如下：記言是指依實記錄的言語辭令；代言是指歷史想像的言語辭令。其云「左氏設身處地，依傍性格身分，假之喉舌，想當然耳。」[14]蓋因言談之間，惟當事人可知，非有記錄者隨侍。史學家欲記之，不得已，只好運用「歷史想像」的方式，盡可能的如實記錄。需要說明的是，雖然是「歷史想像」，但亦出於相關旁證資料，經過合理推敲後所得。雖非現場對話之記錄，但亦不出其大概。

　　正如錢鍾書所云，歷史事件發生時，有時史官並未在旁記錄。因此史學家記載此事時，「每須遙體人情，懸想事勢，設身局中，潛心腔內，忖之度之，以揣以摩，庶幾入情合理。」[15]必須說明的是，代言雖非當時所言，但史書首重「實錄」，史家雖未能參與其事，但在記載時，仍時刻以入情合理為準則，以歷史想像配合相關史料，還原最接近史實的言談內容。因此，《左傳》所載言談辭令仍有其一定的可信度，至少是有所依據而生，非憑空想像而來。

　　此外，外交場合是國家重要場合，外交辭令內容關係國

頁 197。

[14] 錢鍾書《管錐編 第一冊》，（臺北：書林出版社，民國 79 年 8 月），頁 165。

[15] 錢鍾書《管錐編 第一冊》，頁 166。

家命運，史官記載時自然更加謹慎，未有依憑，不敢妄言。《左傳‧僖公七年》載國君參加會盟時，史官隨行記錄之事：「夫諸侯之會，其德刑禮義，無國不記。」此外，外交場合之言談與所訂之盟約，攸關國家存亡，行人一言一行皆代表國家。因此，有關外交場合之辭令亦多有專人負責記錄。

　　總而言之，《左傳》外交辭令中，或許有若干部分是史家運用「歷史想像」揣情度勢所為，但在先秦典籍今存有限的前提下，《左傳》中所保存的對話言談，當視為對先秦語言運用研究重要且珍貴的材料。語言是無形的文字，文字是無聲的語言，文字與語言實一體兩面，密不可分。要言之，語言以要保存記載，則須透過文字為媒介，運用文字來記載語言，《左傳》外交辭令即是如此。雖然在記載的過程中，難免有載記者的主觀融入，但大體而言，《左傳》被大多數學者承認為歷史著作，文字之運用與史料之剪裁，存在一定的標準，其中雖不乏「歷史想像」的成分，但整體而言，《左傳》所載之外交辭令，仍有其一定的可信度，正如劉知幾所言，「雖有討論潤色，終不失其梗概者也」。加上今存先秦資料有限，欲探究先秦語言運用情況，《左傳》中所保存之對話與言談，可謂是十分珍貴之資料。

二、資料取材

　　本文之研究資料可略分為原典資料與學者專著二大

類，分別說明如下。

1、原典資料：

　　原典資料部分又包含兩部分，一爲與《左傳》外交辭令相關之典籍資料；一爲與語用學相關之資料。本文在《左傳》外交辭令相關資料取材版本上，以藝文印書館《十三經注疏》爲主，參考楊伯峻《春秋左傳注》、竹添光鴻《左傳會箋》，三書相互配合。

　　《十三經注疏》爲今日經學研究上較完備之典籍，一方面因其年代較早，另方面因其有注有疏，便於理解。雖有若干舛誤，但仍爲今日研究經學之依據。楊氏《春秋左傳注》運用考古出土資料對《左傳》進行解讀，有其相當成果，注解精要不煩亦有參考性。日人竹添光鴻所著《左傳會箋》，對於經文之箋注較爲合理，且有獨特之見解，亦值得參考。此外，歷代經學家對《左傳》之研究成果亦爲資料取材來源，如《通志堂經解》中《春秋》、《左傳》之資料，而以《春秋會要》、《春秋大事表》、《左傳事緯》、《左傳紀事本末》等爲主。

　　其他相關資料，如、《論語》、《國語》、《越絕書》、《戰國策》、《竹書紀年》及先秦諸子如《荀子》《韓非子》《墨子》《鬼谷子》等，亦博采以爲佐輔。

　　語用學部分，如索緒爾《普通語言學教材》，奧斯汀《How

To Do Things With Words》，塞爾、萊斯及李維斯陀關於結構語言學之論述，亦時加借鏡，有助於解讀文本。

2、學者專著：

　　學者專著部分，包含三部分：一爲學者對《左傳》相關問題之研究成果[16]；另爲學者對語用學相關領域之研究結論[17]。此外，傳播學、符號學等對於本文之研究亦有可借鏡處，可作爲詮釋文本之參考[18]。其三，各大學研究所博、碩士論文，亦有一定的參考價值。

第三節、研究觀點

一、研究觀點

　　本文研究觀點主要由語用學角度切入，探討《左傳》所載外交辭令。

---

[16] 《左傳》一直是中國經學史上重要的典籍，學者對其之研究成果斐然。關於學者對《左傳》之研究，可參考林慶彰先生所編《經學研究論著目錄 1912-1987》、《經學研究論著目錄 1988-1992》。

[17] 關於語用學之研究，以國外及大陸學者居多，如：何自然《語用學概論》、何兆熊《語用學概要》、劉煥輝《言語交際與交際語言》、索振羽《語用學教程》等。詳見參考書目。

[18] 如張錦華《傳播符號學理論》、張秀蓉《口語傳播概論》、關紹箕《中國傳播理論》等。詳見參考書目。

　　西方語言學興起於 1930 至 1940 年代。發展至今，蔚為大國。言語環境影響語言意義是不容置疑的事實。一句相同的辭令，置於不同之語言環境中，則有不同之含意，給聽者不同之感受。外交辭令是語言的實際運用，欲對《左傳》外交辭令之實際交際過程，有更深層之瞭解，則須先對雙方外交辭令運用當時之語言環境有所瞭解。本文嘗試結合西方語用學、語境、言語行為等觀點，來探討《左傳》外交辭令。借鏡西方語用、語境的觀念來分析《左傳》外交辭令，冀能對《左傳》外交辭令之表達與溝通，作明確而系統之分析。運用西方理論以討論中國典籍，理論的適用性是必須注意的要點，過分牽強將流於套用。

　　本書主要由「言語交際」與「文化制約」兩角度，對《左傳》外交辭令進行探討。說明表達者與接受者及文化制約在外交辭令實際交際過程中，所發揮之作用及影響。

二、理論操作的適用性

　　運用西方理論以探討中國傳統典籍。有利有弊。其利在於能由新角度、新視野對中國傳統典籍作新的探討與分析。有助於對典籍的更深入了解。但在運用之間，其弊亦見。由於西方理論與中國典籍間有文化上的隔閡與思維上的差異。因此在運用西方理論探討中國典籍過程中，往往會發生

格格不入的情況。若硬要套用西方理論，則會爲理論框架所限。

語用學觀念在語言運用時，即存在於語言運用之間。語用學觀念早已存在中國語言思想中，只是未有學者進行全面完整的系統整合。二十世紀中葉，西方語言學者對語言的實際運用進行系統性的探討與整理。歸納得出「語境」「言語行爲」「合作原則」「會話含意」「禮貌原則」等語用學觀念。對於人類語言使用的研究產生重大的影響與貢獻。

欲說明西方語用學理論是否適合用來解析《左傳》外交辭令，除對語用學理論的基本介紹外，實際運用理論來解釋、驗證《左傳》外交辭令是必要且最適當的方式。透過大量例子的分析與討論，將可說明語用學與《左傳》外交辭令之關係。因此，本文採用以例佐證的方式，運用大量例子來說明語用學理論與《左傳》外交辭令實際交際之關係。

第四節、預期成果

經學是中國文化中重要之組成部分，經學思想至今仍舊影響人們的思維與價值觀。因此對於經學之研究有其一定之價值。本文運用西方語用學觀點，對《左傳》進行探討。針對《左傳》外交辭令嘗試提出新的解釋與論述，或將有助於對《左傳》更深層之認識。筆者運用語用學觀點，對《左傳》

外交辭令進行研究，冀能獲至以下成果：

1、對先秦語言之實際運用情況將有進一步之瞭解。《左傳》保存大量先秦語言使用之資料，外交辭令為其中最具代表性者。本文針對外交辭令進行分析研究，有助瞭解先秦時期語言實際運用之情況，可補中國語言學史上對先秦語言使用方面，論述之不足。

2、開闢《左傳》研究之新視野。《左傳》之研究可由許多角度切入，本文經由語言學角度探討，並進一步運用語用學中「語境」、「間接言語行為」等觀念，對《左傳》外交賦詩進行解讀，為《左傳》研究提供新的方向。

3、補充中國修辭學史上先秦之不足。傳統修辭學以辭格為研究主體，本文運用語用學觀點，以語境為視點，由修辭與說服角度，對《左傳》外交辭令之修辭藝術進行探討，或能補充現今修辭學史中先秦部分之不足。

4、文字是無聲的語言，文字的表達與語言間有密切的關聯。探討《左傳》外交辭令，除能對春秋語言有所了解外，進一步更能對先秦文章結構、義法等有所啟發。對於了解中國文章作法與史書筆法之運用等問題亦有所幫助。

第二章

語用學及《左傳》外交辭令概論

　　由語言學角度而言，《左傳》外交辭令本質上是一種言語交際行為。在言語交際過程中，有些語言現象不單純是語言本身的問題，並且牽涉到使用語言的人及語言使用的環境，想要正確地解釋這些現象，則必須借助語用學。本文主要運用語用學角度來討論《左傳》中所載之外交辭令，分析外交辭令的交際過程與交際結果。在此論題中有兩個關鍵術語必須作說明：一為語用學，一為《左傳》外交辭令。本章即分別針對此兩個關鍵術語進行論述。

第一節、語用學概說

　　語用學就是語言實用學，是探討語言實際運用的一門學科。語用學的觀念在人類運用語言進行溝通時，即存在於言語交際中。語用學的理論發展，則興起於 1940 年代，至 1970年代逐漸成形發展而蔚為大國。至今語用學已成為探討言語溝通交際的重要學科，語用學的理論亦日益精密。整體而言，由於各學者關注焦點與切入角度的不同，對於理論的批判與發揮亦有差異。如人類文化學者強調言語交際的文化意

義，及語言背後所蘊藏的文化內涵，進而發展出文化語言學；社會語言學者則強調言語交際的過程與交際方式，針對言語交際過程進行分析，發展出所謂的交際語言學。此外，哲學學者則強調分析言語使用的邏輯與規律。

　　總而言之，關於語用學理論之探討，中西學者多有專著論述。本文主要運用語用學中「語境」、「言語行為」、「合作原則」、「會話含意」與「禮貌原則」等觀念，對《左傳》外交辭令進行探討，暫不就語用學理論進行深入探討。以下首先說明語用學之定義與其研究範圍，進一步針對本文運用之語用學觀念進行說明，以為後文論述基礎。

一、語用學之定義與研究範圍

　　語用學（Pragmatics）就是語言實用學。是研究特定情景中的特定話語，特別是研究在不同的言語交際環境下，如何理解語言和運用語言的一門學科[1]。即研究「說話者想傳達的意義」的學問[2]。「語用學把語言文字本身固有的意義和他們的使用者聯繫起來，和特定的使用場合聯繫起來。除了一個詞、一個句子的意指外，語用學要進一步弄清是誰在什麼情況下使用了這個詞或句子，他使用這個詞或句子想要達到什麼目的。……這部分意義顯然不純粹存在字面上的，而

---

[1] 何自然《語用學概論》，（湖南教育出版社，1994 年 4 月），頁 3。

[2] George Yuie 著、張文軒 譯、李靜芝 校訂《語言學導論》（臺北：書林出版有限公司，1999 年 1 月），頁 143。

在相當程度上是存在於字面之外的所謂言外之意或弦外之音，而且這種意義依賴於語境。語用學要研究的正是這一部分意義。…語用學是對使用中的語言意義的研究。」[3]

要言之，語用學就是研究語言在不同語境中，「實際使用」情形的學科。語用學（pragmatics）這一術語，最早見於美國哲學家 Charles Morris《符號理論基礎》（1938 年出版）一書。Morris 將符號學（Semiotics）理論分爲三大部分：句法學（Syntactics　符號關係學）、語義學（Semantics 符號意義學）與語用學（Pragmatics 符號實用學）[4]。語用學可說是符號學重要的分支，特別在是語言符號的發展上，語用學有著重要的地位。語用學的發展，一開始多著重在語言哲學領域的探討，至 1970 年代才逐漸有學者運用於其他領域，1977 年荷蘭出版的《語用學雜誌》（Journal of pragmatics）爲語言學研究開出新領域，同時確立語用學獨立學科的地位。此後，語用學廣爲學者運用於各領域。在語言學發展過程中，語用學與語義學的關係與界定一直是學者爭論的問題之一。

整體而言，語用學與語義學是相互獨立卻又相輔相成的兩個研究領域。語義學著重研究語句的字面意義及語句命題的真假條件。而語用學則主要探討言語交際的實際交際過程

---

[3] 見何兆熊〈語用、意義和語境〉，（收錄於西槙光正 編《語境研究論文集》，北京語言學院出版社，1992 年 11 月），頁 301。

[4] Morris 對符號學理論的貢獻正在於提出符號學三分法：將符號學分爲句法學、語義學與語用學三大部分。其三分法影響之後符號學者如

及話語表達所蘊含的「言外之意」。要言之，語義學主要研究話語本身的認知意義，此意義是不受語境影響的。而語用學研究的話語意義，則是使用中的話語意義，此意義是與交際語境密切相關的。我們可以說，在言語交際過程中，話語符號之所以能「正確的」傳達表達者所欲傳達的意義，交際語境有著關鍵的影響。同樣的話語符號，置於不同交際語境下，其所表達的意義會有不同。而語用學正是探討實際交際過程中話語符號與語境關係的學科。

隨著對語境範圍的不同界定，語用學的範圍也有廣、狹之分。廣義的語用學研究一切語境，包括跟語言運用有關的心理、生物、社會等現象。狹義的語用學只研究語言中跟使用者直接相關的指別成分（如指代詞、時態等）[5]。而其所側重的焦點，就在於語言運用中「言外之意」的表達與理解，這對語言的傳播有重要的意義，也與《左傳》外交辭令注重「言外之意」有相通之處。

整體而言，語用學依其探討領域與方法之不同，可分為三大類型[6]：1、純語用學（Pure pragmatics）又稱形式語用學；2、描述語用學（Descriptive pragmatics）；3、應用語用學（Applied pragmatics）。

Rudolf Carnap（魯道夫・卡納普）、Bar-Hillel（巴爾・希勒爾）等人。
[5] 金定元〈語用學—研究語境的科學〉，（同註3），頁170至177。
[6] 何自然《語用學概論》，頁8至17。

　　純語用學，主要探討語用學的形式與範疇，在語言邏
輯、語言行為與模式等方面探究語言在人類實際活動中的表
現與意義，是屬於語言哲學的一部分。

　　描述語用學，主要針對語言與情境之間的關係，研究特
定語境中語言的運用與解釋的情況。此為本文主要運用此角
度探討《左傳》外交辭令的實際交際及辭令與語境的關係。

　　而應用語言學，主要探討語用學應用於各學科中的情
況，例如語用學與語言教學，語用學與文學等。

　　總結各家說法，可歸納語用學之體系簡表如下：

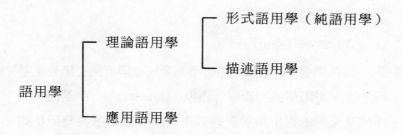

　　自語用學理論被提出後，隨著 Morris（莫里斯）、 Carnap
（卡納普）、Austin（奧斯汀）、Searle（塞爾）、Grice（萊斯）
等學者的不斷補充與修正。語用學理論日趨完備。而語用學
研究的範圍亦日漸明晰。目前語言學者認同的語用學研

究範圍主要有五方面[7]：指示語（Deixis）、會話含意（Conversational implicature）、前提（Presupposition）、言語行為（Speech acts）、會話結構（Conversational structure）。以下約略說明本文所運用之語用學觀念。

二、本文運用的語用學觀念

承上所言，語用學自 1930 年代提出後，在許多學者修正與補充下，其理論日益完備。關於語用學的理論探討，學者多有專著論述。本文不一一說明，僅針對本文運用語用學中語境、言語行為、會話含義、合作原則、禮貌原則等觀念分別論述如下。

（一）、語境（context）

言語環境，就是使用語言的環境，亦即言語交際發生當時的主、客觀環境，簡稱「語境」（Context）。「所謂語境，指的是交際過程中語言表達式表達某種特定意義時所依賴各種時間、地點、場合、話題、交際者身份、地位、心理背景、時代背景、文化背景、交際目的、交際方式、交際內容所涉及到的對象以及各種與語言表達式同時出現的非語詞指號（如姿勢、表情）等等。」[8]

---

[7] 列文森（levinson，1983）歸納語用學的研究，主要有五個方面，大致為學者所認同。

[8] 王建平〈語境的定義及分類〉，（同註 3），頁 77。

　　語境是語用學中重要的觀念,亦是言語交際時交際雙方藉以理解判讀話語意義的重要憑藉。在外交辭令交際過程中,話語符號的「言外之意」才是行人表達的主要意義,而欲瞭解言外之意,則須由辭令表達當時之言語環境入手。因為不同之語境,會影響辭令之解釋[9]。瞭解溝通當時之語境後,方能解析出外交辭令字面意義背後所蘊藏之真正含意。

　　如前所論,語用學(Pragmatics)就是語言實用學。是研究特定情景中的特定話語,特別是研究在不同的言語交際環境下,如何理解語言和運用語言的一門學科。簡言之,就是研究語言在不同**語境**中,實際使用情形的學科。語境在言語交際過程的重要性,可由下圖中看出:

　　　　語境
　　　　內容
表達者 ──→ 接受者
　　　　接觸
　　　　符碼

---

[9] 所謂修辭技巧,其主要功能是為使言語表達更為明確、生動。然而當言語表達離開特定之語境後,對於修辭技巧所達到之效果,將無法衡量,甚至對於言語表達之含義,無法瞭解。王德春、陳晨合著之《現代修辭學》第二章中,對語境與修辭技巧之關聯論述曰:「修辭方法要在特定的語境中才能顯示修辭效果,採用修辭方法必須依賴語境」,可知語境往往影響修辭技巧之之效果。同一修辭技巧,置於不同語境中,效果的強弱將有所不同。(江西教育出版社,1989年)。

　　由上圖中可知，語境是言語交際過程中介於表達者與接受者之間的重要影響因素。整體而言，無論是表達者或接受者皆受交際語境影響。表達者將所欲傳達之意義，運用語言文字將之轉換爲符號，傳播給接受者。在編碼過程中，表達者必須根據交際當時的主、客觀語境，來進行編碼。若不考慮交際語境隨意編碼、發話，則會造成言語交際的中斷或交際雙方的誤解。

　　而接受者接受話語符號後，亦必須根據雙方交際當時所處的言語環境，對接收到的符號進行判讀，以了解表達者所欲表達的真正信息意義。若接受者不考量交際語境而隨意解讀，則會造成交際雙方的誤解。觀察言語交際模式圖，可知語境對於言語交際時話語符號的傳播與解讀，有著決定性的影響。同一句話，置於不同語境，所蘊含之意義必然不同。若交際雙方不顧交際語境，則言語交際將無法進行。

　　關於語境的分類，學者依探討角度不同而有不同的分類。就言語交際角度而言，依據語境本身的屬性及其在言語交際進行過程中的意義，可別爲「主觀語境」與「客觀語境」兩類。所謂主觀語境，是指涉及交際參與者本身的相關言語交際環境。如交際雙方的身分、地位、心理背景、情緒、主觀好惡與預設心理等。主觀語境在言語交際過程中，隱性地影響交際參與者對言語交際的表達與接受。

　　所謂客觀語境，是指言語交際進行時交際雙方所處的客

觀環境。例如交際的場合、時間、地點、國際形勢、社會文化背景等。整體而言，客觀語境較易察覺，其在言語交際過程中，顯性地影響交際結果。

又語境依其使用可分「語義語境」與「語用語境」兩大類。「語義語境」，就是「語言上下文」[10]，即語言本身上下文與意義之關係。「語用語境」是指，語言於實際使用中，所涉及之相關語言環境，包括客觀之時間、地點、場合、交際對象、國際形勢；與主觀之身分、思想、處境、心情、人格特質；預設心理等因素[11]。在不同時間、地點、不同場合、與不同對象交際時，所運用之語言自然因時、因人、因事而有所不同；說話者不同之身分與思想，處於不同之處境、有著不同之心情，所言亦自然有所不同。

當探討語言實際交際、實際使用時，「語境」成為雙方解讀對方言語之重要依據。語言之溝通，以雙方所處的「語境」為溝通之基礎。唯有雙方處在某一相同「語境」之中，語言之交際與溝通，才有完成之可能。否則雞同鴨講、答非所問，語言之交際過程將無從繼續與完成。一般又將「語境」分為廣義與狹義，廣義之語境即指「語用語境」，狹義之語境則為「語義語境」。

---

[10] 參考石雲孫〈論語境〉，（同註3），頁87至102。

[11] 參考王春德、陳晨〈語境學〉（頁128至161），及常敬宇〈語境與語義〉（頁249至260），張志公〈語義與語言環境〉（頁239至248）等文，均收錄於西槙光正 編《語境研究論文集》。

　　語境的觀念，在中國修辭學傳統中很早便存在，惜未有系統之整理論述。《論語・鄉黨》記載孔子在不同場合以不同的說話態度應對，「於鄉黨，恂恂如也，似不能言者」、「在宗廟、朝廷，便便言，唯謹爾」，在朝廷上與上大夫、下大夫說話用不同的態度等，孔子的這種態度與行爲，是適應語言環境的作法，是語境的觀念。

　　此外，先秦辯學，對於語境的觀念亦時有論述。此外，有關語境之探討，杜預《春秋經傳集解・序》中亦約略提及：「春秋雖以一字爲褒貶，然皆須數句以成言」[12]孔穎達《春秋左傳正義》對此句疏曰：「…褒貶雖在一字，不可單書一字以見褒貶，……經之字也，一字異不得成爲一義，故經必須數句以成言」[13]所謂「須數句以成言」，是指欲瞭解春秋經內容爲何，不可以一字一句爲解釋單位，當結合上下文意進行解釋，方可真正瞭解文句之意義。

　　杜、孔二家所論，已略見「語義語境」之規模。相似觀點亦見諸劉勰《文心雕龍・章句》：「夫人之立言，因字而生句，積句而成章，積章而成篇。篇之彪炳，章無疵也，章之明靡，句無玷也，句之清英，字不妄也」[14]劉氏所論之觀念，

---

[12] 見晉・杜預《春秋經傳集解》（相臺岳氏本），臺南：利大出版社，1980 年 1 月，頁三。（或見《十三經注疏・左傳》，頁 15。）

[13] 《十三經注疏・左傳》，（臺北：藝文印書館），頁 15。

[14] 劉勰 撰 周振甫 注《文心雕龍注釋》，（臺北：里仁書局），頁 543。

近似所謂「篇章修辭學」[15]，然亦含「狹義語境」之觀念於其中。此外，陳望道《修辭學發凡》一書中，提及「修辭以適應題旨情境爲第一義」，此觀點亦即「語境」之觀念[16]。

總而言之，語境的觀念雖是西方語用學中的觀念，但語言的使用具有某種程度的普遍性，在中、西方語言體系中，語境的觀念早已存在於語言的實際運用中。中國古代的語言表達及理解講究「意在言外」，強調語境在言語理解上的重要性。的確，將語言文字獨立說解，往往流於主觀之臆測；唯有將之置於整體語言環境中來觀察、推敲，方能更真實的瞭解語言文字背後所蘊含之意義。

整體而言，西方的修辭觀念較偏重修辭技巧本身之設計與運用。而中國的修辭觀念，則強調修辭的本質在於使文辭與情境題旨充分的協調、互補，使語言文字更能達情達意。總而言之，「語境就是時間、地點、場合、對象等客觀因素和使用語言的人、身分、思想、性格、職業、修養、處境、心情等主觀因素所構成的使用語言的環境。」[17]是語用學理論中重要的基本觀念，言語交際之進行，必須以語境爲基礎。而《左傳》外交辭令的表達與解讀，亦須以語境爲基礎。

---

[15] 有關篇章修辭學之觀念，請參見鄭文貞編著《篇章修辭學》，（福建：廈門大學出版社，1991 年 6 月。）

[16] 有關陳望道所論，請參考《修辭學發凡》，第一篇〈引言〉。

[17] 王德春〈語境是修辭學的基礎──紀念《修辭學發凡》出版五十周年〉，

（二）、言語行為（speech acts）

1、言語行為的定義

　　言語行為（speech acts）是語用學中重要的觀念，其理論之提出，見於英國哲學家奧斯汀（John Langshaw Austin，1911—1960）。奧斯汀於 1955 年在美國哈佛大學以〈How to do things with words〉為題，進行十二場演講，提出言語行為的理論。其由語言實際使用之角度來解釋語言，假設人類交際的基本單位不是單純的句子或其它表達方式，而是以完成一定的溝通行為主基本單位。簡言之，奧斯汀提出，人類的言語交際除能表達意思外，亦如人類其它行為一般，具有行為能力與目的性，並能經由語言之表達能產生某一行為作用與結果。有關奧斯汀對言語行為理論之論述，學者多有論述[18]。

　　奧斯汀依將言語行為的作用，將之區分為三類：言內行動（locutionary act）、言謂行動（illocutionary act）、言成行動（perlocutionary act）[19]。所謂「言內行動」，就是指語言的表達功能，語言具有表達功能，能以聲音、詞彙、句子等形式，

（同註 3），頁 510。

[18] 例如何自然《語用學概論》，（湖南教育出版社，1983 年 4 月），頁 135 至 163。劉福增《奧斯汀》，（臺北：東大圖書公司，民國 81 年 10 月），頁 81 至 128。徐烈炯《語意學》，（臺北：五南圖書出版公司，民國 85 年 6 月）頁 97 至 107。

[19] 對於奧斯汀言語行為三分說名稱的翻譯，中西及兩岸學者各有不同。筆者暫以徐烈炯譯名為主，因其較易理解言語行為所欲表達的觀念。《語意學》，頁 99。

將說話者心思意念表達出來。即語言的表達，由構思至編碼到發聲表達的這一過程，奧斯汀稱爲言內行動[20]。當語言表達出來時，其中帶有表達者所欲表達之用意與企圖，此即所謂「言謂行動」[21]。換言之，就是表達者發出話語時所預設的目標與企圖。即語言之含意，語言的表達必含有其所與欲傳達之意義，一字一句皆有說話者所欲傳達之用意。因爲語言有其用意，故能傳達某種意義，達成雙方的溝通。然而，語言之含意，有時並非清楚顯見，而是隱藏在字面之下，即所謂「言外之意」，對於「言外之意」的探討是語用學的重要課題。

所謂「言成行動」[22]，就是語言完成溝通後，所獲致之結果。即話語表達後所能達到的影響與產生的效果。以外交辭令來說，就是辭令之交際結果。「言語行爲」觀念的提出，對於解釋語言的實際運用有重大之意義。其後奧斯汀的弟子，美國語言哲學家塞爾（J.R.Searle，1930 － ？ ）又提出修正，將「言語行爲」再分爲四：話語行爲、命題行爲、語旨行爲與語效行爲。其更著重對「言外之意」的探討[23]。

---

[20] 劉福增又稱爲「言辭做行」，何自然稱爲「以言指事」，謝國平稱爲「發聲/說話」行爲。

[21] 劉福增稱爲「在言做行」，何自然稱爲「以言行事」，謝國平稱爲「非表意行爲」。

[22] 劉福增稱爲「由言做行」，何自然稱爲「以言成事」，謝國平稱爲「遂行行爲」。

[23] 有關塞爾之理論，可參考周禮全《邏輯 —正確思維和成功交際的理

相關理論論述，請見語言學相關專著。

總而言之，奧斯汀言語行為理論的提出，使得語言學者了解，欲真正理解話語的表達與句子的真義，僅靠對語句的分析是不夠的。因為話語本身就是一種行為，是能達到某種程度的作用與影響的。因此，欲真正探討言語交際，則不能僅就語句分析其意，而必須配合交際當時的語境，由言語行為角度來對交際話語進行解讀。

2、間接言語行為理論

奧斯汀的弟子塞爾（Searle），在其老師理論基礎上，進一步對言語行為理論進行建構。其於 1969 至 1975 年間發表多篇論文，〈間接言語行為〉[24]一文發表於 1975 年，進一步提出「間接言語行為」的理論。

所謂「間接言語行為」是以某一語謂行動來表達另一語謂行動的一種間接表達方式。簡言之，就是當表達者基於某些原因或意圖，不願直接表達真正意義時，其往往採取間接的方式來表達，以實現某一言語行為。此即間接言語行為。

塞爾又指出，當接受者欲理解間接言語行為所表達的含

論》（北京：人民出版社，1994 年 4 月）；或何自然《語用學概論》中所論。

[24] 此文載於 Peter Cole Peter、Jerry L.Morgan 編《Syntax and Semantics》（《句法與語義學》）第三卷，（New York：Academic press，1975）頁 41 至 58。（本文轉引自 A.P.Martinich 編《語言哲學》，北京：商務印書館，1998 年 2 月，頁 317 至 347。）

義時，首先要以理解「字面用意」（literal force）爲基礎，
進一步由字面意義中配合交際語境，推斷出表達者運用間接
言語行爲所欲表達的真正含意。以《左傳》外交辭令爲例，
外交賦詩正是間接言語行爲的標準型式。春秋行人交際時，
或因討論議題過於敏感或基於尊嚴考量，有時會運用選賦詩
歌的方式，間接地表達言外之意以進行外交交際，此正是間
接言語行爲。（有關間接言語行爲與外交賦詩之論述，見「語用學與《左
傳》外交賦詩」一書）

間接言語行爲又可別爲二大類：一爲「規約性間接言語
行爲」，另爲「非規約性間接言語行爲」。所謂規約性間接言
語行爲，是指對「字面含意」作一般性、習慣性的推斷，所
得到的間接言語行爲。所謂一般性、習慣性的推斷，即就句
子本身的句法形式，以一般習慣用法、意義，來推斷其所欲
表達的間接含義。規約性間接言語行爲，主要用於對聽者表
達尊敬、禮貌，而使用的一種委婉的語言方式。即一般所謂
的「委婉」「含蓄」但並無特別的「言外之意」。此即《左傳》
外交辭令中朝、聘、告、弔等例行外交應對一類。

規約性間接言語行爲，只要依照一般語言習慣即可推斷
出其中所表達之間接含意（言外之意）。而非規約性間接言
語行爲，其「言外之意」的推斷，則主要依靠說話雙方的語
言信息與所處的語言環境來推斷。語用學中「非規約性間接
言語行爲」，正適用於解釋《左傳》外交辭令之實際交際情
況。《左傳》外交辭令與一般辭令最大之不同，正在於其
語言表達中，隱藏有大量的「言外之意」。甚至可以說，外

29

交辭令的溝通是一種「言外之旨」的溝通。因此,交際雙方如何解讀外交辭令中所隱藏的「言外之意」,成為外交辭令溝通過程中,最重要但也是最困難的核心問題。

對於「間接言語行為」含義的解讀,塞爾提出幾個判讀依據:首先是交際當時的主、客觀語境。即間接言語行為進行時,交際雙方對語境的認知與掌握程度。換言之,間接言語行為的判讀,必須以交際語境為基礎。其中除包括對客觀語境的掌握外,亦包括交際雙方的知識與判讀能力,即所謂主觀語境。其次,判讀間接言語行為,須注意交際雙方對「合作原則」的態度,換言之,即交際雙方遵守或違反「合作原則」。塞爾指出,當表達一方違反「合作原則」以進行辭令表達時,其話語符號之中,可能蘊藏言外之意。

要言之,間接言語行為的表現,是經由對「合作原則」的違反而產生。此部分觀點與萊斯所提出的「會話含義」理論有相似處,詳見下段論述。

總而言之,由「間接言語行為理論」可知,若欲真正瞭解《左傳》外交辭令的交際,與辭令背後所藏之真義,則須由說話當時之言語環境入手。而言語行為的表現方式,主要有以下四種:1、通過邏輯—語義表現言語行為。2、通過句法結構表現言語行為。3、通過語境信息表現言語行為。4、通過感情意義表現言語行為。(詳見學者相關論述)

為對「間接言語行為」理論進一步補充,學者提出「會話含意」的觀念。在說明「會話含意」之前,必須先了解「合

作原則」的觀念，分別論述如下。

（三）、合作原則與會話含意

　　會話含意是美國語言哲學家萊斯（H.P.Grice）於 1967 年在哈佛大學演講時所提出。其指出當言語交際之一方有意違反「合作原則」以表達話語時，其話語背後往往蘊藏有「會話含意」，即所謂的言外之意。

　　欲了解「會話含意」理論則需先了解「合作原則」與「禮貌原則」兩觀念。以下先說明何謂「合作原則」，順帶論述「禮貌原則」，進而說明萊斯的「會話含意」理論。

1、合作原則（*Cooperative principle*）

　　「合作原則」（Cooperative principle）觀念，是美國語言學家萊斯（Grice）於 1975 年所提出。其主要觀念大體如下：人類的言語交際實際上是一種相互合作的行為，交際雙方互相合作，運用言語進行意見的交換與溝通。因此，在言語交際進行過程中，為確保交際雙方的對話溝通能持續進行，交際雙方必須共同遵守某些基本原則，以利言語交際之順利完成。而雙方共同遵受的基本原則即稱為「合作原則」。

　　萊斯（Grice）提出四點原則[25]：

1、數量原則（Quantity Maxim）：在言語交際過程中，言語
　　　　　　　　數量應以符合信息量需要為原則，過多或過少

的語句，易造成言語交際上之障礙。

2、質量原則（Quality Maxim）：言語表達應具有真實性。缺
乏證據或不實之信息不應出現於言語交際中。

3、關係原則（Relevant Maxim）：言語交際過程中所表達之
言論，應與所欲溝通之主題有所關聯。離題過
遠的言論，易成為言語交際過程中之障礙。

4、方式原則（Manner Maxim）：言語交際之表達，應以明確
清晰、有條理為原則。應避免晦澀、歧義與繁
瑣的言語。

其指出以上四項原則，是言語交際進行時，交際雙方所
必須共同遵守的基本原則。惟有交際雙方遵守合作原則，才
能確保言語交際的進行。

2、會話含意（conversational implicature）

萊斯指出，一般的言語交際，交際雙方為確保言語交際
的順利進行，交際雙方會共同遵守「合作原則」，以使對方
能正確理解表達話語的真意。但並非所有言語交際者都能遵
守「合作原則」，當交際中有一方欲表達某一特定意義時，
其可能運用違反「合作原則」的方式，來引起聽者的注意，
進而由表達者的話語中推敲出深層含意，此即稱為「會話含
意」。

---

[25] 以下有關「合作原則」之論述，為歸納前輩學者研究成果所得。

　　簡而言之，所謂「會話含意」理論，就是經由刻意違反交際時雙方共同遵守的「合作原則」，以突顯本身所欲表達的言外含意。《左傳》外交辭令之交際，除一般例行外交應對外，若有特定外交目的之外交辭令，其表達之真意往往蘊藏於辭令表層意義之下。此一情況，正與「會話含意」不謀而合。可以說，外交辭令交際正是一種以「會話含意」進行溝通的「間接言語行為」。

　　「會話含意」又可別為一般含意（generalized implicature）與特殊含意（particularized implicature）兩類。所謂「一般含意」，是指表達者在遵守某項合作原則的情況下，其話語表達中，帶有某種程度的含意。換言之，即表達者的話語在遵守某些合作原則項目的前提下，其話語帶有有某種含意，能達到某種程度的語效的。對於萊斯的一般含意，後來學者提出種種辯證，本文不論。而所謂「特殊含意」，是指在言語交際過程中，有一方明顯且刻意的違反「合作原則」，以迫使聽者由其話語中推敲出言外之意。

　　總而言之，萊斯提出的「合作原則」與「會話含意」理論，「給語言事實提供一些重要的、功能方面的解釋，這就是說它不是從語言系統內部（語音、語法、語義等）去研究語言本身表達的意義，而是根據語境研究話語的真正含意，解釋話語的言下之意、弦外之音。」[26]其理論的提出對於語用學的進展，有重大的貢獻。本文在解讀《左傳》外交辭令

上，將「間接言語行為」與「會話含意」兩觀念交互配合運用。

萊斯的「合作原則」與「會話含意」理論，受到語言學界的重視。其理論提出後，先後有布朗（P.Brown）、列文森（Levinson 1985）、利奇（Leech）等人，對其「會話含意」理論進行修正與補充。其中以「禮貌原則」（politeness principle）的提出最為重要。

「禮貌原則」主要為補充說明「會話含意」與「合作原則」之關係。即當人們進行言語交際時，既然遵守合作原則能確保言語表達的正確理解，那何以仍會有違反合作原則的情況產生。「禮貌原則」正可說明此情況。英國學者利奇指出，人們於言語交際時之所以有意違反合作原則，除特別寄寓言外之意外，有時是出於禮貌上的需要[27]。因為禮貌上

---

[26] 何自然《語用學概論》，頁 74。

[27] 利奇仿效萊斯合作原則，對於禮貌原則亦提出六項準則：1、得體原則（Tact Maxim）：在言語交際過程中，應減少有損他人的話語表達。換言之，即盡量使對方少吃虧、多得利，以利言語交際的進行。2、慷慨原則（Generosity Maxim）：與得體原則正好相反，在言語交際過程中，應減少表達有利本身的言論。換言之，即盡可能讓自己多吃虧，以利言語交際的進行。3、贊譽原則（Approbation Maxim）：在言語交際過程中，盡可能表達對對方的推崇與讚美，減少對他人的貶損與批評。4、謙遜原則（Modesty Maxim）：與贊譽原則正好相反，即在言語交際過程中，盡量保持謙虛的態度，減少對本身的表揚與贊譽。5、

的需求，有時必需經由對合作原則的違反，以表現對對方的
敬意。此種情況正可用以說明《左傳》外交賦詩的修辭藝術。

一致原則（Agreement Maxim）：在言語交際時，盡量使自己的觀點與
對方一致，以使交際持續進行。換言之，即盡量減低雙方的意見分歧，
增加雙方意見的一致程度。6、同情原則（Sympathy Maxim）：在言語
交際過程中，盡量降低自己與他人的情感對立。換言之，即減低雙方
的反感，盡可能提升雙方的同情。

利奇進一步指出「禮貌原則」主要有三特重要特徵：其一爲「級
別性」：即當言語交際進行時，交際雙方除必須遵守禮貌原則外，同
時亦須注意禮貌的程度不同。簡言之，以直接的方式表達的話語是禮
貌程度最低者，而以間接方式表達的話語，禮貌程度較高。此正可用
以說明，何以《左傳》外交辭令之表達，多以間接、委婉的方式進行，
主要正是基於禮貌原則的考量。由於外交辭令交際往往攸關國家利
益，因此行人在進行辭令交際時，十分謹慎。無論在言語辭令或舉止
行動上，無不以禮貌原則爲依歸。其二爲「衝突性」：利奇指出，在
言語交際的過程中，禮貌原則的各項準則可能會有相互衝突的情況。
此是由於交際雙方所偏重的角度不同所致。對於禮貌原則的衝突性，
亦有學者稱之爲禮貌的語用悖論（pragmatic paradoxes of politeness）。
其三爲「合適性」：即言語交際過程中，禮貌原則的運用必須適切交
際當時的語境。根據語境的要求，來確定禮貌的級別。換言之，即依
據談話的內容、對象與場合的不同，而選用不同的言語表達，以適合
交際當時之語境。禮貌原則的合適性，正可用以說明《左傳》外交辭
令的修辭。外交辭令的修辭，必須以交際語境爲依據，選擇適情切景
的修辭技巧。如此才能增加辭令的說服力，進而促使辭令交際的成功。

外交賦詩以達成外交目標爲主要任務，但春秋外交賦詩之表達，往往委婉曲折，一方面是出於禮貌，另方面是寄寓含意。

　　總而言之，奧斯汀「言語行爲」、塞爾「間接言語行爲」、萊斯「會話含意」、「合作原則」與利奇等人「禮貌原則」等理論的提出，在語用學發展上，具有重大意義。除充實理論內容外，亦使語用學之發展更趨完備。而這些理論並非發明，而是發現。語言使用的規則，原本即隱藏於語言系統之中，人們習焉而「未察」。語用學家經由對語言的分析與歸納，提出種種語用學理論。這些理論主要是爲使語言的運用更爲明白、清晰。本文借用以上語用學理論，以討論《左傳》外交辭令的言語交際。必須說明的是，這些語用學理論原本即隱藏於中國語言體系中，並非強加套用。此外，由於外交辭令是一種言語交際行爲，整個言語交際是整體無法分割的。由表達者構思發話傳播至接受者接收、轉譯至理解是一完整的過程。而語用學探討的對象，正是這一整個過程。因此，本文運用語用學角度進行論述時，亦無法分開論述，僅能以偏重的方式進行論述。此外，本文在論述過程中，主要強調「語境」和「言語行爲」兩觀念在外交辭令交際過程中之意義。並於論述過程中，兼及「合作原則」、「會話含意」及「禮貌原則」等觀念。

　　整體而言，「禮貌原則」與「合作原則」指出了言語交際時交際雙方言語表達與接受的某些準則。如前所論，《左傳》外交辭令強調言外之意，外交辭令的交際可說是一種言

外之意的交際。運用「會話含意」、「合作原則」與「禮貌原則」等觀點,可以說明《左傳》外交辭令的表達與接受,同時外交辭令的修辭藝術亦與其有關。

第二節 春秋外交行人概論

　　說明《左傳》外交辭令之前,必須先對「外交」及「行人」有所說明。有關外交之定義、目的及相關問題之討論,外交學者有專門之論述,本文不再重述,僅就春秋時期「外交」是否能成立一問題略作討論。所謂「外交」,即指國與國間的交通往來。換言之,「國與國之間,以平等互惠原則,保持正常往來或交涉,即謂之外交。」[28]關於春秋時期「外交」是否成立一論題,主要涉及對於「國家」的定義問題。

　　隨著對「國家」定義之不同,學者對於中國春秋時期是否有外交的看法主要分為兩派。一派學者認為中國之外交,當始於中西海運交通之時,此派學者定義中國乃為一個民族,因此同一民族內部所發生的交通往來,不能稱之為外交。換言之,此派學者認為春秋時期,各諸侯國間的往來交通,乃同一民族內部之事,不可稱其為外交。其云「中國在春秋時期,封建諸侯國間有會盟,有征伐,乃民族內部之事。如周武王大會諸侯於孟津,齊桓公九合諸侯一匡天下,凡此

---

[28] 劉彥 著 李方晨增訂 《中國外交史》〈增訂序言〉,頁1。

皆以威力成之，且為殺伐之事，亦不能稱為外交。」[29]持此看法之學者，主要是由民族角度與制度觀點切入，認為春秋時期各諸侯國為周天子分封建立，於制度面上應隸屬於周王室，因此，春秋各國間的交通往來，應屬於周朝內部諸侯的交際往來，不能稱為外交[30]。

另有學者認為，只要符合國家構成之基本原則：獨立之主權、完整之領土、國民及社會組織，皆可視為國家，而國家間的交通往來，則可稱之為外交。依上述所言，則春秋時期各諸侯國，已具備國家之基本條件，名義上雖仍尊周天子為共主，但實際上，各國已完全擁有主權及領土，並已建立完備的社會組織，且能有效的掌控人民。因此，春秋各國間的外交往來活動，應可稱為外交活動[31]。

整體而言，有關春秋時期是否有外交之爭議，因所持觀點之不同，而有不同的看法，但若回歸春秋當時國際形勢來討論，則春秋時期各諸侯國間的往來交通，其性質、目的[32]、方式等確實符合外交交際活動的條件。此外，在當時國際社會上，亦認同各國間交際往來的合法性。觀察《左傳》所載之春秋形勢與各國往來事蹟之實際情況，本文認為春秋各國

---

[29] 同上註。

[30] 李方晨、黃正銘等學者主張此一論點。

[31] 傅啓學主張中國的外交史，在春秋時期便已展開。此由其主編的《中國古代外交史料彙編》中可以見出。

[32] 外交的目的，在實現國家的目的。國家的一切活動，消極方面在維持本身的生存和獨立，積極方面即在謀本身的發展。

間的交通往來情況，足以稱之爲外交活動。在此前提下，進
一步討論《左傳》所載之外交辭令。

　　在各國交通往來過程中，行人扮演重要的角色，欲說明
《左傳》外交辭令，則行人是必須先釐清的重要術語。所謂
「行人」，就是春秋時期負責國家外交事務與外交談判者，
亦即今日所謂的外交使節。有關行人之定義、職掌、修養操
守、待遇與保障等相關論題，徐傳保《先秦國際法之遺跡》，
陳顧遠《中國國際法溯源》，洪鈞培《春秋國際公法》，及黃
寶實《中國歷代行人考》等書中皆有論述。以下總結前輩學
者所論，對春秋行人略作說明。

一、行人的定義

　　行人，是春秋時期對於外交使節的通稱，相當於今日的
外交官[33]。「古之所謂行人，即今之外交官。居則擯相應對，
出則朝覲聘會，所以撫緝萬國，踐修盟好，要結外援以衛社
稷者也。」[34]由上可知，行人是一國負責外交相關事務的人
員。舉凡外賓的接待、朝聘的禮節、盟會的參與、盟約的簽
訂等，皆是春秋行人的工作範圍。本文對於行人一詞的定
義，採取較廣義的定義，凡參與國家外交事務的相關人員，

---

[33] 李新霖〈春秋左氏傳行人外交辭令研究〉，（臺北工專學報，民國
　　78年3月），頁441。

[34] 黃寶實《中國歷代行人考》，（臺北：中華書局，民國58年6月），
　　頁1。

皆屬於廣義的行人範圍。

　　「行人」一詞，首見於《易‧無妄》：「無妄之災，或繫之牛，行人之得，邑人之災」，但其義並非特指外交行人，而是指行路經過之人。先秦典籍中，記載行人職掌較詳者，首推《周禮》。《周禮‧秋官‧司寇》對於行人職掌有詳細論述。其中記載一系列以大行人、小行人為首，負責國家外交事務的人員。而對春秋行人實際之交際情況記載較詳者，則首推《左傳》。《左傳》載「行人」者計二十六筆，二十八見。其中多對行人之交際情況有所記載，是今日探討春秋行人重要的資料。總而言之，行人是春秋時期對外交使節的稱呼。

　　有關《周禮》所載行人資料，請見後文。以下表列《左傳》所載「行人」相關資料：

編號	《左傳》紀年	《左傳》論及「行人」文句
01	桓公 9 年	楚子使道朔將巴客以聘於鄧，鄧南鄙鄾人攻而奪之幣，殺道朔及巴行人。
02	文公 4 年	衛甯武子來聘，公與之宴，為賦＜湛露＞及＜彤弓＞。不辭，又不答賦。使行人私焉。
03	文公 12 年	秦行人夜戒晉師曰：「兩君之士皆未愁也，明日請相見也。」
04	宣公 12 年	虙子以為諂，使趙括從而更之曰：「行人失辭。……」
05	成公 7 年	巫臣請使於吳，晉侯許之。吳子壽夢說之。

		乃通吳於晉，以兩之一卒適吳，舍偏兩之一焉。與其射御，教吳乘車，教之戰陳，教之叛楚。寘其子狐庸焉，使爲**行人**於吳。
06	成公 13 年	三月，魯成公如京師。宣伯欲賜，請先使。王以**行人**之禮禮焉。
07	成公 16 年	今兩國治戎，**行人**不使，不可謂整；臨事而食言，不可謂暇。請攝飲焉。」公許之。使**行人**執榼承飲，造于子重，
08	襄公 4 年	穆叔如晉，報知武子之聘也。晉侯享之，金奏＜肆夏＞之三，不拜。工歌＜文王＞之三，又不拜。歌＜鹿鳴＞之三，三拜。韓獻子使行人子員問之曰……。
09	襄公 8 年	知武子使行人子員對之曰……。
10	襄公 11 年	九月，諸侯悉師以復伐鄭，鄭人使良霄、大宰石㚟如楚，告將服于晉，曰：「孤以社稷之故，不能懷君。君若能以玉帛綏晉，不然，則武震以攝威之，孤之願也。」楚人執之。書曰「**行人**」，言使人也。
11	襄公 13 年	鄭良霄、大宰石㚟猶在楚。石㚟言於子囊曰：「先王卜征五年，而歲習其祥，祥習則行。不習，則增修德而改卜。今楚實不競，**行人**何罪？
12	襄公 18 年	夏，晉人執衛**行人**石買于長子，執孫蒯于純

		留，為曹故也。
13	襄公 21 年	欒盈過於周，周西鄙掠之。辭於行人曰：「……」
14	襄公 24 年	鄭行人公孫揮如晉聘，程鄭問焉……。
15	襄公 26 年	二十六年，春，秦伯之弟鍼如晉修成，叔向命召行人子員。行人子朱曰：「朱也當御。」三云，叔向不應。
16	襄公 26 年	使其子狐庸為吳行人焉。
17	襄公 29 年	夏，四月，葬楚康王，公及陳侯、鄭伯、許男送葬，至於西門之外，諸侯之大夫皆至于墓。楚郟敖即位，王子圍為令尹。鄭行人子羽曰：「是謂不宜，必代之昌。松柏之下，其草不殖。」
18	襄公 31 年	十二月，北宮文子相衛襄公以如楚，宋之盟故也。過鄭，印段迋勞于棐林，如聘禮而以勞辭。文子入聘。子羽為行人，馮簡子與子大叔逆客。
19	昭公元年	元年，春，楚公子圍聘于鄭，且娶於公孫段氏。伍舉為介。將入館，鄭人惡之，使行人子羽與之言，乃館於外。
20	昭公元年	……楚伯州犁曰：「此行也，辭而假之寡君。」鄭行人揮曰：「假不反矣。」……
21	昭公元年	叔向出，行人揮送之。叔向問鄭故焉，且問

		子晳。
22	昭公 6 年	夏,季孫宿如晉,拜莒田也。晉侯享之,有加籩。武子退,使行人告曰:「……」
23	昭公 8 年	公子勝愬之于楚。楚人執而殺之。公子留奔鄭。書曰「陳侯之弟招殺陳世子偃師」,罪在招也;「楚人執陳行人干徵師殺之,」罪不在行人也。
24	昭公 18 年	鄭火,子產使行人告於諸侯。
25	昭公 23 年	邾人愬于晉,晉人來討。叔孫婼如晉,晉人執之。書曰「晉人執我行人叔孫婼」,言使人也。
26	哀公 12 年	吳徵會于衛。初,衛人殺吳行人且姚而懼,謀於行人子羽。

　　由上表可知,春秋行人是指國家負責外交事務的人員。春秋中期以後由於國際外交形勢日益複雜,行人的重要性逐漸增加。魯襄公二十七年(西元前 546 年)晉、楚兩國達成弭兵協議,春秋國際上的競爭由戰爭轉為外交。觀察上表可知,襄公、昭公之際是春秋行人最為活躍之時[35]。

　　由言語交際角度而言,行人是外交交際時的交際主體,行人因素對於行人辭令的交際結果,具有一定程度的影響。

---

[35] 此亦可說明行人賦詩多在襄、昭之間的問題。

（詳見「語用學與《左傳》外交辭令」）外交是春秋時期解決國際爭端的方式之一，行人是各國對外處理外交事務者。舉凡朝聘、盟會、弔問、請成等，皆須透過行人來協商進行，而行人的臨場反應對於辭令交際成敗產生一定的影響。因此，外交行人的選派影響行人辭令成敗。

《左傳·襄公二十六年》載叔向命子員爲行人一事，即說明春秋時期對行人選派之重視與因材制宜的派任標準：

> 二十六年，春，秦伯之弟鍼如晉修成，叔向命召行人子員。行人子朱曰：「朱也當御。」三云，叔向不應。子朱怒，曰：「班爵同，何以黜朱於朝？」撫劍從之。叔向曰：「秦、晉不和久矣。今日之事，幸而集，晉國賴之。不集，三軍暴骨。子員道二國之言無私，子常易之。姦以事君者，吾所能御也。」拂衣從之。人救之。平公曰：「晉其庶乎！吾臣之所爭者大。」師曠曰：「公室懼卑。臣不心競而力爭，不務德而爭善，私欲已侈，能無卑乎？」[36]

晉國行人之制大體有二：其一爲常設之行人。即常備之外交行人，其以輪替的方式，依序處理國家例行的外交事務。上文中子朱提出「朱也當御」，正是說明依制此次與秦

---

[36] 《十三經注疏·左傳》，（臺北：藝文印書館），頁629。

國之外交交涉，當輪由子朱處理[37]。其二爲特殊派任者。是指當國家面臨重大外交事件或特殊外交狀況時，爲妥善處理以渡過危機，外交行人的選派，往往由該國負責外交事務的主要卿大夫親自處理，或以臨時指派的方式，遴選適當的行人負責。

上文中叔向「召行人子員」正是以遴選的方式指派行人以處理重大的外交交涉事件。叔向此時爲晉國負責外交事務主要大夫，由於此次與秦國之交涉，事關秦晉兩國未來的外交關係，叔向云：「秦、晉不和久矣。今日之事，幸而集，晉國賴之。不集，三軍暴骨。」其指出此次外交交涉之重要性。由於子朱無法正確無私的傳達晉國的外交態度，所謂「子員道二國之言無私，子常易之。」叔向因此特命子員負責此次與秦國之交涉。

此外，《管子‧大匡篇》指出因應各國國情之不同，在選派行人上，亦有不同的考量。《管子‧大匡》：「衛國之教，爲傅以利，公子門方之爲人也，慧以給，不能久而樂始，可游於衛。魯邑之教，好邇而訓於禮，季友之爲人也恭以精、傅以糧、多小信，可游於魯。楚國之教，巧文以利，不好立大義，而好立小信。蒙孫傅於教而文巧於辭，不好立大義而好結小信，可游於楚。」上文說明因應魯國與楚國不同之國際政策，齊國選派不同的行人出使。要言之，行人的選派是

---

[37] 楊伯峻《春秋左傳注》云：「當御猶今之值班，值班則當奉職。」（高雄：復文書局，民國 80 年 9 月），頁 1111。

春秋時期各國外交上重要的工作。選派適當的行人出使，有助外交辭令交際之成功。反之，不當的外交行人，將使兩國關係日形惡化。

先秦典籍對「行人」之記載，除見於《左傳》、《周禮》外，亦見於其他典籍，以下表列以為參考：

典籍名稱	引 行 人 原 文	行 人 釋 義
《易》	《易·無妄》：「無妄之災，或繫之牛，**行人**之得，邑人之災」	行人與邑人對舉，其中行人是指行路經過之人。
《詩》	《詩·齊風·載驅》：「載驅薄薄，簟茀朱鞹。魯道有蕩，齊子發夕。四驪濟濟，垂轡濔濔。魯道有蕩，齊子豈弟。汶水湯湯，**行人**彭彭。魯道有蕩，齊子翱翔。汶水滔滔，**行人**儦儦。魯道有蕩，齊子遊敖。」	本詩描寫文姜與齊襄公之會。由於文姜已嫁至魯國，因此，是魯、齊之會。詩中所謂行人，應解釋為外交使節。
《春秋》	1、襄公十一年：楚人執鄭**行人**良霄。2、襄公十八年：夏，晉人執衛**行人**石買。3、昭公八年：楚	《春秋》稱「行人」者計六見，其義皆為外交使節之通稱。

	人執陳行人于徵師殺之。4、昭公二十三年：晉人執我行人叔孫婼。5、定公六年：秋，晉人執宋行人樂祁犁。6、定公七年：齊人執衛行人北宮結，以侵衛。	
《公羊傳》	文公十四年：執者曷爲或稱行人？或不稱行人？稱行人而執者，以其事執也；不稱行人而執者，以己執也。單伯之罪何？道淫也。惡乎淫？淫乎子叔姬。然則曷爲不言齊人執單伯及子叔姬？內辭也，使若異罪然。	《公羊傳》稱「行人」者，僅一見。其義爲外交使節。
《穀梁傳》	1、襄公十一年：行人者，挈國之辭也。2、襄公十八年：稱行人，怨接於上也。3、昭公八年：稱人以執大夫，執有罪也。稱行人，怨接於上也。	《穀梁傳》稱「行人」者計三見。其所指皆是外交使節。
《禮記》	《禮記·檀弓下》：「吳侵	《禮記》稱「行人」者僅

47

	陳，斬祀殺厲，師還出竟，陳大宰嚭使於師。夫差謂**行人**儀曰………」	一見。其義是指外交使節。
《論語》	《論語·憲問》：子曰：「爲命：裨諶草創之，世叔討論之，**行人**子羽修飾之，東里子產潤色之。」	《論語》稱行人者，計一見，是指負責外交事務的人員。

　　上表中除《易》中所載「行人」一辭非指外交使節外，其於《詩》、《春秋》、《公羊》、《穀梁》、《禮記》、《論語》中有關「行人」的記載，皆是指與國家外交事務相關的人員。由上可知，春秋時期確有行人之官。瞭解行人定義後，以下說明行人之職掌、修養與待遇等問題。

二、行人之職掌

　　張玉法《先秦的傳播活動及其影響》書中指出，春秋戰國行人主要任務有以下八種：1、請戰。2、講和。3、求救。4、結盟。5、止戰。6、告事。7、弔喪。8、告立君[38]。其說大體無誤。有關行人之職掌，以《周禮》所載最詳。《周禮》的成書年代雖爲學者所議，然其保存若干先秦時期政府組織

---

[38] 張玉法《先秦的傳播活動及其影響》，（臺北：臺灣商務印書館，民國82年4月），頁192。

建制，亦是學者共識。「行人」之官，首見於先秦時期，至明、清之際仍有行人之官[39]。《周禮》中所載有關行人資料，為現存典籍中最為詳備者，並可與《左傳》、《國語》等典籍相互映證。或有學者以為《周禮》中所載為漢儒後學參考《左傳》、《國語》所偽作，然而在未有更新突破成果之前。欲瞭解春秋時期「行人」的職掌與任務，《周禮・秋官》中所載大行人、小行人之資料仍是應參考之資料。

《周禮》中對大行人、小行人職掌有所說明與界定。《周禮・秋官・司寇》依行人職掌之不同，將負責外交事務之行人，分為大行人與小行人，以下說明《周禮》所載大、小行人之職掌：此處主要說明行人的職掌，對於《周禮》相關論證學者多有專著討論，本文不述。有關大行人的職掌，《周禮》記載如下：

> 掌大賓之禮及大客之儀，以親諸侯。春朝諸侯而圖天下之事，秋覲以比邦國之功，夏宗以陳天下之謨，冬遇以協諸侯之慮。時會以發四方之禁，殷同以施天下之政；時聘以結諸侯之好，殷覜以除邦國之慝；間問以諭諸侯之志，歸脤以交諸侯之福，賀慶以贊諸侯之喜，致襘以補諸侯之災。[40]

---

[39] 見黃寶實《中國歷代行人考》《中國歷代行人考續編》等書。

[40] 《十三經注疏・周禮》，（臺北：藝文印書館），頁560至561。

　　以上首先說明大行人的職掌範圍。依《周禮》所載，大行人主要職掌在於輔佐周天子處理與各諸侯間的關係。如春朝、秋覲、夏宗、冬遇以及時聘、殷覜、間問、歸賑、賀慶、致襘等事。點明大行人主要職掌後，《周禮》進一步具體的說明於各個外交場合中，大行人之職掌與外交禮儀：

　　　以九儀辨諸侯之命，等諸臣之爵，以同邦國之禮而待其賓客。上公之禮：執桓圭九寸，繅藉九寸，冕服九章，建常九斿，樊纓九就，貳車九乘，介九人，禮九牢；其朝位，賓主之間九十步，立當車軹；擯者五人；廟中將幣，三享。王禮再祼而酢，饗禮九獻，食禮九舉，出入五積，三問三勞。諸侯之禮：執信圭七寸，繅藉七寸，冕服七章，建常七斿，樊纓七就，貳車七乘，介七人，禮七牢；朝位，賓主之間七十步，立當前疾；擯者四人；廟中將幣，三享。王禮壹祼而酢，饗禮七獻，食禮七舉，出入四積，再問再勞。諸伯執躬圭，其他皆如諸侯之禮。諸子：執穀璧五寸，繅藉五寸，冕服五章，建常五斿，樊纓五就，貳車五乘，介五人，禮五牢；朝位，賓主之間五十步，立當車衡；擯者三人；廟中將幣，三享。王禮壹祼不酢，饗禮五獻，食禮五舉，出入三積，壹問壹勞。諸男執蒲璧，其他皆如諸子之

禮。[41]

以上針對來訪行人身分之不同,《周禮》具體的陳述對上公、諸侯、諸子等不同身分的不同的禮節。

> 凡大國之孤,執皮帛以繼小國之君。出入三積,不問,壹勞。朝位當車前。不交擯,廟中無相。以酒禮之。其他皆視小國之君。凡諸侯之卿,其禮各下其君二等以下;及其大夫、士,皆如之。邦畿方千里。其外方五百里謂之侯服,歲壹見,其貢祀物。又其外方五百里謂之甸服,二歲壹見,其貢嬪物。又其外方五百里謂之男服,三歲壹見,其貢器物。又其外方五百里謂之采服,四歲壹見,其貢服物。又其外方五百里謂之衛服,五歲壹見,其貢材物。又其外方五百里謂之要服,六歲壹見,其貢貨物。九州之外謂之蕃國,世壹見,各以其所貴寶為摯。王之所以撫邦國諸侯者,歲遍存,三歲遍覜,五歲遍省;七歲,屬象胥、諭言語、協辭命;九歲,屬瞽史、諭書名、聽聲音;十有一歲,達瑞節、同度量、成牢禮、同數器、修法則;十有二歲,王巡守、殷國。凡諸侯之王事,辨其位,正其等,協其禮,賓而見之。若有大喪,則詔相諸侯之禮。若有四方

---

41 《十三經注疏・周禮》,(臺北:藝文印書館),頁562。

之大事，則受其幣，聽其辭。凡諸侯之邦交，歲相
問也，殷相聘也，世相朝也。[42]

以上就不同外交情況說明大行人的職掌與工作。總結而
言，大行人主要負責接待他國重要之外交使節，包括諸侯本
身，或他國特派之使節。由於《周禮》是以周王室爲出發點，
因此，大行人的職掌中，還包括陪同周天子接見諸侯或諸國
使節，以及代表周天子聘問諸侯等事宜。《周禮》記載小行
人負責事務大體如下：

掌邦國賓客之禮籍，以待四方之使者。令諸侯
春入貢，秋獻功；王親受之，各以其國之籍禮之。
凡諸侯入王，則逆勞于畿。及郊勞、視館、將幣，
爲承而擯。凡四方之使者，大客則擯，小客則受其
幣而聽其辭。使適四方，協九儀賓客之禮。朝、覲、
宗、遇、會、同，君之禮也。存、覜、省、聘、問，
臣之禮也。達天下之六節：山國用虎節，土國用人
節，澤國用龍節，皆以金爲之。道路用旌節，門關
用符節，都鄙用管節，皆以竹爲之。成六瑞：王用
填圭，公用桓圭，侯用信圭，伯用躬圭，子用穀璧，
男用蒲璧。合六幣：圭以馬，璋以皮，璧以帛，琮
以錦，琥以繡，璜以黼；此六物者，以和諸侯之好

故。若國札喪,則令賻補之。若國凶荒,則令賙委
之。若國師役,則令稿禬之。若國有福事,則令慶
賀之。若國有禍災,則令哀弔之。凡此五物者,治
其事故。及其萬民之利害為一書,其禮俗、政事、
教治、刑禁之逆順為一書,其悖逆、暴亂、作慝、
猶犯令者為一書,其札喪、凶荒、厄貧為一書,其
康樂、和親、安平為一書。凡此五物者,每國辨異
之,以反命于王,以周知天下之故。[43]

依《周禮》所載小行人之職掌,主要處理外交相關之事
宜。包括迎接、招待他國使節、安排他國行人停留期間的食
宿與行程等,同時亦包括代表周王室出使各國的處理諸侯國
喪葬、凶荒、福事、災禍等事宜。總而言之,小行人類似今
日所謂的執行長一職,其主要輔佐大行人處理外交事務,並
負責外交工作的實際執行。

整體而言,大行人負責重要的接見與輔佐工作,小行人
則負責外交相關之瑣碎事務處理,舉凡賓客之登記、接待、
等等。同時小行人亦負責出使他國的任務。就今日外交體系
而言,大行人類似於外交部長或次長等行政主管職務;小行
人則類似派駐各國的使節及外交部各禮賓司、局、處等職
務。除大行人、小行人外,《周禮》中亦載有一系列與外交
相關之職官,表列說明如下:

---

43 《十三經注疏·周禮》,(臺北:藝文印書館),頁 567 至 569。

職官名稱	《周禮》所載職掌	負 責 事 務
司盟	掌盟載之法。凡邦國有疑會同，則掌其盟約之載及其禮儀，北面詔明神，既盟，則貳之。盟萬民之犯命者，詛其不信者亦如之。凡民之有約劑者，其貳在司盟；有獄訟者，則使之盟詛。凡盟詛，各以其地域之眾庶，共其牲而致焉；既盟，則為司盟共祈酒脯。	盟約的簽訂與保存。
司儀	掌九儀之賓客，擯相之禮，以詔儀容辭令揖讓之節。…………	外交場合禮儀的維持者。
行夫	掌邦國傳遽之小事、媺惡而無禮者。凡其使也，必以旌節。雖道有難而不時，必達。居於其國，則掌行人之勞辱事焉，使則介之。	外交赴告的執行者。
環人	掌送邦國之通賓客，以路節達諸四方。舍則授館，令聚柝；有任器，則令環之。凡	負責他國使節在本國境內的起居生活與交通等事宜。

	門關無幾，送逆及疆。	
象胥	掌蠻夷、閩貉、戎狄之國使，掌傳王之言而諭說焉，以和親之。若以時入賓，則協其禮與其辭，言傳之。凡其出入送逆之禮節、幣帛、辭令而賓相之。凡國之大喪，詔相國客之禮儀而正其位。凡軍旅、會同，受國客幣而賓禮之。凡作事：王之大事，諸侯；次事，卿；次事，大夫；次事，上士；下事，庶子。	負責與四方少數民族間的外交事務。
掌客	掌四方賓客之牢禮、餼獻、飲食之等數與其政治。王合諸侯而饗禮，則具十有二牢，庶具百物備；諸侯長，十有再獻。王巡守、殷國，則國君膳以牲犢，令百官百牲皆具，從者三公視上公之禮，卿視侯伯之禮，大夫視子男之禮，士視諸侯之卿禮，庶子壹視其大夫之	負責接待宴享之準備與交際。

	禮。‥‥‥‥‥	
掌訝	掌邦國之等籍以待賓客。若將有國賓客至，則戒官修委積；與士逆賓于疆，為前驅而入。及宿，則令聚柝。及委，則致積。至于國，賓入館，次于舍門外，待事于客。及將幣，為前驅。至于朝，詔其位，入復；及退，亦如之。凡賓客之治，令訝，訝治之。凡從者出，則使人道之。及歸，送亦如之。凡賓客，諸侯有卿訝，卿有大夫訝，大夫有士訝，士皆有訝。凡訝者，賓客至而往，詔相其事而掌其治令。	負責實際的迎接工作。及對他國行人說明本國國情與相關法規。
掌交	掌以節與幣巡邦國之諸侯，及其萬民之所聚者，道王之德意志慮，使咸知王之好惡，辟行之。使和諸侯之好，達萬民之說。掌邦國之通事而結其交好，以諭九稅之利、九禮之親、九牧之維、	代表周天子出使宣揚政令的特使團。

	九禁之難、九戎之威。	

　　由《周禮・秋官・司寇》中一系列與外交相關之職官的設置，突顯出兩個問題：一為，外交確實為春秋時期各國所重視，由《周禮》中詳細的職官規畫，明顯可見。其二，《周禮》中若干職官，證諸先秦其他典籍，或有相合者，知《周禮》所載資料，仍有一定的參考價值。此外，由上表列與論述中可知，春秋行人已有相當制度與規模。

　　總結而言，春秋行人的職掌與任務大致可別為以下三類：1、平時任務：是指非戰爭期間國與國間的外交交際活動。其中包括一般例行事務與外交談判兩類。所謂一般外交事務，是指例行的朝聘、會盟、弔問、赴告等。此類事務主要在履行對外已訂立之盟約或共識。所謂外交談判，是指涉及國家利益之外交交際與溝通協商。此類即本文探討之主要對象。外交談判進行時，行人的主要任務即在為國家爭取最大利益，其或以文化說服，或以形勢相逼。總而言之，必須維護國家的尊嚴與權益。

　　2、戰時任務：是專指戰爭期間的外交事務而言。整體而言，行人在戰時之任務，主要可分三時期論述。戰爭前，行人出使主要在探察敵情與請戰求戰上；戰爭進行中，求援請救成為行人的重要任務；求和請成是行人於戰爭結束後的主要工作，戰爭傷害既已造成，如何避免國家再遭損失成為

行人戰後重要的任務。

　　3、特殊任務：是指依實際外交需要，臨時指派的工作任務。例如他國國君去世時指派行人前往弔唁、他國新君繼位後，遣使前往祝賀等皆屬於特殊任務的範圍。此外，如戰勝後的獻捷、婚姻嫁娶的迎逆等亦為此類。總而言之，由行人的職掌分析可知，行人是春秋時期處理各國對外事務的主要官員。以下說明行人修養、待遇與保障。

三、行人之修養、待遇與保障

　　關於行人之修養、待遇與保障，黃寶實《中國歷代行人考》中有所論述。以下舉要說明之：

　　《論語・子路》云：「誦詩三百，授之以政，不達；使於四方，不能專對，雖多亦奚以為？」明白指出詩學素養是行人重要的學習項目之一。孔子教學強調詩之用，指出學詩主要為達政、專對之用。若無法運用所學為國家於外交場合中爭取權益，記誦再多詩句亦無意義。《論語・季氏》亦云：「不學詩，無以言」，強調詩與語言表達的重要關係。《論語・陽貨》亦云：「詩可以興，可以觀，可以群，可以怨。邇之事父，遠之事君，多識於鳥獸草木之名。」明確指出孔子所謂「詩之用」的具體內容。試觀春秋行人交際，其中有所謂「外交賦詩」一類[44]，正是運用選賦詩篇、詩句的方式進行

---

[44] 有關外交賦詩之論述，詳見「語用學與《左傳》外交賦詩」一書。

外交溝通與談判。可知詩學素養是春秋行人首要的學習項目。

　　除知詩學素養以外，德、禮修爲亦是春秋行人必備的修養之一。春秋文化以德、禮爲主要內涵[45]。無論是日常生活或是外交場合，德、禮文化皆產生相當的制約與影響作用。整體而言，德、禮觀念春秋時期重要的價值判斷標準。試觀《左傳》載春秋二百五十五年史事，其中「德」字出現三百三十三見，其中稱德寓褒貶者，居十之八九。又《左傳》「禮」字計五百二十六見，其中《左傳》載「某，禮也」共五十七則，書「某，非禮也」共二十四則，皆寓有微言褒貶之意。總而言之，德、禮觀念在春秋時期具有相當的影響力。

　　除詩學素養與德、禮修爲外，觀察《左傳》外交辭令交際，發現史學知識亦是行人重要的學習項目。史學傳統是中國文化中重要的一部分，自殷商時期起，歷史即爲中國文化的重要內涵之一。春秋外交辭令於說服間，往往徵引史實以爲證，其中又以晉國叔向、鄭國子產等對於史事之掌握與運用最爲巧妙。

　　例如子產獻捷（襄公二十五年）一事，子產代表鄭國獻入陳之功於晉國。晉國以「入陳」、「侵小」、「戎服」等問題質問子產，子產一一徵引歷史事實加以回應。令士弱「不能詰」，趙文子以子產所言合情合理，於是接受鄭國獻捷。

　　又如子產壞晉館垣（襄公三十一年），子產對於晉國之

59

無禮對待，以壞館垣的方式來引起晉國注意。並於士文伯前來責讓之時，徵引史事，說之德、禮，令晉國無言以對，改變對鄭國之態度。其他如戎子駒支、鄭國游吉、晉國韓宣子等人亦於外交辭令間，善引史事以增加說服力。

總結而言，行人本身的素質與其人格特性對於外交辭令之交際，產生一定的影響。整體而言，《詩》爲春秋行人言語表達方面重要的必備條件；德、禮修養則是行人本身所須具備者；此外，對於歷史之熟悉與運用亦是春秋行人所當學習的重要課題。

有關行人之待遇與保障，可由觀察《左傳》所載因行人而發生的國際衝突事件中略知一二。行人對外代表國家、國君的觀念，是周代公認的觀念[46]。既然行人對外代表國家、國君，則對行人之無禮與侵犯，亦即代表對國家、國君之侵犯。試觀《左傳》所載，與行人相關之國際事件計十三見。整體而言，春秋早期國際上未有絕對強國出現，因此，各國對於他國侵犯本國行人之事，多以軍事手段加以制裁。

如鄧鄾人殺巴行人（桓公九年），楚國以此爲名出兵伐鄧。又如鄭文公執王使游孫伯（僖公二十四年），引來周襄王以狄師伐鄭。又如宋殺楚使申舟（宣公十四年），此爲楚王謀略，宋殺申舟後，楚莊王以此爲名出兵圍宋。

又如齊頃公無禮於晉郤克（宣公十七年），晉國郤克出

---

[45] 詳見本書第四章論述。

[46] 黃寶實《中國歷代行人考》，頁 27 至 28。

使齊國，齊頃公「帷婦人使觀之」（觀郤克跛腳），引來之後
齊、晉鞍之戰。

春秋中期之後，晉、楚各國北、南二強之形勢大抵確立，
各國之行旅往來多以晉、楚爲主要目標。而行人被執、見殺
之事，亦多爲晉、楚二國所爲。如晉執齊使晏弱蔡朝南郭偃
（宣公十七年）、晉殺鄭使伯蠲（成公九年）、晉執王使王叔
陳生（襄公五年）、楚執鄭行人良霄（襄公十一年）、晉執衛
行人石買孫蒯（襄公十八年）、楚執徐行人儀楚（昭公六年）、
楚殺陳行人干徵師（昭公八年）、晉執魯行人叔孫婼（昭公
二十三年）、晉執宋行人樂祁犂（定公六年）等。然而各國
對於本國行人遭晉、楚二強執、殺，迫於形勢，無力反抗，
只能以外交辭令交涉的方式尋求解決。行人被執、見殺事
件，在外交折衝頻繁的春秋時期，是屬於少數的突發事件。
整體而言，春秋行人在國際外交上，仍受到相當的禮遇與保
障。

第三節、《左傳》外交辭令概說

除語用學外，《左傳》外交賦詩爲本文論題的另一個關
鍵術語。又外交賦詩爲外交辭令之一部分，因此欲說明外交
賦詩，則亦須對《左傳》外交辭令之定義、種類、謀畫、特
色與功能等有所認識。

一、外交辭令的定義

外交辭令就是外交行人於外交場合進行交際時所運用的一套語言系統。由於外交場合的特殊性，及外交行人討論議題之敏感性，使得外交辭令成為一種異於一般言語交際的特殊語言系統。

許慎《說文解字》云：「辭，說也。從𤔔辛；𤔔辛猶理辜也。」[47]（十四篇下・辛部）段玉裁注云「辭，說也。」關於辭的本義，或有以說為訟者，進而將辭之本義與爭訟理獄等相連，如王筠《說文句讀・第二十八卷》：「辭，訟也。小司寇『聽辭』，呂刑『師聽五辭』，大學『無情者不得盡其辭』，皆用本義。」朱駿聲《說文通訓定聲・頤部》：「辭，頌也。」另有以辭為言說內容，如《周易・繫辭下》：「其旨遠，其辭文，其言曲而中。」；《孟子》：「不以文害辭」；《荀子・正明》：「辭也者，兼異實之名以論一意也」；《禮記・表記》：「情欲信，辭欲巧」。而劉勰《文心雕龍・書記》對辭之解釋如下：「辭者，舌端之文，同己於人」。總要而言，辭的本義無論是否與獄訟相關，要指言語表達之容，至春秋時其辭字引申出外交專對之意，外交辭令成為春秋期外交交際之專稱。「蓋古人所謂辭，多指應對辭命而言」[48]。

關於令字意義，《說文解字》：「令，發號也。從亼卩。」

---

[47] 東漢・許慎 撰、清段玉裁 注《說文解字注》，（臺北：天工書局，民國 81 年 11 月），頁 742。

[48] 張文治《古書修辭例》，（北京：中華書局，1996 年 9 月），頁 3。

[49]（九篇上卩部）所謂發號即今所言之命令。觀三代銘文中令與命二字多併用之情況。又有「令者，命也。」（《漢書·東方朔傳》）清·朱駿聲《說文通訓定聲》云：「按在事爲令，在言爲命。」要言之，令字有命令、號令之意。辭令合用，於春秋時期特指外交行人外交酬接之言語。外交辭令的風格，與一般辭令有所不同。整體而言，一般辭令以明白達意爲主，外交辭令則重視禮貌的修飾與表達的技巧。外交辭令就是外交場合中所運用的特殊言語辭令，其往往意在言外，以間接的方式表達敏感的外交議題。外交辭令依其性質、表達方式及說服觀點之不同又可別爲幾類，以下分別論述之。

二、外交辭令之種類

如上所論，外交場合所運用的言語辭令即稱爲外交辭令。又外交辭令依其性質、使用時機、表達方式與說服觀點之不同，可別爲以下幾類：

（一）、依辭令性質而言

依辭令本身的性質而論，外交辭令可別爲三類：其一爲外交辭令，是指外交談判時所運用的特殊言語系統。一般而言，外交辭令具有強烈的目的性，要求辭令必須達到預期的外交目標。此類辭令反映於《左傳》中，即爲具有交際目的，

---

[49] 東漢·許慎 撰、清段玉裁 注《說文解字注》，頁430。

強調交際結果之外交辭令。《左傳》共一百二十九見。（詳見「語用學與《左傳》外交辭令」書中「行人辭令成敗分析表」）。此類亦爲本文討論之主要取材。

其二爲外交應對，是指一般外交例行事務的應對。如朝聘、赴告等一般外交事務之傳達與應對。一般而言，外交語言較不具目的性，僅是告知或傳達國家對外發表的信息或態度。除以上兩類外，另有外交術語一類。所謂外交術語一般是指運用於外交場合中的特殊言語系統，本文所謂外交術語是指外交場合中專門的用語，其又包括口頭與文字兩種，口頭方面即指外交場合中所使用的特定用語，如對對方的尊稱，對本身的稱呼，或春秋時期外交場合的慣用語等；文字方面則是指盟會載書時所書寫之特殊文字系統。由此類特殊外交術語可進一步探討《左傳》外交辭令語言風格方面之問題。

要言之，外交場合所運用之辭令，又別爲三類：一爲外交辭令，即具有強烈目的性，要求辭令交際結果，以謀取利益爲目標的外交辭令。二爲目的性較弱的外交應對，其多運用於例行外交事務之場合。三爲外交術語，即指外交辭令中口頭、書面上的特殊言語系統，包括慣用語、特殊稱謂等。

整體而言，外交辭令是指受命出使，背負特定外交任務者。因此，外交辭令具有強調目的性，注重修辭技巧，要求交際結果與成敗。又外交辭令之真義往往寄寓於表層意義之下。且辭令表達間多蘊藏謀略運用，藉以達到預設的外交

目的。而外交應對是指外交辭令以外的其他外交對話，其較無目的性，一般要求「辭達」（即明確清晰的將意思表達），以避免引起無謂誤解與爭端。外交術語則是指外交場合所運用的特定專門辭彙或用語。一般而言，外交術語以言簡意賅為特色，即以簡要的字句表達完整的意義。

外交辭令之運用，其優點為具有緩和氣氛之功效，避免直接而激烈的衝突；但因其辭令往往「意在言外」，交談雙方稍有不慎，極易造成誤解、誤會，影響兩國之外交。但外交辭令仍為外交場合中，進行外交談判最有效之工具。因其具有較大的彈性空間，以委婉的辭令適當禮貌的表達雙方的立場與主張，留下雙方妥協、再交涉的空間，往往有利談判之進行。此外，因外交辭令「意在言外」的特性，談判雙方可以在其可接受之範圍內，對對方的外交辭令進行有利我方之詮釋，雙方在各自表述的情況下，有利外交交際的進一步發展，否則一開始便明白表達雙方立場，若無法取得雙方利益的平衡點，則外交交涉將無法繼續。外交應對則以清楚傳達本國意見與態度為主要任務，因此要求辭令的達意與正確。外交術語，是指外交文書中所使用的特殊術語。運用外交術語的好處是，能言簡意賅的表達外交相關的完整意義。因此類術語，係外交專業術語，故具有專業性，專業性術語的之特性，在於能以簡潔的特定文字，表達完整的概念與意

義。例如《左傳》盟辭[50]術語、請戰術語、朝聘術語等。

（二）、依表達方式而言

歸納《左傳》外交辭令的表達方式，主要有對話、賦詩與書面三種。分別說明如下。

1、對 話

所謂對話，即交際雙方面對面運用言語爲交際媒介進行意見溝通與協商的一種交際方式。《左傳》外交辭令以對話方式進行交際者，爲數最多。如齊桓公侵蔡伐楚（僖公四年），楚國使者與齊國管仲即以對話方式進行溝通。又如楚屈完如齊師（僖公四年），交際雙方亦以對話方式進行溝通。又如晉陰飴甥會秦穆公請歸晉惠公（僖公十五年）、燭之武退秦師（僖公三十年）、王孫滿對楚莊王問鼎輕重（宣公三年）、解揚對楚王問（宣公十五年）、鞏朔獻齊捷（成公二年）、向之會晉范宣子與駒支之對（襄公十四年）、衛獻公奔齊，魯使厚成叔弔于衛（襄公十四年）、欒盈辭周（襄公二十一年）、鄭子產獻捷（襄公二十五年）、蔡聲子說楚復伍舉（襄公二十六年）、弭兵之會晉、楚爭先（襄公二十七年）、齊晏

---

[50] 《左傳》有關盟辭之資料，見於葵丘之盟（僖公九年）、清丘之盟（宣公十二年）、西門之盟（成公十二年）、戲之盟（襄公九年）、亳之盟（襄公十一年）、溫之會（襄公十六年）、督揚之盟（襄公十九年）等。有關《左傳》會盟與盟辭之論述，見劉伯驥《春秋會盟政治》（臺北：中華叢書編審委員會，民國 51 年 3 月）。

嬰請繼室於晉（昭公三年）、吳蹶由犒楚師（昭公五年）、子產爭承（昭公十三年）等皆是以對話方式進行外交辭令的表達與溝通。其餘例證，請參見附表。

　　此外，以對話方式進行辭令交際者，又可別為（1）、公開場合與（2）、私下場合兩類。前者是指於公開外交場合中所運用的外交辭令，如前所舉諸例即屬此類；後者是指兩國行人私下的對話或商議[51]。如鄭子大叔與衛大叔文子論城杞（襄公二十九年）、晉叔向問鄭子產鄭國之政（襄公三十年）、晉叔向齊晏嬰論國政（昭公三年）、鄭子產聘晉，韓宣子逆（昭公七年）等即為行人私下之辭令。總而言之，就言語交際角度而言，對話是言語交際最佳的方式，因為交際雙方面對面進行溝通，有助主、客觀語境的掌握。

2、賦詩

　　除對話方式外，賦詩為《左傳》外交辭令中特殊的言語交際方式，此部分正是本文討論的主要內容。所謂賦詩，是指選賦某一詩篇或詩句，藉詩以言志，進而表達外交立場與外交意見。《左傳》所載之賦詩資料計三十六見，與外交有所關聯的外交賦詩共二十七見[52]，如重耳賦詩請入（僖公二十三年）、駒支賦〈青蠅〉（襄公十四年）、鄭七子賦詩言志（襄公二十七年）、鄭六卿賦詩言志（昭公十六年）等即為

---

[51] 儀禮聘禮中有私覿一項。
[52] 詳見「語用學與《左傳》外交賦」之《左傳》外交賦詩分析表。

外交賦詩之例。外交賦詩之交際,交際雙方必須以交際當時之主、客觀語境為依據,進而解讀對方賦詩所蘊藏的言外之意,以達成言語交際與溝通。整體而言,外交賦詩是一種相當特殊的言語交際方式。以語用學角度而言,外交賦詩是一種「間接言語行為」。(有關外交賦詩之論述,請見「語用學語《左傳》外交賦詩」一書)

3、書 面

除對話與賦詩方式外,書信為《左傳》外交辭令的另一種表達方式。所謂書信,即指書面的外交辭令。《左傳》外交辭令以書信方式表達者計四見,各為鄭子家與晉趙盾書(文公十七年)、呂相絕秦書(成公十三年)、子產寓書請范宣子輕幣(襄公二十四年)、鄭鑄刑鼎,叔向使詒子產書(昭公六年)。

如前所論,面對面的溝通方式,是外交交際最佳的方式。既是如此,何以外交辭令有以書信方式表達者?分析其因,大體有二:其一為辭令內容性質需要以書信方式來表達。呂相絕秦書為此類例證。魯成公十三年(西元前 578 年),此年夏季,晉厲公使魏相發表與秦國絕交書。其書內容以晉之德、禮及對秦國之信義。反襯秦國之失德無禮、背信忘義。其書以排比實例的方式,營造出秦國唯利是視,無德無禮的形象。且經由書信公開發表的方式,達到擴大宣傳的效果。由於此書為絕交書,因此選擇以書面方式表達。此有兩層意義,其一既是絕交書信,且信中內容不乏誇大不實

者，若遣使往告，將危及行人安全。因此以書面發表方式是較佳的選擇。其二，以書面公開發表的方式表達，一方面能收到擴大宣傳的效果，且對於信中所言諸事，秦國將無辯解之地。基於以上考量，呂相此次外交辭令選擇以書面方式表達。

一般情況下，外交辭令以書面方式表達者，或因其本身政務繁忙，或其不在出使名單之內，但又有意見極欲表達，在此情況下，書面形式成爲變通的方法。如如襄公二十四年，鄭伯與子西將前往晉國，子產由於未在行人名單中，於是委託子西轉交其與范宣子的書信。又如鄭鑄刑鼎，叔向使詒子產書（昭公六年）等皆爲此類例證。

此外，當國家面臨外交困境，他國不願行人往來時[53]，書信往往是另一種選擇。如鄭子家與晉趙盾書（文公十七年）。魯文公十七年（西元前 610 年），晉靈公十一年，鄭穆公十八年。此年夏季，晉國會諸侯於扈，晉國懷疑鄭國「貳於楚」，因此不願接見鄭穆公。鄭子家於是改用書信的方式，寓書於晉國執政趙宣子，表達鄭國之立場與對晉國不貳之心。其書以德、禮爲主調，輔以實際事例，成功的說服趙宣子。

總而言之，書面表達方式，是外交辭令表達的一種變通方式。其優點在於接受者無法直接提出反駁，能避免直接的

---

[53] 此所謂不願行人往來，是指國與國間正式的外交行人往返，不包括一般的通訊往來。

言語衝突。而無法直接面對面溝通，亦是書面外交辭令的缺點。由於無法直接進行溝通，對於辭令的交際產生一定的障礙與影響。

（三）、依辭令說服內容而言

　　辭令內容是辭令交際的主要信息所在，依《左傳》辭令說服內容之不同，張高評先生將之別為：1、說之以理。2、動之以情。3、懼之以勢。4、服之以巧。5、挫之以術等五類[54]。《左傳》外交辭令為辭令之一類，其說服內容大體不出以上五方面，但為進一步突顯外交辭令說服觀點，本文在張高評先生的基礎上，進一步將外交辭令說服觀點別為文化觀點、利益觀點、形勢觀點、邏輯觀點與情感觀點五種：

　　文化是人類生活的總稱，其對人們言語系統具有相當程度的影響。簡言之，人們的言語表達與接受，無一不受文化的制約與影響。以德、禮文化觀點進行外交說服是春秋外交辭令重要的特色之一。如衛石碏請陳殺州吁（隱公四年）、滕薛爭長魯以禮說之（隱公十一年）、陳完辭齊卿（莊公二十二年）、魯展喜犒齊師（僖公二十六年）、王孫滿以德、禮退楚莊王問鼎輕重（宣公三年）、齊賓媚人說晉（成公二年）、曹人以德請於晉（成公十六年）、宋向戌辭封（襄公九年）、駒支以德、禮說晉（襄公十四年）、欒盈過周辭於行人（襄

---

[54] 張高評《左傳之文學價值》，（臺北：文史哲出版社・民國71年10月），頁175至184。

公二十一年）、子產請輕幣（襄公二十四年）、齊、鄭二君以
德請歸衛侯（襄公二十六年）、子產壞晉館垣（襄公三十一
年）、趙孟請歸叔孫豹（昭公元年）、吳蹶由犒楚師（昭公五
年）、子大叔言周王子朝之亂（昭公二十四年）、孔丘以德、
禮退萊人（定公十年）、吳延州季子說楚子期（哀公十年）、
子貢對吳大宰嚭請尋盟（哀公十二年）、于尹蓋以禮說楚（哀
公十五年）等即爲此類。

　　所謂利益觀點，就是以利說之、以利誘之的說服方式，
換言之，即於外交辭令內容中，或暗示或明言，指出兩國利
害所在，進而運用人們趨吉避凶的普遍心理進行說服。如燭
之武退秦師即爲明顯例證。魯僖公三十年（西元前 630 年）
九月，晉國聯合秦國「圍鄭」。鄭燭之武縋城入秦師進行說
服。其外交辭令內容以剖析利害關係爲重點，指出秦助晉滅
鄭，對秦國有害無利，並提出願爲秦國東道主的條件，秦穆
公考量後退兵，並協助鄭國抗晉。又如魯襄公如晉請屬鄫（襄
公四年），魯襄公四年（西元前 569 年），此年多季，魯襄公
前往晉國「聽政」[55]，魯襄公並提出希望晉國同意以鄫爲魯
國附庸一事。晉悼公不許，孟獻子「鄫無賦於司馬」指出維
護鄫國獨立對晉國並無利益，若同意鄫國爲魯附庸，則魯國
對晉國之職貢將更形豐富。對於孟獻子說之以利的外交辭
令，晉悼公「許之」。其他如衛州吁請宋伐鄭（隱公四年）、

---

[55] 聽政有二義：一爲治理國家。二爲聽受別人要求。（楊伯峻《春秋左
　　傳注》，頁 935。）此次魯襄公前往晉國當從後者之義。

晉復曹、衛（僖公二十八年）、陳二慶請楚執陳公（襄公七年）、石龒說子襄歸鄭行人（襄公十三年）、蔡聲子復楚伍舉（襄公二十六年）、晉叔向說齊與平丘之會（昭公十三年）、子服惠伯請歸季孫意如（昭公十三年）、子產說韓宣子求環（昭公十六年）、晉趙鞅說宋、衛弗納魯昭公（昭公二十七年）、子貢說吳捨盟衛（哀公十二年）、楚隆使吳，說越以入吳（哀公二十年）等皆是以利害關係進行外交辭令說服之例。

就一國立場而言，外交活動的消極意義在於避免戰亂、災禍，積極意義在於爲國家爭取最大利益。外交辭令交際的主要目的正是爲謀求國家的最大利益，試觀《左傳》外交辭令交際，利益觀點是諸多說服內容中最常被運用且最具說服效果者。整體而言，其運用方式如下：1、以德、禮爲表，以利益爲裏者。此方式是春秋外交辭令說之以利最常運用者。2、藉由國際形勢之分析，突顯雙方利害以進行說服者。3、直陳利害以進行說服者。此爲最直接的方式，《左傳》外交辭令中運用此方式者較少見。

整體而言，春秋晚期此種方式才逐漸成爲外交辭令說服之主流。總而言之，無論運用的方式如何，國家利益始終是外交活動的最終目的，外交辭令的謀畫與交際亦以此爲依歸。歸納《左傳》外交辭令之交際，利益爲其主要的交際動機。有關外交辭令內容的說服觀點尚有形勢、邏輯、情感等觀點，請見後文論述。

三、外交辭令之謀畫

　　外交辭令既然攸關國家興亡,則辭令之謀畫自然必須謹慎周密。由於外交事件之性質不盡相同,因此外交辭令之應對亦隨之有所差別。整體而言,春秋外交辭令多經過事前的商議與謀畫。外交辭令之謀畫以國家利益爲依歸,以說服效果爲謀畫的主要原則。在此前提下,或由諸大夫商議,或由執政大夫向諸大夫請益,歸納各方意見後,經過整合與整理,再交由行人或相關官員對外代表國家發言。關於春秋外交辭令的謀畫,史料有限,以下就所見針對外交辭令謀畫之原則與方式略作說明。

(一)、辭令謀畫之原則

　　探討《左傳》外交辭令之謀畫,可由辭令內容與辭令技巧兩方面說明。《左傳》外交辭令內容謀畫之原則,是以國家利益爲主要交際動機,積極以爭取國家最大利益爲目標,消極則以避免戰端衝突爲要務。

　　外交辭令技巧之謀畫,主要有兩點原則:一爲強調辭令的禮貌性。外交場合是國與國間進行外交交涉談判的重要場合。行人對外代表國家,其言行舉止皆影響他國對其國家的外交態度。春秋時期德、禮觀念是重要的價值判斷標準,此觀念反映於外交辭令表達技巧上,即是要求辭令表達的禮貌性。試觀《左傳》所載成功的外交辭令,其措辭遣字,皆表示出對接受者的適當尊重與禮貌。就言語交際角度而言,符

合「禮貌原則」的辭令表達，其接受度較無禮不當的辭令爲高。

　　二爲要求辭令的說服力。外交辭令交際是一種勸說活動，亦即以言語交際的方式，企圖改變聽話者的觀念或想法，進而使聽者接受本身的意見與看法。因此，說服力是外交辭令謀畫過程中，重要的指導原則。亞里斯多德分析說服過程，對於說服力之產生，提出主要來自理性（logos）、情感（pathos）與品格（ethos）三方面[56]。亞氏的觀點即春秋外交辭令表達方式中說之以理、動之以情與行人因素三方面。龔文庠《說服學》指出：說服效果主要是由主方、客方與信息三要素交互作用所產生[57]。

　　如前所述，春秋外交辭令強調說服效果。外交場合所討論之議題攸關國家存亡與發展，外交辭令的成功，消極能爲國家避免兵災，積極能爲國家謀取利益，外交辭令在春秋國際政治上有其重要之功能與意義。既然要求說服效果，則外交辭令之謀畫必然以增加說服力爲主要準則。

　　分析《左傳》二百三十三次與成敗相關外交辭令之謀畫與表達，無不以增加說服效果爲依歸。無論在辭令內容上或行人臨場辭令表達技巧上，皆然。最典型的例子見於襄公十四年，向之會，戎子駒支於會盟場合對晉范宣子的外交辭令

---

[56] 見亞里斯多德《修辭學・第二卷》，（北京：生活、讀書、新知三聯書店出版社，1996 年 3 月第 3 刷），69 至 143 頁。

[57] 龔文庠《說服學》，（北京：人民出版社，1994 年 10 月），頁 210。

及辭令表達之後賦〈青蠅〉一詩的舉動，在在顯示出駒支對此次外交辭令謀畫之用心。《左傳》載之曰：

> 十四年，春，吳告敗于晉。會于向，為吳謀楚故也。范宣子察之不德也，以退吳人。執莒公子務婁，以其通楚使也。
>
> 將執戎子駒支，范宣子親數諸朝，曰：「來！姜戎氏！昔秦人迫逐乃祖吾離于瓜州，乃祖吾離被苫蓋、蒙荊棘來歸我先君，我先君惠公有不腆之田，與女剖分而食之。今諸侯之事我寡君不如昔者，蓋言語漏洩，則職女之由。詰朝之事，爾無與焉。與，將執女。」對曰：「昔秦人負恃其眾，貪于土地，逐我諸戎。惠公蠲其大德，謂我諸戎，是四嶽之裔冑也，毋是翦棄。賜我南鄙之田，狐狸所居，豺狼所嗥。我諸戎除翦其荊棘，驅其狐狸豺狼，以為先君不侵不叛之臣，至于今不貳。昔文公與秦伐鄭，秦人竊與鄭盟而舍戎焉，於是乎有殽之師。晉禦其上，戎亢其下，秦師不復，我諸戎實然。譬如捕鹿，晉人角之，諸戎掎之，與晉踣之。戎何以不免？自是以來，晉之百役，與我諸戎相繼于時，以從執政，猶殽志也，豈敢離逖？今官之師旅無乃實有所闕，以攜諸侯而罪我諸戎！我諸戎飲食衣服不與華同，贄幣不

75

通，言語不達，何惡之能為？不與於會，亦無瞢焉。」
賦〈青蠅〉而退。宣子辭焉，使即協會，成愷悌也。[58]

　　戎子駒支的外交辭令主要扣緊兩大主軸，首先指出姜戎氏
對晉國不貳之心，自晉文公建立霸業以來，即與晉國保持密切
友好關係。其次由利害關係切入，說明兩國友好關係對雙方皆
有利無害，並引證指自殽之役時姜戎與晉國合作抗秦之事實為
例證。以上為駒支外交辭令之表層意義，深一層分析，則可見
戎子於辭令中暗藏對晉國的種種不滿。

　　首先，戎子表面上感激晉國先君之「大德」，賜姜戎「狐
貍所居，豺狼所嗥」的南鄙之田，此話背後即蘊藏姜戎氏之不
平。此外「今官之師旅無乃實有所闕，以攜諸侯而罪我諸戎！
我諸戎飲食衣服不與華同，贄幣不通，言語不達，何惡之能為？
不與於會，亦無瞢焉。」則表達出姜戎氏對晉國歧視之不滿。
戎子駒支一番慷慨陳辭後的賦詩，更具有畫龍點睛之效，大大
提升整篇外交辭令之說服效果。〈青蠅〉一詩娓娓道出姜戎氏無
奈之心情，並寄寓晉國勿信讒言之諷勸。戎子駒支的外交辭令，
內容正當有理，雖有若干誇大之修辭，但所言不離事實。並於
盟會場合公開宣示，范宣子遂知駒支不貳之心，於是公開道歉，
並重新與姜戎氏結盟。

　　分析戎子駒支此次外交辭令內容之謀畫，充分表現出其以
說服效果為規畫外交辭令之準則。可由以下幾點看出：1、刻意

---

[58] 《十三經注疏・左傳》，（臺北：藝文印書館），頁557。

誇大兩國間的友好關係。此即說服理論中先取得對方信任之原
則。2、不時引晉文公為例,企圖增強說服力。3、只強調姜戎
氏對晉國之忠誠,對於范宣子於公開場合無禮之言論未作任何
評論。此舉主要為避免范宣子反感。4、辭令後賦詩的舉動,更
明顯表現出其為增強說服效果之用心。

　　此外,昭公五年晉國叔向回答鄭國游吉之言論,亦約略說
明春秋外交辭令謀畫之原則。魯昭公五年(西元前 537 年),晉
平公二十一年,楚靈王四年。此年春季,晉國韓宣子負責護送
嫁往楚國的女子,叔向在此次外交任務中擔任介(次使)的工
作。經過鄭國國境,鄭子皮與子大叔設宴以表慰問。《左傳》載
之如下:

> 　　晉韓宣子如楚送女,叔向為介。鄭子皮、子大叔勞
> 諸索氏。大叔謂叔向曰:「楚王汏侈已甚,子其戒之!」
> 叔向曰:「汏侈已甚,身之災也,焉能及人?若奉吾幣
> 帛,慎吾威儀;守之以信,行之以禮;敬始而思終,終
> 無不復。從而不失儀,敬而不失威;道之以訓辭,奉之
> 以舊法,考之以先王,度之以二國,雖汏侈,若我何?」
> 59

　　子大叔以楚靈王「汰侈已甚」提醒叔向注意。叔向的回應中，透露出春秋外交辭令謀畫與交際過程中的幾個重要原則：其一「慎吾威儀」，此說明外交辭令表達時之態度必須謹慎，舉止當合於禮儀。所謂「敬始而思終，終無不復」。其二「守之以信，行之以禮」，此說明外交辭令交際時，辭令內容當誠實可信。進行辭令交際時，行為儀態當合禮有分。所謂「從而不失儀，敬而不失威」，即言行舉止要適切交際當時的主、客觀語境。依交際雙方身分地位之不同，而採取適當的應對態度與禮儀。

　　叔向言論中，進一步指出春秋外交辭令謀畫之技巧：「道之以訓辭，奉之以舊法，考之以先王，度之以二國」。所謂「道之以訓辭」，是指徵引前賢古聖之言行，以為說服立論之根據，藉此以增加說服力。「奉之以舊法」，是指以周代舊制、國際慣例為立論依據，藉此證明本身辭令內容之合理與可信。

　　「考之以先王」，是以周代先王言行為典範，用以映證自身辭令說法之合情合理。「度之以二國」，即分析國際形勢與利害得失，藉此以進行說服。叔向所論雖僅針對晉、楚兩國此次行人交際而發，但其論亦可作為春秋外交辭令謀畫之參考。又分析叔向所論外交辭令謀畫之原則，其中除「度之以二國」一項為利害分析角度外，其於皆以德、禮文化說服為主要說服觀點。　由此可見文化制約對外交辭令謀畫之影

響[60]。

　　總而言之，分析《左傳》外交辭令，可歸納發現，說服效果是《左傳》外交辭令謀畫的準則與依歸。此外，要求辭令表達時的禮貌是外交辭令表達技巧謀畫上的重要標準。整體而言，對禮貌性的要求與對說服效果的強調，正是外交辭令修辭藝術與一般修辭技巧之主要區別。

（二）、辭令謀畫之方式

　　依《左傳》所載，外交辭令謀畫之方式，整體而言以集體商議為外交辭令謀畫的主要方式。由於外交辭令攸關國家興亡與發展，因此當國家面臨重大外交狀況時，外交辭令之謀畫多由該國主要執政大夫集體商議。此可晉問鄭駟乞之立（昭公十九年）一事中見出。魯昭公十九年（西元前 523 年），此年秋季鄭國駟偃去世，駟氏謀立繼承人，由於駟偃兒子年紀尚小，於是立其弟駟乞為繼承人。對此，晉國有所意見，企圖干涉鄭國內政。當晉國使者前來時，《左傳》載鄭國「諸大夫謀對」亦即鄭國主要負責政治事務的大夫，集體協商如何應對。子產不等諸大夫得出結論，即先以德、禮觀點說退晉國行人。

　　由昭公十九年所載資料可知，鄭國面臨重大外交事件時，行人辭令之應對，是由諸大夫共同「謀對」。此外，襄

---

[60] 有關文化制約與外交辭令之關係，請見本書「文化制約與《左傳》外交辭令」一章論述。

公三十一年亦載鄭國行人辭令謀畫之過程：

> 子產之從政也，擇能而使之：馮簡子能斷大事，子大叔
> 美秀而文，公孫揮能知四國之為，而辨於其大夫之族
> 姓、班位、貴賤、能否，而又善為辭令。裨諶能謀，謀
> 於野則獲，謀於邑則否。鄭國將有諸侯之事，子產乃問
> 四國之為於子羽，且使多為辭令；與裨諶乘以適野，使
> 謀可否；而告馮簡子使斷之。事成，乃授子大叔使行之，
> 以應對賓客，<u>是以鮮有敗事</u>。北宮文子所謂有禮也。[61]

《論語·憲問》亦有類似記載：

> 子曰：「為命：裨諶草創之；世叔討論之；行人子羽
> 修飾之；東里子產潤色之。」[62]

　　由上可知，春秋時期外交辭令之謀劃，首先必須考量現
實國際形勢，確定國家立場與地位。以鄭國為例，公孫揮「能
知四國之為」對於各國之情勢有深入之瞭解，上至該國之政
治態度、立場，下至該國大夫之姓名、才德，皆如數家珍。
因此，當鄭國欲進行外交工作時，子產「乃問四國之為於子
羽」借重公孫揮對各國之瞭解，作為外交工作之基礎。並就

---

[61] 《十三經注疏·左傳》，（臺北：藝文印書館），頁688。
[62] 《十三經注疏·論語》，（臺北：藝文印書館），頁124。

當時之國際外交形勢與國家所處地位,初步擬定外交政策、
態度與外交辭令。決定大體之外交方向後,便可因應不同之
外交事件作適當的判斷與謀略,並配合謀略,擬定適當的辭
令內容。

　　以鄭國為例,子產問過子羽,瞭解國際形勢後,便「**與
裨諶乘以適野,使謀可否;而告馮簡子使斷之。**」因為,裨
諶善於謀略,馮簡子能斷大事,故與二人商議。在決定外交
辭令謀略與內容後,須再加以藝術技巧之潤飾,所謂「**行人
子羽修飾之;東里子產潤色之**」,便可令外交使節於實際外
交場合中表達。由以上外交辭令謀劃的整個過程來看,各個
環節均十分重要,而藝術技巧之潤飾與修辭,對於外交辭令
之表情達意,則具有畫龍點睛之重要意義。好的外交謀略與
辭令內容,若無精妙的藝術技巧加以潤澤、修飾,其在表達
與溝通上,將無法達到婉而有力、奇而精巧之境界。

　　值得注意的是,由於鄭國外交辭令經過事前的謹慎謀
畫,《左傳》載其「是以鮮有敗事」。朱熹對此評曰:「裨諶
以下四人,皆鄭大夫。………鄭國之為辭命,必更此四賢之
手而成,詳審精密,各盡所長,是以應對諸侯,鮮有敗事。」

　　總而言之,外交辭令之謀劃,與該國之外交政策密切相
關。正確來說,外交政策是外交辭令謀劃的指導原則。各國
執政卿、大夫,審視當時國家所處之外交環境,衡量國際形
勢,進而判斷,擬定出國家的外交政策,作為國家對外謀求
生存與發展之準則。在此準則下,針對不同之外交事件,進

行應事制宜的外交辭令謀劃。以處理國家面臨之種種外交事件，謀取國家最大之利益。

如前所論，外交主要目的是為謀取國家之最大利益，因此外交辭令之表達具有強烈的目的性，外交辭令背後藏有強烈的預設立場，企圖說服聽者，取得對方之支持。因此外交辭令必須經過事前詳密的謀劃，外交辭令無論內容上或技巧上，往往藏有謀略之運用。《史通‧申左》：「尋《左氏》載諸大夫詞令、行人應答，其文典而美，其語博而奧，述遠古則委曲如存，徵近代則循環可覆。必料其功用厚薄，指意深淺，諒非經營草創，出自一時，琢磨潤色，獨成一手。」[63]由劉氏所言，知春秋外交辭令，大多是事先經過嚴密謀劃、思慮而得，非一人一時之機智所成。蓋外交辭令攸關國家利益，國家外交立場之考量，必於行人出境前，已有所討論，豈容行人一時之巧辯哉。

四、外交辭令之功能

外交辭令之目的既以爭取國家利益為依歸，則其功能大體可由消極避免衝突與積極爭取利益兩方面說明。

（一）、消極功能

外交主要的目的在於以和平的方式解決國與國間的衝

---

[63] 唐‧劉知幾撰、清‧浦起龍釋《史通通釋》，（臺北：里仁書局，1993年6月），頁419至420。

突。外交辭令的消極功能正在於以和平談判的手段,解決本國與他國間的爭端與衝突。如魯展喜犒齊師(僖公二十六年),其以外交辭令往說齊師,促使齊軍撤退,避免齊、魯軍事衝突。又如楚屈完如齊師(僖公四年),面對齊桓公的陳兵威脅,屈完入齊軍以辭令說退齊軍。又如王孫滿退楚師(宣公三年),楚莊王陳兵周疆,顯出問鼎中原之勢,王孫滿以德、禮為外交辭令內容,說退楚師。又如鄭襄公肉袒牽羊請成(宣公十二年),楚莊王圍鄭,鄭不能守,襄公肉袒牽羊出城請降,其辭令恭謙有理,態度卑弱懇切,楚莊王憫其能信用於民與鄭盟而退兵。其他如戎子駒支賦詩言志(襄公十四年)、子產獻捷(襄公二十五年)等,皆可見出外交辭令的消極作用。總之,以和平方式解決爭端於國於民皆有所利,外交辭令的消極功能正在於此。

(二)、積極功能

除消極的避免戰端外,外交辭令的積極功能,在於為國家爭取最大利益。如前所論,外交之目的在於爭取國家最大之利益。外交辭令為國家對外遂行外交目的的主要手段,因此,爭取國家最大利益成為外交辭令的重要功能。觀《左傳》所載利用外交辭令積極爭取國家權益者,首推鄭國子產。鄭國介於晉、楚兩強之間,於國際形勢上處於不利的困境。子產能運用鄭國夾處兩強間之形勢,採取「挾楚」、「信晉」等外交謀略,利用晉、楚兩強欲成霸主之心理,將鄭國所處之

形勢巧妙的運用，從而於晉、楚兩國相衡間，爭取鄭國的生存與發展。如子產請范宣子輕幣（襄公二十四年）、子產壞晉館垣（襄公三十一年）、子產爭承（昭公十三年）、子產答晉問駟乞之立（昭公十九年）等事，皆可見出子產發揮外交辭令積極之功效，爲鄭國謀取實質上的利益。

其他如燭之武說秦師（僖公三十年）、賓媚人說晉（成公二年）、魯子叔聲子請歸季孫（成公十六年）、魯孟獻子說晉屬鄆（襄公四年）、衛人饋叔向言叔鮒取貨（昭公十三年）、申包胥如楚請師（定公四年）、夾谷之會孔子說退萊人、辭宴享（定公十年）、子貢辭太宰嚭之召（哀公七年）、茅成子請吳師（哀公七年）、子貢說陳成子（哀公十五年）等亦可見出外交辭令的積極功能。

本章小結：

語用學就是語言實用學，是探討語言實際運用的一門學科。就語言角度而言，《左傳》外交辭令本質上是一種言語交際行爲。因此，語用學中語境、言語行爲、會話含義、合作原則等觀念，可作爲探討外交辭令觀點上的借鏡。

會盟政治是春秋時期國際政治的主要形態，外交折衝則是各國解決爭端、衝突的主要方式之一，行人於外交折衝中扮演重要角色。行人是春秋時期對外交使節之稱呼，而外交場合所運用的特殊語言系統即爲外交辭令。辭令是特指具強

烈目的性之說服話語而言。外交辭令是以達到外交目的、爭取國家利益爲主要目標。行人的職掌可大致別爲平時任務、戰時任務與特殊任務三類。平時任務主要處理例行的一般外交應對。戰前的折衝談判，戰時往來請戰、戰後請成、求和等則是行人的戰時任務。此外，當國家面臨重大外交事件時，由國君指派行人出使，以爭取國家權益，此爲行人的特殊任務。

　　試觀春秋行人，德、禮文化觀念是其基本修養，詩學之熟習與運用是行人必備的基礎技能。此外，對史實的廣博認識與對當時社會情況之了解，皆有助於外交辭令的表達與說服。外交辭令因性質不同可分爲外交辭令、外交應對與外交術語三類。依表達方式不同，則有對話、賦詩、書面等方式。依說服內容而言，主要有文化觀點、利益觀點、形勢觀點、邏輯觀點與情感觀點五大類。其中又以文化說服爲春秋外交辭令之重要特色。外交辭令之謀畫原則，是以積極爭取國家利益，消極避免無謂戰端爲謀畫的主要方向。而外交辭令謀畫之方式，則以集體商議爲主要形式。

　　總而言之，運用語用學來探討《左傳》外交辭令，能對外交辭令有新的詮釋與解讀。

第三章

言語交際與《左傳》外交辭令

　　探討《左傳》外交辭令，辭令的交際結果（即辭令的成敗），是一重要的問題。如第二章所論，外交辭令消極能避免國際衝突，積極更能爲國家爭取利益。如《左傳》所載，燭之武、叔向、子產等人，皆能運用外交辭令，爲國家爭取最大利益。外交辭令的本質是一種言語交際行爲，而外交辭令的主要目的是進行外交活動。如前所論，強烈的「目的性」是外交辭令的重要特色之一。

　　就言語交際角度而言，「目的」是言語交際的主要動力因素。缺乏目的性的言語表達與溝通，是無意義的言語交際行爲。言語的主要功能，在於表達己意以進行溝通。外交辭令是春秋時期外交行人運用於外交場合之辭令。外交的主要目的，在於謀求國家的發展與利益。而國家外交政策的達成，亦有賴外交行人之交涉與談判。所謂外交談判，是指代表兩國之外交人員運用語言進行言語交際活動，在言語交際過程中，表達並溝通雙方的立場與訴求，經由協調談判取得雙方共同認可之共識。要言之，春秋外交辭令之交際，是有其預設目標，是事前經過詳細規畫而後表達的。例如，《左傳·襄公三十一年》即記載鄭國外交辭令的謀畫過程，並明

白指出，因爲鄭國外交辭令事前經過周密的規畫，因此「鮮有敗事」。

　　整體而言，外交辭令首重成敗。成者，能爲國家謀福求利；敗者，或將招致兵災禍患。又外交辭令之本質爲言語交際之一[1]，因此本章由言語交際觀點切入，對外交辭令進行討論。交際參與者、交際動機、使用之媒介、交際信息內容及交際語境，是構成言語交際的五個重要條件。又由於外交辭令往往意在言外，因此，交際語境成爲外交辭令解讀之重要依據。

　　本文略分爲四部分論述。首先簡要說明言語交際理論及影響外交辭令成敗之因素，並將《左傳》外交辭令涉及交際結果者，表列分析以爲後文論述基礎。接著分別由客觀語境（國際形勢）及主觀語境（行人因素）兩角度，說明交際語境對外交辭令交際結果之影響，進一步論述交際動機在外交辭令交際過程中產生之效果。逐一論述如下。

第一節、言語交際與辭令成敗

　　在實際由言語交際角度討論《左傳》外交辭令成敗之前，必須先對言語交際理論有所說明。此外，對於外交辭令

---

[1] 行人辭令雖以文字形式記載於《左傳》中，但探究其基本性質，仍是言語交際之一。

交際成敗之判斷標準及影響外交辭令交際成敗之因素，亦有
說明之必要。以下針對上述幾點進行論述。

一、言語交際理論概說

　　言語交際，是指人與人之間運用語言爲媒介進行彼此交
流溝通的一種行爲。亦是人類社會中，溝通訊息最主要的方
式。以下就言語交際之定義、特性、功能、方式、構成要素、
交際過程與交際目的進行說明。

（一）、定義、特質、功能、方式

　　所謂「言語交際」，就是運用語言進行觀念溝通與情感
交流的過程。「就是人與人之間利用語言做工具而進行的彼
此間的聯繫和交往，是人際間相互交往的一種最主要的形
式。」[2]進一步闡釋即：「交往的實質在於物質上和思想上、
情感上、信息上有所交流，其最終目的是實現一種交換關
係。」[3]所謂交換關係，大體分爲：1、人與環境間的交流。
2、人與自我間的交流。3、人與人之間的交流[4]。其中人與
人之間的交流，又稱爲人際交際：「是人類全部交際活動中

---

[2] 孫維張、呂明臣《社會交際語言學》，（長春：吉林大學出版社，1996
　年12月），頁22。

[3] 孫維張、呂明臣《社會交際語言學》，頁22。

[4] 人與環境間的交流主要爲維持生存，滿足物質上的需求。人與自我間
　的交流，則偏重於精神層面，主要追求自我精神上的滿足。

最主要的活動，…人際交際是人類交際的本質。」[5]《左傳》
外交辭令正是人際交際之一。

　　人際交際的方式可大致別為言語交際與非言語交際兩
類。前者使用語言進行交際，後者則不運用語言，而是藉助
身體的動作接觸或其他事物來傳遞信息、交流情感。語言是
傳遞信息，交流情感最方便、快速、有效的工具。外交辭令
之進行，兼具言語與非言語兩種方式，但今存《左傳》中之
資料，多數為言語交際，對於非言語交際之情況，記載甚少。
本文所討論之外交辭令，以言語交際為範圍。

　　運用語言進行思想情感的溝通交流是人類特有的行
為[6]。《春秋穀梁傳・僖公二十二年》云：「人之所以為人者，

---

[5] 孫維張、呂明臣《社會交際語言學》，頁 22。

[6] 對於此問題中外學者多有探討，其意見大體分為兩派：一是主張運用
語言進行溝通是人類所特有之行為；另一派則主張，不只是人類有語
言，其他生物亦有其特定的語言，只是人類無法瞭解其他生物的語
言。兩派的爭論，關鍵在於其對語言的定義不同。前者對語言採較狹
義的定義，以為語言要有系統性、組織性，並要能含括大部分具體的
事物與抽象之觀念，如此定義下，則只有人類所使用之語言符合語言
的定義，因此主張語言的運用是人類所獨有的。後者對語言採較廣義
的定義，以為凡是能夠傳遞某些意義的符號、聲音等，皆可列為語言
之一，在廣義的定意下，舉凡蜜蜂運用飛行的路來表示花粉所在之遠
近距離、鳥類運用不同聲音傳遞信息等皆可屬語言之一。若就語言學
研究的角度，兩種主張皆有其一定的意義，前者以人類語言為主，就
語言學研究而言，即為結構語言學、語用學之範圍。後者則屬於行為
語言學、心理語言學之一部分。（學者透過對動物運用符號行為傳遞
意義之研究，進而對人類語言進行探討）

言也；人而不能言，何以為人？言之所以為言者，信也；言
而不信，何以為言？」[7]即標明運用語言進行溝通是人類獨
有的方式。簡言之，言語交際是人際交際的主要形式。

　　言語交際既以語言為工具，則其特色與語言基本性質有
關，主要體現於方便、快速、經濟、精細。語言主要運用符
號進行信息的傳遞，以簡單的符號承載複雜的信息內容，經
由口頭或書面方式表達傳播，再由接收者接收、解讀，以完
成信息的交流。話語符號沒有體積、重量，但卻能承載許多
複雜的意義，只要經由口頭或書面方式表達，便可進行人際
交流，此其快速、方便之處。運用語言進行交際，省時省力，
加上語言能包含大多數具體與抽象的意義，此為其經濟、精
細之處[8]。

　　又言語交際之基本性質有四：1、社會性。2、符號性。
3、互動性。4、行為性。此四項基本性質，對於言語交際活
動有著強烈的制約作用，以下分別說明之。所謂社會性，是

---

[7] 《穀梁傳》這一段話，首先指出語言是人類所特有的交際媒介：「人
之所以為人者，言也；人而不能言，何以為人？」，其以為能夠運用
語言進行思想觀念之溝通，情感之交流者，唯有人類。文中接著指出，
「言之所以為言者，信也；言而不信，何以為言？」所謂「信」，是
指言而有信，說出的話要實現，答應的承諾要信守。另一方面，就言
語交際的角度分析，「信」是指信息內容的可信度，即話語內容的真
實性。就交際一方而言，亦指信息來源的可靠與否。《十三經注疏‧
春秋穀梁傳》，（臺北：藝文印書館，民國82年9月），頁90。

[8] 關於言語交際的特點，詳請參考孫維張、呂明臣《社會交際語言學》，
頁29至31。

指言語交際之進行，主要在整個社會環境中進行，話語詞彙之運用在在受制於社會環境，話語內容、思想、思考角度等亦受社會環境影響。

所謂符號性，是指言語交際主要的運用工具是語言，而語言是一套複雜的符號系統，運用符號進行交際是言語交際的特色。所謂互動性，是指言語交際是一種動態的現象，交際雙方經由言語溝通的過程，進行思想交流，進行互動式的溝通。分析言語交際行為過程的主幹為：表達 → 接受。表達是指發出信息，啟動交流的一方；接受是指接收信息，解讀信息意義的一方。

必須強調的是，言語交際過程中，表達一方與接受一方並不固定，而是互換的。表達與接受，在交際行為中不斷反覆交替進行，在此互動過程中，雙方將溝通之意圖動機與所欲達到之目的進行交流與妥協。進而達成言語交際之結果。所謂行為性，是說言語交際這一活動，正如人類其它行為一般，具有目的性，且能達到某種程度之行為結果[9]。此即奧斯丁（J.H.Austin）所提之「言語行為理論」。

「口頭交際與書面交際是言語交際的兩大方式」，口頭交際又可分為 1、對話式：即交際雙方運用對話的方式，在不斷互換表達與接受角色之間，完成思想情感的交際，此種方式又可稱為雙向循環式言語交際。《左傳》外交辭令運用

---

[9] 以上言語交際的性質，參考孫維張、呂明臣《社會交際語言學》，頁25 至 29。

對話方式進行者多見。如展喜犒齊師（僖公二十六年）、燭之武退秦師（僖公三十年）、皇武子視客館（僖公三十三年）、子產獻捷（襄公二十五年）等等皆爲對話形式的外交辭令，詳見第二章論述。**2、宣講式**：即單向的信息傳播，在表達與接受雙方角色不變的情況下，表達者進行單向的信息傳遞。《左傳》外交辭令中有「告」一類，則近似此種方式。此所謂「告」，就是赴告，是指天子或諸侯國發生大事，如諸侯辭世、新君即位或天災等情況時，國家會派遣使者將國家的情況告知其他諸侯國，以便他國瞭解該國的情況。收到赴告之國，會將來告之事載入史書之中。另有一類特殊的口頭言語交際爲表演式，即在表演中，達到寓教於樂的功能。

書面交際的方式主要有：1、書信式，即透過書信的方式進行交際活動。《左傳》外交辭令中運用書面進行交際者計四見，分別爲鄭子家與趙盾書（文公十七年）、晉呂相絕秦書（成公十三年）、鄭子產寓書請范宣子輕幣（襄公二十四年）及鄭鑄刑鼎，叔向使詒子產書（昭公六年）。整體而言，言語交際的功能「就是滿足人類社會生活的迫切需要」。進一步分析有四：1、表情達意。2、傳遞信息。3、宣傳教育。4、協調關係[10]。《左傳》外交辭令正包含以上四點。以下說明言語交際構成的要素。

---

[10] 詳見孫維張、呂明臣《社會交際語言學》書中論述。

（二）、言語交際構成基本五要素

語言是交流信息，傳遞資訊最快速方便的工具，亦是人類社會中用以溝通的主要媒介。運用語言進行溝通之交際活動，即稱爲「言語交際」。

就言語交際觀點而言，溝通交際過程大體包含以下五大要素：1、交際活動的參與者。2、參與者的交際動機[11]。3、交際運用之溝通媒介。4、交際信息的內容。5、交際環境（語境）[12]。

分別說明如下：交際活動的參與者：交際活動的參與者是交際活動進行之主體，即進行言語交際活動的行爲者。一般而言，言語交際活動至少需要「說話者」（訊息發送者）與「聽話者」（訊息接收者）兩方共同參與，如此交際活動才能進行。所謂交際活動的主體，就是指參與言語交際的說話者與聽話者兩方。就《左傳》外交辭令交際而言，進行辭令交際的雙方行人，正是外交辭令交際的參與者。

所謂交際動機是指交際雙方進行交際活動之基本態

---

[11] 劉煥輝標舉出「交際動機」一項，此爲其它學者所未言。而交際動機這一項，筆者以爲在行人辭令交際過程中，亦是影響交際過程成敗的重要因素。雙方的交際動機若能相近或相合，則對於交際之成功有相當成分之幫助。雙方的交際動機若差距甚遠，則雙方之交際過程勢必困難重重、障礙不斷，因爲雙方於溝通交際之成已存有不同的意見。

[12] 以上交際四要素之觀念，主要參考劉煥輝〈言與意之謎—關於語言與傳意問題的語義學思考〉，錄於程祥徽 主編《語言與傳意》（香港：海峰出版社，1996年6月），頁30。

度、理念與出發點。所謂動機，是指遂行一事之基本意念，即最初之想法，最原始之觀念。交際動機則是指進行交際活動時最初最原始的目的與意念。就交際活動整體而言，交際動機對於交際過程之進行與交際結果之成敗有著相當程度之影響。一般而言，當交際雙方的交際動機相合或相近時，雙方之交際活動往往有一拍即合的感覺，因雙方基本出發點相近，進行溝通時往往較爲順利。反之，若交際雙方的交際動機相距甚遠，則交際之過程與結果，將無法盡如人意。

歸納《左傳》外交辭令的交際動機，利益（包括國家利益與私人利益）爲其主要交際動機。但春秋外交辭令與戰國縱橫辭令不同之處，在於春秋行人多以德、禮進行說服，雖以利益爲交際動機，但仍重視辭令內容與外交文化。而戰國縱橫家則以利害示人，以威嚇脅迫，其辭令內容與表達方式往往強調計謀巧詐。

交際運用之溝通媒介：言語交際顧名思義就是運用語言進行溝通交際之活動，語言爲言語交際之主要溝通媒介。更進一步而言，則包括話語及其伴隨之手段（包括口語的副語言、體態語[13]和書面語的字體變化、圖表、符號、公式及色彩等輔助手段，皆屬於溝通的媒介）。

交際訊息之內容：即雙方進行交際溝通時所傳遞的溝通內容。交際訊息之內容是交際溝通活動的主要內容，就外交

---

[13] 所謂體態語，是指說話交際時所身體表現出的姿態、形貌，體態與亦能負擔部分傳意之功能。

辭令而言，交際信息之內容，即是指外交辭令之內容。言語
交際活動，就是運用語言傳遞訊息以進行雙方思想情感之交
流與溝通的一個過程。而所傳遞的訊息，其中所包含之意
義，即爲交際訊息之內容。

　　交際環境：言語交際活動中交際環境亦可稱爲語境，是
指言語交際進行時雙方所處的客觀與主觀言語環境。語境對
於交際雙方在訊息解讀上扮演重要角色，因爲語言有其一定
的局限性，有時無法充分表明說話者真正的意義；又言語交
際過程中，有時說話者會將真正含意隱藏於語言之中，此時
聽話者就必需依據當時所處之主、客觀語境，對接收到之訊
息進行判讀解析，以瞭解訊息中所表達之真意。

（三）、言語交際過程與交際目的

　　了解言語交際之定義與構成要素後，以下說明言語交際
的過程與交際之目的。如前所述，言語交際是一簡單而又複
雜的過程。簡單是指其運用語言進行交際，具有方便、快速、
經濟、精細的特色。複雜是指其具有互動性，尤其是以對話
方式進行溝通時，表達與接受雙方的互動性更爲明顯。言語
交際的過程，大體可以用「言語鏈」來代表。所謂言語鏈，
是指在言語交際過程中，由於不斷運用語言表達傳遞信息，
說出的話語符號無形間會形成一股言語的鏈條，亦稱爲語
流，「語流的外部形式是連續運動的語音流，其背後或其內

部蘊含著連續的意識流或曰信息流。」[14]言語鏈是代表言語交際過成的基本模式，其模式大體如下：

言語編碼 → 言語發話 → 言語傳遞 →

言語感知 → 言語解碼[15]

說明如下：1、言語編碼是表達者的心理活動。表達者是言語交際過程的啓動者，表達者有思想情感想要表達、進行交流，則在心中生起意念，進而將其所欲表達之內容意義轉化爲話語符號，以便傳遞。而表達者最初心生之意念，即爲此次言語交際之「交際動機」。

歸納《左傳》外交辭令之交際，利害關係爲其主要的交際動機。（詳見本章第四節）當表達者完成言語編碼後，可透過口頭或書面的方式將話語符號傳播出去，此即爲言語發話的過程[16]。而言語傳遞是指語言傳播的過程，即話語符號由發話一方發出，到由接受一方接收這其間的過程。所謂言

---

[14] 孫維張、呂明臣《社會交際語言學》，頁53。

[15] 以上言語鏈模式與相關觀念，主要參考孫維張、呂明臣《社會交際語言學》，頁53至58。

[16] 言語發話，詳細定義如下：「發話人將編好的語碼，即攜帶一定意義的語音符號串，由大腦言語運動中樞下達指令，通過發音器官的一系列運動，發出有組織有規律的聲音符號，成爲有聲話語。」若是以書面方式進行交際，則定義爲：「發話人在言語書寫中樞的指令下，將編好的內部語碼變成文字、圖形寫在一定的載體上，成爲文字串。」

語感知是針對接受一方而言，是指接受者感知並接收到表達者發出的語碼這一過程。

若是以口頭方式傳播，則有聽覺器官感知並接收；若爲書面形式，則由視覺器官感知與接收。值得說明的是，在言語傳遞與言語感知過程中，往往會因爲外交環境因素，或接受者主觀因素，造成語碼傳遞與接收上的障礙，進而影響言語交際的過程。

簡言之，言語交際的目的就是說服。就是希望經由言語交際的進行，能改變對方的態度，說服對方接受己方觀點、意見。在交際雙方相互希望說服對方的情況下，雙方經由言語的交際溝通，取得協調，達成共識。外交辭令正是以說服爲主要目的。例如，西元前 658 年（僖公二年）春季，晉國欲借道經過虞國攻打虢國。晉獻公派遣荀息出使虞國，以利誘、威脅之辭令，「說服」虞國同意晉軍借道。

又如，西元前 630 年（僖公三十年）九月，晉、秦聯軍包圍鄭國。鄭國文公在大夫佚之狐的推薦下，請託燭之武縋城說秦師。燭之武陳析利害得失，成功地「說服」秦穆公退兵。又如子產寓書請范宣子輕幣（襄公二十四年）、蔡聲子復楚伍舉（襄公二十六年）、吳蹶由犒楚師（昭公五年）、叔向說魯與平丘之盟（昭公十三年）等皆是以「說服」爲外交辭令的主要目的。綜觀《左傳》外交辭令，說服確實是外交交際的主要目的。

參考孫維張、呂明臣《社會交際語言學》，頁 54。

二、《左傳》外交辭令成敗分析表

統計《左傳》二百三十六則外交辭令中，與交際成敗有相者，共一百二十九則。其中交際成功之例計一百零七則；交際失敗之例計二十二則。又由語用學角度分析，影響《左傳》外交辭令成敗之因素，大體有四：1、國際形勢。2、行人因素。3、辭令本身。包括辭令之內容與辭令修辭。4、交際動機。（有關影響外交辭令成敗因素之分析請見下文）以下表列外交辭令成敗之例，並標舉影響成敗之因素，以為後文論述之基礎。

（一）、交際成功之例

下表對於《左傳》外交辭令成敗之判斷，是以語效為標準。又影響外交辭令的成敗與否，往往是諸多因素交互作用下的結果。由於影響外交辭令交際之因素眾多，下表僅列出影響成敗最主要的因素。

編號	左傳紀年	外交事件	影響成敗因素
001	隱公 4 年	衛州吁請宋伐鄭。	國家利益
002	隱公 4 年	衛石碏請陳殺州吁。	辭令內容（德、禮說服）
003	隱公 11 年	滕、薛爭長，魯平之。	辭令內容（說之以傳統禮制）

004	桓公 18 年	魯人請殺彭生。	國際道德
005	莊公 9 年	齊魯乾時之役，鮑叔請歸管仲。	國際形勢
006	莊公 22 年	陳完辭齊卿。	辭令內容（說之以禮）
007	僖公 2 年	晉荀息假道於虞。	國際形勢 （晉國勢力大） 私人利益（以屈產之乘與垂棘之璧賄之）
008	僖公 4 年	楚屈完如齊師請和。	國際形勢、行人反應
009	僖公 9 年	周宰孔言晉侯不會。	辭令內容（德、禮說服）
010	僖公 9 年	秦穆公納晉公子夷吾。	國家利益
011	僖公 15 年	晉陰飴甥會秦穆公請歸晉侯。	辭令內容（文化說服）
012	僖公 23 年	晉文公賦〈河水〉請秦穆公納之。	主觀因素、國家利益
013	僖公 26 年	魯展喜犒齊師。	辭令內容、修辭技巧
014	僖公 28 年	晉、楚城濮之戰，晉許復曹、衛。	國際形勢 國家利益（晉國另有所圖，復曹、衛為計謀的一部分）
015	僖公 30 年	鄭燭之武退秦師。	國際形勢

			辭令內容（說之以利）
016	僖公 33 年	鄭商人弦高犒秦師。	辭令內容（點破秦國欲奇襲的軍事目的，使其知難而退） 修辭技巧
017	僖公 33 年	鄭皇武子視客館，秦杞子、逢孫、揚孫奔。	辭令內容 修辭技巧
018	文公 3 年	晉襄公請改盟。	國際形勢
019	文公 13 年	衛侯、鄭伯會魯文公請平于晉。	辭令內容（文化說服）
020	文公 17 年	鄭子家與晉趙盾書。	書信內容、修辭技巧
021	宣公 3 年	王孫滿對楚莊王問鼎輕重。	辭令內容 （說之以德、禮） 修辭技巧
022	宣公 12 年	晉楚邲之戰。楚圍鄭，鄭伯肉袒牽羊請成。	辭令內容（文化說服）
023	宣公 12 年	邲之戰，鄭皇戌使如晉師，請襲楚。	辭令內容（利害說服）
024	宣公 12 年	邲之戰，楚攝叔獻麋。	文化制約

025	宣公 12 年	邲之戰，晉魏錡獻黿於楚潘黨。	文化制約
026	宣公 15 年	宋告急，晉不救，使解揚如宋。鄭人囚而獻諸楚。解揚致君命，對楚王之問。	主觀因素 楚王人格特質與預設心理 （欣賞忠義之臣）
027	宣公 15 年	宋華元夜入楚師，登子反床。	形勢使然 主觀因素
028	成公 2 年	韓厥請執齊頃公。	形勢使然
029	成公 2 年	齊侯使賓媚人賄晉。	辭令內容 （文化說服） 辭令技巧 行人反應
030	成公 9 年	楚囚對晉侯之問。	辭令內容 接受者主觀因素 行人反應
031	成公 12 年	晉郤至如楚聘，楚子享，金奏於下。郤至出，子反說之。	形勢使然
032	成公 13 年	呂相絕秦書—晉秦麻隧之戰。（書信）	辭令內容 修辭技巧
033	成公 16 年	鄢陵戰後，曹人請于	辭令內容（文化說服）

		晉。	
034	成公 16 年	魯使子叔聲子請季孫于晉。	形勢使然 辭令技巧
035	襄公 3 年	晉爲鄭服故，且欲修吳好，將合諸侯。	國際形勢
036	襄公 4 年	魯叔孫穆子如晉。	辭令內容（文化說服）
037	襄公 4 年	魯襄公如晉聽政，請屬鄆。	辭令內容（利益說服） 交際動機
038	襄公 6 年	晉人以鄆故來討魯。	國際形勢
039	襄公 7 年	陳二慶請楚執陳公，楚人從之。	交際動機（利益考量）
040	襄公 8 年	晉范宣子聘魯，告將用師於鄭。	國際形勢
041	襄公 9 年	魯襄公送晉悼公，晉侯以公宴于河上，問公年，季武子對。	辭令內容
042	襄公 10 年	晉荀偃、士匄取偪陽，欲封向戌，向戌辭。	辭令內容（文化說服）
043	襄公 13 年	石㲦說子囊歸鄭行人。	國際形勢 利益關係
044	襄公 14 年	吳告敗於晉，會於	辭令內容（文化說服）

		向。戎子駒支賦〈青蠅〉。	辭令技巧 行人反應
045	襄公 14 年	遷延之役，叔向賦詩請魯先濟。	國際形勢
046	襄公 14 年	遷延之役，鄭子蟜、衛北宮懿子勸諸侯之師濟。	國際形勢
047	襄公 16 年	魯叔孫穆子聘晉，且言齊故。	國際形勢 利益關係 辭令內容
048	襄公 19 年	魯季武子如晉拜師，晉侯享之。	國際形勢
049	襄公 19 年	齊及晉平，盟與大隧。穆叔會范宣子於柯。	國際形勢
050	襄公 20 年	季文子如宋，報向戌之聘。宋褚師段逆之以受享。	國際形勢
051	襄公 21 年	欒盈過於周，周西鄙掠之，欒盈辭於行人。	辭令內容
052	襄公 24 年	子產寓書請范宣子	辭令內容

		輕幣。（書面形式）	辭令技巧
053	襄公 25 年	鄭子產獻捷于晉，戎服將事。	辭令內容 辭令技巧
054	襄公 26 年	齊侯、鄭伯如晉請歸衛侯。	辭令內容（文化說服）
055	襄公 26 年	蔡聲子復楚伍舉。	辭令內容（陳析利害） 辭令技巧
056	襄公 27 年	鄭伯享趙文子于垂隴，趙孟請賦詩以觀七子之志。	國際形勢
057	襄公 27 年	楚薳罷如晉蒞盟，晉平公享之。	國際形勢
058	襄公 31 年	子產壞晉館垣。	辭令內容 辭令技巧
059	昭公元年	楚公子圍聘于鄭，且娶於公孫段氏。鄭惡其入。楚令尹命大宰伯州犁對。	辭令內容（文化說服）
060	昭公元年	楚令尹子圍享趙孟。	國際形勢
061	昭公元年	趙孟請叔孫豹於楚。	辭令內容 （分析利害、文化說服）
062	昭公元年	趙孟、叔孫豹、曹大	國際形勢

		夫入于鄭，鄭簡公兼享之。	行人反應
063	昭公 2 年	韓宣子聘魯，魯昭公享之。	國際形勢
064	昭公 2 年	韓宣子聘衛，衛襄公享之。	國際形勢
065	昭公 2 年	晉少姜卒，魯昭公如晉，晉使士文伯辭。	主觀因素
066	昭公 3 年	齊景公使晏嬰請繼室於晉。	國際形勢 利益關係
067	昭公 5 年	吳蹶由犒楚師。	辭令內容（分析利害） 辭令技巧 行人反應
068	昭公 6 年	季孫宿如晉，拜莒田也。晉侯享之，有加籩。武子退，使行人告。	辭令內容
069	昭公 7 年	齊景公伐北燕，燕人行成。	國際形勢
070	昭公 7 年	楚薳啓疆說魯公如楚。	國際形勢 辭令技巧
071	昭公 7 年	楚薳啓疆賀魯大屈。	國際形勢

			辭令技巧
072	昭公 7 年	子產爲豐施歸州田於韓宣子。	辭令內容
073	昭公 9 年	周甘人與晉閻嘉爭閻田，王使詹桓伯辭於晉。	國際形勢
074	昭公 13 年	叔鮒求貨於衛，衛人使屠伯饋叔向。	辭令內容 行人反應
075	昭公 13 年	齊不與盟，晉使叔向說之。	國際形勢
076	昭公 13 年	平丘之會，邾莒愬魯。晉使叔向來辭。	國際形勢
077	昭公 13 年	平丘之會，子產爭承。	辭令內容 國際形勢
078	昭公 13 年	子服惠伯私請歸季孫意如。	國際形勢 國家利益
079	昭公 16 年	韓起求鄭環，子產止之。	辭令內容（剖析得失）
080	昭公 16 年	鄭六卿餞韓宣子，宣子使請六子賦詩以知鄭志。	賦詩言志、國際形勢
081	昭公 17 年	小邾穆公朝魯，魯昭	國際形勢

		公與之燕。	
082	昭公 19 年	子產答晉問駟乞之立。	辭令內容（德、禮說服） 辭令技巧
083	昭公 22 年	楚薳越使告于宋。	國家利益
084	昭公 24 年	子大叔言周王子朝之亂。	辭令內容（文化說服）
085	昭公 25 年	魯叔孫婼聘宋，宋元公享之。	國際形勢
086	昭公 25 年	黃父之會，趙簡子令諸侯輸粟，宋樂大心言不輸粟。	國際形勢
087	昭公 27 年	晉趙鞅使宋、衛弗納魯昭公。	辭令內容（分析得失）
088	昭公 30 年	晉頃公卒，鄭游吉弔，且送葬。魏獻子使士景伯詰。	國際形勢 主觀因素
089	昭公 32 年	王使富辛與石張如晉，請城成周。	交際動機 辭令內容
090	定公 2 年	桐叛楚。吳子使舒鳩氏誘楚人。	國際形勢 利益關係
091	定公 4 年	劉文公合諸侯于召陵，謀伐楚。晉人假	辭令內容（文化說服） 辭令技巧

		羽旄於鄭，將長蔡於 衛。衛侯使祝佗私於 萇弘。	
092	定公 4 年	楚昭王奔隨，隨人辭 吳人。	主觀因素 國際形勢
093	定公 4 年	申包胥如楚請師。	辭令內容（文化說服）
094	定公 7 年	衛侯欲叛晉，私於齊 侯。	國際形勢
095	定公 10 年	齊、魯夾谷之會，孔 子對。	辭令內容（文化說服） 辭令技巧
096	哀公 7 年	吳徵魯百牢。	國際形勢
097	哀公 7 年	吳太宰嚭召季康 子，康子使子貢辭。	辭令內容（文化說服） 辭令技巧
098	哀公 7 年	魯季康子伐邾，茅成 子請吳師。	國際形勢、交際動機
099	哀公 10 年	楚子期伐陳，吳延州 季子救陳。	辭令內容（重民觀念）
100	哀公 12 年	吳子使大宰嚭請尋 盟。魯哀公使子貢 對。	辭令內容（文化說服）
101	哀公 12 年	魯、宋、衛辭吳盟， 吳人藩衛侯之舍。子	辭令內容（分析利害）

		貢說吳捨盟衛。	
102	哀公 13 年	吳人將以魯哀公見晉侯，子服景伯以利說退。	辭令內容（分析利害）
103	哀公 15 年	陳公孫貞子使楚及良而卒，上介于尹蓋以禮說吳。	辭令內容（文化說服）
104	哀公 15 年	子貢說陳成子。	辭令內容（分析利害）
105	哀公 17 年	晉伐衛，其國觀、陳救衛。晉趙鞅使告于衛。	辭令內容
106	哀公 20 年	越圍吳，趙孟降於喪食，楚隆使吳，說越以入吳。	辭令內容（說之以利）
107	哀公 24 年	晉侯將伐齊，使來魯乞師。	國際形勢 交際動機

　　由上表可知，促使外交辭令交際成功的因素，往往不只一個，而是諸多因素相互作用下的結果。而外交辭令若欲成功，則需考量各種因素，作出最適當的表達。此外，由上表中亦呈現一有趣的現象，即成功的外交辭令內容，多以文化說服爲其主要的說服觀點。此現象一方面反映出春秋時期文

化特色，同時此亦是春秋外交辭令的重要特色。有關文化制約與外交辭令之關係，詳見本書第四章論述。

（二）、交際失敗之例

　　《左傳》外交辭令之交際，成功者居多，失敗之例僅二十二例。表列如下。

編號	左傳紀年	外交事件	影響成敗因素
001	隱公 5 年	鄭伐宋，宋使失辭，魯不救。	行人失辭
002	隱公 11 年	魯與鄭人，齊以許讓魯。	利益考量
003	僖公 7 年	鄭太子華請爲內史，齊桓公辭。	主觀因素
004	僖公 15 年	秦晉韓之戰，晉大夫請晉惠公。	主觀因素
005	僖公 25 年	晉文公勤王，請隧。	主觀因素（非禮，王章也，未有代德）
006	僖公 26 年	楚人讓夔子不祀。	主觀因素、利益考量
007	文公 4 年	衛甯武子聘魯。魯文公享之，賦詩非禮，甯武子不答賦。	主觀因素（賦詩非禮）

111

008	文公 12 年	西乞術聘魯言將伐晉，魯辭。	國際形勢
009	文公 16 年	魯文公使季文子請盟，齊侯不肯。	主觀因素（不合禮）
010	宣公 12 年	邲之戰，楚少宰求成，先縠更辭。	主觀因素
011	宣公 15 年	晉使解揚如宋告不救。	國際形勢 利益考量
012	成公 2 年	晉鞏朔獻齊捷，周不受。	主觀因素（不合禮）
013	襄公 11 年	鄭使良宵、石㒟如楚告將服晉，楚執之。	交際動機 國際形勢
014	襄公 23 年	莒子重賄華周請盟，辭。	主觀因素 （對國君之忠）
015	襄公 27 年	齊慶封聘魯，不知賦。	主觀因素 （慶封不知詩）
016	襄公 28 年	鄭游吉如楚，楚使之還。	國際形勢使然
017	襄公 28 年	齊慶封奔魯，叔孫穆子食慶封，慶封氾祭，穆子不說，使工為之誦。	主觀因素 （慶封不知詩）

018	昭公 4 年	楚使椒舉如晉請諸侯。	主觀因素
019	昭公 12 年	宋華定聘魯，魯昭公享之。爲賦〈蓼蕭〉，弗知，又不答賦。	主觀因素 （華定不知詩）
020	定公 8 年	鄟澤之盟，涉佗成何無禮，請改盟，弗許。	主觀因素
021	哀公 9 年	齊使公孟綽辭師于吳。	主觀因素
022	哀公 26 年	子貢辭衛出公之謀入。	主觀因素、形勢考量、利益

　　由上表發現，外交辭令失敗之因，以接受者主觀因素爲最主要的影響因素，詳見第三節論述。

　　下以上兩表爲基礎，討論《左傳》外交辭令成敗的判斷，及影響辭令成敗之因素。進一步分析語境對外交辭令交際結果之影響。

三、外交辭令成敗之判斷以語效爲依據

　　《左傳》全書記載外交辭令凡二百三十六則，其形式或告或愬，或對話或賦詩，其中涉及成敗者計一百二十九則，

113

成功者計一百零七則，失敗者計二十二則。在探討《左傳》外交辭令成敗之前，對於外交辭令成敗的判斷標準，必須先作說明。如第二章所論，強列的「目的性」是春秋外交辭令的重要特色。換言之，即要求外交辭令必須能達到預期的外交目標。

語用學理論中，萊斯（Grice）提出「言語行為」的觀念，指出言語交際活動就如同人類其它行為一樣，具有一定程度的行為效果，能達到某種預期之效果，並會造成某種程度的影響。簡言之，就是說言語交際活動能產生一定的效果。而這種效果即稱為語效。所謂「語效」，就是言語所能發揮之效果。在語用學理論中，對於語效之討論主要分為「正語效」與「負語效」兩者。

所謂「正語效」，是指言語表達與運用能夠達成原本預設的目標，形成正面的效果。負語效則是指，言語表達與交際，無法達到設定的效果，反而造成負面的影響。以《左傳》外交辭令為例，如衛石碏大義滅親（隱公四年）一例：魯隱公四年（西元前 719 年），衛桓公十五年。此年春季，衛桓公兄弟州吁與石厚殺桓公，自立為君。此年秋季，由於州吁無法治民，於是石厚問其父親石碏安定之道。《左傳》載此事曰：

> 州吁未能和其民，厚問定君於石子。石子曰：「王覲為可。」曰：「何以得覲？」曰：「陳桓公方有寵

於王。陳、衛方睦，若朝陳使請，必可得也。」厚
從州吁如陳。。石碏使告于陳曰：「衛國褊小，老夫
耄矣，無能為也。此二人者，實弒寡君，敢即圖之。」
陳人執之，而請涖于衛。九月，衛人使右宰醜涖殺
州吁于濮。石碏使其宰獳羊肩涖殺石厚于陳。[17]

　　石碏在衛莊公時是衛國重要的執政大夫，其曾對衛莊公
諫言指出莊公不應過分溺愛州吁，其提出所謂「六逆」、「六
順」，說明若不處理州吁的問題，衛國將會發生內亂。衛莊
公並未接受石碏的諫言。莊公卒，衛桓公立。石碏於是退休，
但其在衛國仍是有分量的大夫。對於兒子石厚問安民定君之
法，石碏提出覲見周天子的方式，經由獲得周天子的承認，
來增加州吁政權的合法地位。石厚進一步問覲見天子之法，
石碏建議可以經由陳國安排覲見周天子。

　　由於石碏所提之法有其道理，於是州吁與石厚前往陳
國。由於州吁政權是弒桓公而取得，石碏欲除之。於是遣行
人至陳國，曰：「衛國褊小，老夫耄矣，無能為也。此二人
者，實弒寡君，敢即圖之。」其辭令主要是要求陳國助衛國
除去州吁，所持之理由辭令中明白指出，州吁是弒君之人。
陳桓公接受石碏之請，於是逮捕州吁、石厚二人，交由衛國
國人處置。整個交際過程中，石碏的外交辭令能達到預設的
外交目標，使衛國能順利解決州吁之禍。

---

[17] 《十三經注疏・左傳》，（臺北：藝文印書館），頁 57。

　　此次外交辭令交際達成「正語效」，是一成功的外交交際。又如魯僖公九年（西元前 651 年），周襄王二年，齊桓公三十五年，晉獻公二十六年。此年夏秋之際，齊桓公與諸侯會盟於葵丘。周王室太宰於盟會後先行返國，於途中遇趕往與會的晉獻公。宰孔云：「*可無會也。齊侯不務德而勤遠略，故北伐山戎，南伐楚，西為此會也。東略之不知，西則否矣。其在亂乎！君務靖亂，無勤於行。*」宰孔指出齊桓公不修德而好爭伐，連年舉行會盟，以鞏固霸主地位。

　　孔宰此言，主要是欲說服晉獻公不參與此會。其又指出晉國內部紛爭四起，孔宰建議晉獻公不需趕往會盟，不如返國先處理內亂問題。晉獻公接受孔宰所言，於是返國。孔宰此次外交辭令達到預期的「正語效」。就現代談判學理論而言，交際的成敗標準有以下三標準：1、以是否擊敗對手為成敗判斷標準。2、以能否滿足自身的需求為成敗標準。3、以獲利大小為判斷成敗的標準[18]。無論那一種類型，能達到預設的目標才算是成功的言語交際。

　　由語用學角度來看，這正是語效的觀念。而外交辭令交際成敗的判斷標準，正在於語效。換言之，外交辭令能達到預設的外交目標，即具有正語效時，可謂是成功的辭令交際。反之，外交辭令若無法達到預期的外交目標，則算是失敗的辭令交際。

---

[18]　參考牟傳琳、牟傳珩著《談判學研究—談判的理論方法與技巧》，（青島海洋大學出版社，1995 年 12 月）。

　　由言語交際角度而言，言語表達追求之效果大體有五：
1、理解：即接受者能正確的理解表達者所欲傳達之信息內
容，此爲言語交際的基礎。2、說服：在接受者能正確理解
表達者的信息內容後，表達者進一步要求接受者能依辭令內
容改變態度。3、行動：在改變態度後，表達者進一步希望
接受者能有所行動，即接受辭令信息，完成辭令預設的目
的。4、愉悅：是指交際雙方能由辭令交際過程中，各自取
得收獲。5、改善關係：即經由言語交際，使交際雙方能保
持友好的關係[19]。以上五點雖是說明現代言語表達所欲追求
的效果，但亦可用於說明《左傳》外交辭令之交際。

　　試觀《左傳》外交外交辭令，就其目的性而言，可略分
爲兩大類，一、有具體明確外交目的者。即外交辭令配合外
交政策，計畫達成某一外交目的者。二、例行之外交交際語
言。即外交禮儀上所必需，無目的性的外交對話[20]。而外交

---

[19] 孫維張、呂明臣《社會交際語言學》，頁 340 至 341。

[20] 兩者之不同，參見第二章論述。簡言之，外交場合所運用之語言，又
　　概分爲兩類，一爲外交辭令，即具由強烈目的性，要求外交辭令之成
　　功，以謀取利益爲目標。另一爲目的性較弱的外交語言，多屬例行外
　　交事務場合中所運用。三爲外交術語，即外交場合中專用的術語，此
　　類又包含口頭與文字兩方面，口頭方面即指外交場合中所使用的特定
　　用語，文字方面則是指盟會載書時所書寫之文字。就其風格而言，外
　　交辭令強調目的性，注重修辭技巧，往往意在言外，且辭令背後多蘊
　　寄外交謀略，以期藉由外交辭令之運用，能達到預設之外交目的。一
　　般的外交語言則較無目的性，要求「辭達」，即明確清晰的將意思表
　　達，以避免誤解。外交術語則具有一定的專業性。

辭令成敗的判斷標準，是以其「是否達到外交辭令預設之目標」為依歸。所謂外交目的，積極而言，是爭取到國家的尊嚴或利益。消極而言，是使國家避免無謂的戰亂。

總而言之，外交辭令之溝通，必然有其背後預定達成之目標，若能經由外交辭令之溝通而達成預設之目標，則此外交辭令為成功之外交辭令，反之則否。

外交辭令由謀畫、潤飾至表達，皆由該國之外交政策於背後指導。可以說，每一次的外交活動皆有其預期達成之目標，每一次外交辭令交際亦有其預期完成之外交目的，而達到預期目標者，即可稱為成功的外交辭令。既然外交辭令成敗如此重要，則影響外交辭令成敗之因素主要有那些？以下說明之。

四、影響外交辭令成敗之因素

就言語交際角度而言，影響言語理解要素有三：知識、話語符號、語境[21]。

所謂知識，是指交際雙方的文化修養、學習知識而言。知識背景愈接近，表達與溝通愈能得心應手。如慶封與華元，由與本身知識不足，因此無法理解叔孫穆子、魯昭公賦詩所表達的含意。此為因知識不足而影響言語交際理解之例。

所謂話語符號，是指言語表達的媒介。一般分爲語形、語義兩部分探討。語形即言語表達的形式，語義即言語形式所蘊含之信息意義。此兩者對於言語交際的理解，皆產生一定的影響。

所謂語境，是指進行言語交際時，雙方所處之主客觀環境。包括文化環境、社會背景、國際形勢及交際雙方之身分、地位、預設心理等。總之，言語理解是一複雜的思維過程：「聽話者在接收到（聽到或讀到）發話人發來的信息語碼（語音或文字）後，通過大腦的語言信息解碼器。對信息語碼進行分析、辨識，並用頭腦中先前存儲的語碼進行參照對比，從而瞭解傳來的語碼的意義、所指和整體內容，即對發話人的話語有了認識。」又「當聽話人的認知與發話人的言語意圖達到一致或者認同，這便是正確的言語理解，如果聽話人的認知與發話人的言語意圖不一致或沒有認同，這便是錯誤的理解。」[22]

分析《左傳》外交辭令，歸納影響外交辭令成敗的因素，約有以下四點：1、客觀語境。包括外交辭令交際之場合、地點及雙方所處的國際形勢、社會背景、文化環境等。其中又以國際形勢對外交辭令成敗的影響最大。

2、辭令本身。言語交際過程中，交際雙方所溝通的信息內容，即爲辭令內容。而辭令內容對於外交辭令交際成

---

[21] 孫維張、呂明臣《社會交際語言學》，頁 186 至 194。
[22] 孫維張、呂明臣《社會交際語言學》，頁 179 至 180。

敗，有相當程度的影響，主要包括辭令內容與辭令技巧兩大部分。有關辭令內容方面，辭令的可信度、說服力等對交際成敗有所影響。就辭令說服性而言，可信的辭令才能爲聽者所接受，而表達者的人品與修養，及辭令內容的真實性，皆影響辭令的可信度。除辭令內容外，修辭技巧對辭令交際結果亦有影響。

3、主觀語境。主要可由表達者與接受者兩方面進行論述。在表達者方面，表達者的可信度與角色觀念對於交際結果有所影響。在接受者方面，人格特質、預設心理等亦影響外交辭令的成敗。此外，行人臨場反應亦對辭令交際結果產生一定的影響。

4、交際動機。所謂交際動機是指交際雙方發動、進行此次言語交際的主要目的。外交辭令具有強烈的目的性，交際動機左右辭令交際的成敗。簡言之，若交際雙方動機相近或相同，則辭令交際較易成功。歸納《左傳》外交辭令，發現爭取利益是外交辭令主要的交際動機。

第二節、客觀語境與《左傳》外交辭令

如前所言，語境在言語交際過程中具有補充限定、避免歧義之功能，並有助「言外之意」的理解。要言之，語境正是解讀外交辭令的基礎，外交辭令若離開交際語境，將不具意義、無法解讀。而國際形勢正是外交辭令主要的客觀語

境，其對外交辭令之理解與交際之成敗具有深遠的影響。以下探討客觀語境對外交辭令交際成敗之影響。

一、國際形勢是外交辭令交際主要之「客觀語境」

由語用學角度而言，國際形勢是外交辭令交際時主要的「客觀語境」。就外交辭令交際而言，客觀語境大體包括：交際之場合、地點、時間、及國際形勢等。其中又以國際形勢對外交辭令之影響最大。所謂國際形勢，是指國家於國際社會中，所處的地位及其與各國間之關係，亦即國家在國際政治形勢中所處的地位與所能產生之影響力。

國際形勢對於一國外交政策之制定與執行，有密切關連，且國際形勢往往與國家利益緊密相連，國際形勢衝突之處，亦正是國家利益之所在。國際形勢亦影響一國外交工作之進行，各國因其國際地位與形勢之不同，外交折衝之難易程度亦有差異。處於優勢的國家，在外交上較能取得成果，易收事半功倍之效；反之，位於劣勢的國家，其外交工作之進行往往困難重重，事倍功半。

國際形勢影響一國的外交政策。簡言之，國際形勢是國家外交政策制定之參考基準。國家為求生存發展，必需順應國際形勢確立可行之外交政策，以維護國家利益與存續。若無視國家所處之國際地位，枉顧國際形勢之現實，憑一己之理想、好惡，將導致國家陷入危急存亡之境。國際形勢與國家利益往往是緊密相連的，在國際形勢轉變之間，國與國之

間的利害衝突亦伴隨而生。

在各國以外交方式折衝樽俎之際，形勢成爲決定外交辭令成敗最主要的客觀語境。例如，魯莊公九年（西元前 685年），齊桓公元年。齊國與魯國於乾時一地發生戰事。其起因於齊國兩公子返國爭立。《左傳》載之如下：

> 夏，公伐齊，納子糾。桓公自莒先入。秋，師及齊師戰于乾時，我師敗績。公喪戎路，傳乘而歸。秦子、梁子以公旗辟于下道，是以皆止。
>
> 鮑叔帥師來言曰：「子糾，親也，請君討之。管、召，讎也，請受而甘心焉。」乃殺子糾于生竇。召忽死之。管仲請囚，鮑叔受之，及堂阜而稅之。歸而以告曰：「管夷吾治於高傒，使相可也。」公從之。[23]

齊襄公十二年（西元前 686 年），魯莊公八年，冬十二月，齊國發生內亂，連稱、管至父等弒齊襄公擁立公孫無知[24]。公子糾與公子小白分別出奔魯、莒。《左傳》載曰：「鮑叔牙…奉公子小白出奔莒。…管夷吾、召忽奉公子糾來奔。」隔年春天，雍廩殺公孫無知，齊國陷入「無君」的狀態。出奔之兩公子皆有入國爲君之打算。魯國欲助公子糾返國即

---

[23] 《十三經注疏・左傳》，（臺北：藝文印書館），頁 145。

[24] 有關齊國內亂之詳情，清・馬驌《左傳事緯》中有〈齊襄之弒〉一節可參考。（濟南：齊魯書社，1992 年 6 月），頁 39 至 42。

位，未料公子小白「自莒先入」，取得政權。魯國派遣護送公子糾返齊國的軍隊，於乾時一地與齊軍發生戰事，兩軍交戰，魯國戰敗。鮑叔牙運用軍事上的優勢，成功地將管仲接返齊國，爲齊桓公九合諸侯奠下基礎，影響齊國日後發展甚巨。

分析此次外交交際之形勢大致如下：1、齊、魯戰於乾時，魯軍大敗，倉皇撤退。魯軍大敗之情況，《左傳》藉「公喪戎路，傳乘而歸」與「秦子、梁子以公旗辟于下道，是以皆止」兩事之記載，充分反映。戎路又稱戎車，是戰爭時國君或將領搭乘的指揮車[25]。面對齊軍之進攻，魯莊公「棄車而逸」[26]並由其車右與車御：秦子、梁子二人，以代表國君的戎路之旗誤誘齊師，方使魯莊公能平安脫險，而秦、梁二子則爲齊軍所俘。由以上兩事之記載，知乾時一役，魯軍遠不及齊軍之勢，以上爲客觀語境之一。2、魯軍撤退後，鮑叔牙要求魯國殺公子糾，送還管仲與召忽兩人。

值得注意的是，《左傳》載鮑叔牙乃是「帥師來言」。所謂「帥師來言」就是率領著軍隊向魯國提出要求，杜預指出鮑叔牙「帥師來言」的用意，注云：「鮑叔乘勝而進軍，志

---

[25] 有關春秋時期戰爭時兵車種類詳細情況，學者多有論述，詳請參考相關書籍，或藍永蔚著《春秋時期的步兵》（臺北：木鐸出版社，民國76年4月）。

[26] 「公喪戎路，傳乘而歸」竹添光鴻云：「喪戎路，蓋棄車而逸也」，「乘傳而歸，寫魯軍敗狀極其倉皇」。見竹添光鴻著《左傳會箋》（臺北：天工書局，民國82年5月），頁217。

在生得管仲。」「帥師來言」四字，反映出鮑叔牙的外交智慧，其能掌握魯軍倉皇撤退之時機，運用軍事力量為後盾，為己方創造有利之形勢，迫使魯國不得不答應齊國提出的要求。

此次外交交際之結果：鮑叔牙此次外交辭令成功，因其處於戰勝的有利形勢，故於外交辭令能有所成。魯國在齊國軍隊脅迫之形勢下，答應鮑叔牙的要求「乃殺子糾于生竇」，召忽自盡，管仲送交鮑叔牙處置。

總結以上，「帥師來言」四字，充分反映出國際形勢對外交辭令成敗之影響。齊魯乾時一役，魯軍戰敗於前，齊軍追趕於後。魯國處於不利的形勢，為減低損失，避免戰事擴大，魯國不得不接受鮑叔牙之請求。

又如魯文公十二年（西元前 615 年），晉靈公六年，秦康公六年。此年秋季，秦國派遣西乞術為行人，往聘魯國，希望爭取魯國出兵助秦攻晉。《左傳》載此事如下：

> 秦伯使西乞術來聘，且言將伐晉。襄仲辭玉，
> 曰：「君不忘先君之好，照臨魯國，鎮撫其社稷，重
> 之以大器，寡君敢辭玉。」對曰：「不腆敝器，不足
> 辭也。」主人三辭。賓答曰：「寡君願徼福于周公、
> 魯公以事君，不腆先君之敝器，使下臣致諸執事，
> 以為瑞節，要結好命，所以藉寡君之命，結二國之

好，是以敢致之。」襄仲曰：「不有君子，其能國乎？
國無陋矣。」厚賄之。[27]

秦國欲報令狐之役（文公七年），計畫出兵攻晉。在出
兵之前，秦國希望能爭取魯國的支持。西乞術藉聘魯之便，
表達秦國的意圖。魯國基於整體國際形勢考量，由負責外交
事務的東門襄仲出面拒絕。分析魯國拒絕之考量，主要有
二：其一，晉、魯長年保持友好關係。魯國向以禮義示人，
若背晉盟而與秦師，恐有失禮義。其二，魯國北有齊國覬覦，
南有楚國侵逼。長久以來，皆賴晉國救之。秦、魯相隔千里，
若叛晉從秦，魯國將隨即面臨齊、楚二國的威脅侵逼。基於
以上國際形勢的考慮，魯國拒絕秦國的邀請。

又如，魯成公十一年（西元前 580 年），周簡王六年，
晉厲公元年。晉國大夫郤至與周王室發生土地糾紛，《左傳》
載曰：

> 晉郤至與周爭鄇田，王命劉康公、單襄公訟諸
> 晉。郤至曰：「溫，吾故也，故不敢失。」劉子、單
> 子曰：「昔周克商，使諸侯撫封，蘇忿生以溫為司寇，
> 與檀伯達封于河。蘇氏即狄，又不能於狄而奔衛。
> 襄王勞文公而賜之溫，狐氏、陽氏先處之，而後及

---

[27] 《十三經注疏・左傳》，（臺北：藝文印書館），頁330。

125

子。若治其故，則王官之邑也，子安得之？」晉侯
使郤至勿敢爭。[28]

　　土地爲國家發展之基礎。周平王東遷後，將領土封賞助
其東遷之鄭、晉、秦等國，加上各國不斷擴張，至春秋中晚
期，周王室實際控制之領土僅剩鄰近雒陽一帶的王畿。又王
畿與鄭、晉等國相鄰，在諸侯國大夫漸興的春秋中晚期，周
王室與諸侯國之大夫履履發生爭田糾紛。此次事件即爲其中
之一。面對大夫與周王室爭地，晉厲公「使郤至勿敢爭」，
要求郤至不可與王室爭地。晉厲公爲何作出如此的裁斷？
　　其原因大體有二：其一是鄬田一地本就屬於周王室所有
[29]，加上劉、單二子外交辭令表達合情合理，因此晉侯要求
郤至不可與周王室爭田。其二是晉厲公有其國內與國際形勢
上之考量，分析如下：1、晉君新立，形勢未明。晉景公卒
於魯成公十年（西元前 581 年），晉厲公於此年剛即位，在
未能完全掌握情況的前提下，晉厲公面對大夫與周王室爭地
的國際糾紛事件，採取保守的應對方式。要求郤至勿與周王
室爭地。如此處理，一方面表現對周天子的尊重，一方面能
加強對國內大夫之控制。
　　2、卿士大夫勢力日增，威脅諸侯，有意抑止卿大夫家

---

[28]　《十三經注疏・左傳》，（臺北：藝文印書館），頁 457。

[29]　竹添光鴻《左傳會箋》云：「其實鄬田自有限段，屬周不屬晉。」（臺
　　北：天工書局，民國 82 年 5 月），頁 880。

的擴張。大夫階層勢力漸興是春秋中晚期各國普遍的情況，自晉景公時，對於卿大夫家勢力之擴張，已有制止之情形。晉厲公即位，面對國內大夫階層勢力日漸強大，有抑制之意，藉此次土地糾紛之裁奪，可對內加強對卿大夫的控制。

3、晉厲公有意重振晉文公霸業，加上其剛繼位，有意藉由對王室的尊重以增加本身的號召力。其對王室之尊重由《左傳》載：「勿敢爭」中「敢」字可充分表現。

其他如，燭之武退秦師（僖公三十年），燭之武經由對國際形勢之分析與利害之陳述，說服秦穆公退兵。遷延之役（襄公十四年）時，魯國面對晉國叔向率先渡河的請求，基於形勢使然，叔孫穆子不得不賦〈匏有苦葉〉答應渡河。同時，鄭子蟜與衛北宮文子討論是否渡河，亦在當時形勢下，不得不接著渡河。由上諸例，可知國際形勢是外交辭令交際時影響成敗的主要客觀語境。在某些交際事件中，國際形勢甚至是影響辭令成敗最主要的因素。

整體而言，國際形勢之判斷大體可由政治層面、軍事層面、經濟層面、社會層面四角度來分析。所謂政治層面，是指國家於國際政治環境中所扮演之角色，及其與其他國家間之互動關係。其中亦包含該國之內政，因為外交是內政之延伸，內政不修，何來國際地位。所謂軍事層面，則是指國家軍事力量的強弱。一國軍力的強弱，可以用來判斷該國之國力，及其對國際政治所能產生之影響力。就春秋時期而言，

軍力往往是衡量國際形勢最主要的依據。所謂經濟層面,是
指該國的經濟力量,經濟為軍事之本,擁有較強經濟實力的
國家,才能備有較強的軍力。而一國經濟力量的強弱,亦是
判定其國際地位的指標之一。所謂社會層面,則是指該國的
人民素質、社會結構、民心向背等。

　　總而言之,對國際形勢之掌握與瞭解,是外交辭令進行
的基礎。能知己知彼,則外交辭令之謀劃與交際將較易成
功。總之,語境在言語交際過程中對於話語核心信息的捕捉
有著關鍵性的影響。外交辭令的交際與理解,皆須透過語
境,而國際形勢正是外交辭令交際過程中,主要的客觀語
境。外交辭令若欲達成預設之外交目標,則對國際形勢之考
量與把握,是外交辭令謀劃與表達時重要且基本的前提。

二、春秋各期國際形勢與各國外交政策概說

　　有關春秋形勢的論述,前輩學者多有研究[30]。但欲說明
國際形勢對外交辭令成敗之影響,本文仍有必要對春秋形勢
作簡略的說明。以下先就春秋整體形勢進行說明,再分別說
明不同時期,各國的外交政策。

---

[30] 如洪鈞培《春秋國際公法》、劉伯驥《春秋會盟政治》等書中,皆有
　　所論述。

（一）、整體國際形勢演變

　　春秋時代一般史學界的認定是指魯隱公元年（西元前722 年）至魯哀公十四年（西元前 481 年），凡 241 年，因孔子據魯史修訂成《春秋》一書而得名。關於此二百四十餘年間國際之形勢之概況，清‧顧棟高在其〈讀春秋偶筆〉中，對春秋時期國際形勢之演變有精闢精的說明：

> 　　《春秋》二百四十二年，時勢凡三大變。隱、桓、莊、閔之世，伯事未興，諸侯無統，會盟不信，征伐屢興，戎、狄、荊、楚交熾，賴齊桓出而後定，此世道之一變也。僖、文、宣、成之世，齊伯息而宋不競，荊楚復熾，賴晉文出而復定，襄、靈、成、景嗣其業，與楚迭勝迭負，此世道之又一變也。襄、昭、定、哀之世，晉悼再伯，幾軼桓、文，然實開大夫執政之漸，嗣後晉六卿、齊陳氏、魯三家、宋華向、衛孫甯交政，中國政出大夫，而春秋遂夷為戰國矣。[31]

　　顧氏所論春秋形勢大體正確[32]。春秋早期會盟政治尚未

---

[31] 見顧棟高《春秋大事表》附〈讀春秋偶筆〉，（北京：中華書局，頁32 至 33，1993 年 6 月）。

[32] 程發軔先生《春秋要領》亦採顧棟高之說。〈十二、春秋時勢三大變〉，（臺北：三民書局，民國 78 年 4 月），頁 19。

形成,中原地區主要以鄭宋東西相抗爲主要形勢。至齊桓公即位,春秋會盟政治逐漸形成。在此同時,南方楚國勢力亦逐漸向北發展。齊桓公之後,晉文公繼之成爲北方盟主。

　　春秋中期之後,北方以晉國爲首,結合齊國、魯國、衛國、莒、鄫、邾等國;南方以楚國爲首,結合陳、蔡及些長江流域諸小國,各自形成南北兩大勢力。此後逐漸發展成爲晉、楚南北相衡的形勢。在晉楚相衡的形勢下,鄭、宋等國夾於兩大勢力之間,成爲兩方爭奪的焦點。西元前 546 年,宋國向戌提出晉楚弭兵的意見。由於晉楚長期相爭,雙方國力耗損,且兩國內部皆有大夫勢力擴張的問題。在內政與外交各方面因素下。晉、楚雙方達成弭兵之盟。會中達成「晉、楚之從交相見」的協議,與盟國必須同時朝聘晉、楚兩國。軍事威脅雖獲暫時解決,但小國的負擔更爲加重。此爲鄭子產爭承(昭公十三年)的背景。

　　弭兵之盟維持晉、楚兩國近四十年的和平,之後,兩國又陷入相爭的局面。當初晉國爲牽制楚國,於成公七年派遣巫臣出使吳國,並教授吳國車戰技巧。聯吳制楚是晉國當時的外交政策。而楚國爲牽制晉國,採取聯秦制晉的外交策略。發展至春秋晚期,東南吳、越二國勢力漸興。吳國在晉國扶植下與楚國發生多次衝突。定公四年(西元前 506 年),吳、楚戰於柏舉,吳滅楚,吳國自成爲強國。之後越國繼吳國之後逐漸興盛。

　　春秋晚期形勢,成爲吳、越相爭的局面。此外,由政權

興替的角度，春秋時期形勢大體如下：「方周德之盛也，禮
樂征伐自天子出。洎平王東遷，王室衰微，伯主迭興，齊桓、
宋襄、晉文、秦穆、楚莊是也。於是禮樂征伐自諸侯出，天
子且聽命于伯主，……及其末葉，禮樂征伐自大夫出，陪臣
僭于公室，……維時朝覲會盟，無歲蔑有。強國爭伯，弱國
圖存，行人使節相望於道。」[33]以上簡要說明春秋時期國際
大勢的演變。以下進一步說明各國處於不同國際形勢下，所
採取的外交政策。

（二）、春秋各期國際形勢略說

國際形勢瞬息萬變，隨著各國勢力的興衰消長，春秋時
期的國際形勢之變化可約略區分為四階段：1、平王東遷至
鄭莊之衰。2、齊桓稱霸。3、晉、楚相衡。4、吳、越興起。
以下就此四大階段之國際形勢作整體概括性的說明，並說明
各國處於不同形勢下所採取的外交政策與方針[34]。

1、周平王東遷至鄭莊公之卒

周平王東遷時，鄭國出兵相助。因此，成為周天子的重
要執政卿，鄭國成為春秋早期的大國。此時期的形勢，主要
為東西敵視。由於鄭、宋兩國領土相接，自春秋初期即紛爭

---

[33] 黃寶實《中國歷代行人考》，（臺北：中華書局），頁39。
[34] 有關春秋時期重要國家及其外交政策，洪鈞培先生《春秋國際公法》
一書中，已見詳細說解，今參考其說，並進一步補充。

不斷。魯隱公三年，鄭、齊國盟於石門主要討論攻宋事宜。魯隱公四年（西元前 719 年），宋殤公卒後宋國發生內亂，宋公子馮出奔鄭。在衛國州吁的慫恿下，宋國聯合衛、陳、蔡等國出兵包圍鄭國東門，是爲「東門之役」。宋亦乞師於魯，魯遣公子翬領軍參與東門之役。自此，形成鄭、宋敵視的國際形勢。

在東西敵視的大形勢下，鄭、宋兩國積極爭取齊、魯兩國的支持。隱公六年，鄭與魯平，同年，魯與齊立「艾之盟」，鄭、齊、魯遂爲同盟。隱公八年，宋與齊立「瓦屋之盟」。隔年，鄭以王命伐宋，會魯、齊於防。隱公十年，鄭、齊、魯三國立「中丘之盟」，出兵伐宋，隔年，鄭魯會於時來，謀伐許，同年，鄭以虢師敗宋軍，至此乃報東門之役。

東西敵視爲春秋初期主要的國際形勢。當此之時，晉、楚等國尚未發達。國際政治以鄭、宋、齊、魯、衛等國爲中心。魯桓公十一年（西元前 701 年）鄭莊公卒。鄭國諸公子爭位，鄭國陷入內亂，加上宋、魯等國的侵逼，鄭國從此逐漸衰弱。值得一提的是，自桓公二年（西元前 710 年）起，南方楚國已逐漸發展。總結而言，此一時期之國際形勢，主要以鄭宋相互對抗爲主軸，形勢較單純。鄭、宋二國極力爭取齊、魯的支持。遂有「艾之盟」、「瓦屋之盟」的產生。但整體而言，由於涉及的國家不多，且形勢明朗單純。此時之行人外交活動亦不頻繁。《左傳》載此階段之外交辭令，僅七見。

2、齊桓公稱霸至晉文公主盟

　　齊國自僖公時，即漸有強國之勢。因此在鄭宋敵視之際，齊國成為兩方競邀的對象。鄭莊公卒後，齊國成為強國。魯桓公十四年（西元前 698 年），齊僖公卒，齊襄公立。齊國在當時國際之影響力逐漸增大。魯莊公八年（西元前 686 年）秋季，齊國發生內亂，由連稱、管至父為首之軍隊叛亂，弒齊襄公，擁立公孫無知即位。齊襄公出奔在外的二位兄弟公子小白與公子糾分別由莒、魯返國。小白先入，是為齊桓公。魯莊公九年，魯國為助齊公子糾返國，與齊軍發生乾時之役，魯軍敗。在齊軍武力脅迫的形勢下，魯國殺公子糾，交回管仲。

　　乾時之役後，齊桓公任用管仲為主要執政，對齊國進行全面的革新與強化。魯莊公十年，齊、魯發生長勺之役，齊軍敗。魯莊公十三年（西元前 681 年）春季，齊桓公與宋、陳、蔡、邾等國會盟，是為「北杏之會」。值得說明的是，此時與齊國盟會之四國，皆為弱國，且四國皆遣行人代表出席，並非國君親自與會，主要因為齊桓公此時尚未正式獲得周天子承認其盟主地位之故[35]。齊國欲成中原霸業，則必須爭取第二大國魯國之支持。

　　北杏之會後，同年冬季，齊國與魯國盟於柯，雙方協議停戰。隔年春季，齊伐宋，同年冬季宋服齊，齊會宋、衛、

鄭等國於鄄。此後，齊桓公爲鞏固盟主地位，先後於魯莊公十五年會宋、陳、衛、鄭等國於鄄；莊公十六年，又會宋、魯、陳、衛、鄭、許、滑、滕等國於幽。莊公二十七年會各國於幽。以上爲齊桓建霸之過程。

　　分析齊桓公所以能成爲中原盟主，主要歸功於其外交政策之適當。管仲提出「尊王攘夷」之號，使齊國之霸業具有合法性，同時對諸國產生吸引力。「尊王攘夷」口號之實行，見於齊國「救鄭制楚」[36]的舉動。在尊王方面，魯僖公五年（西元前 655 年），周王室發生王子帶之亂。齊桓公會諸侯於首止，共同商議平亂事宜。而在魯僖公九年夏季，周王室遣使賜齊桓公胙。

　　在攘夷方面，莊公十六年，南方楚國侵略鄭國。莊公二十八年（西元前 666 年）秋季，楚國大舉入侵鄭國。齊桓公集合魯、宋等國，出兵救鄭。魯僖公四年（西元前 656 年）春季，齊桓公以諸國聯軍侵蔡，進而伐楚。楚遣屈完爲使，與管仲有一番精采的外交辭令。僖公九年（西元前 651 年）夏季，齊桓公會周太宰、宋、魯、衛、鄭、許、曹等國於葵丘。至此，齊桓公霸業建立，齊國成爲中原盟主。齊桓之霸至魯僖公十七年（西元前 643 年），桓公卒，群公子爭立爲止。

　　總結而言，此一階段的國際形勢，主要以齊國爲中心，

---

[35] 劉伯驥《春秋會盟政治》，頁 88。
[36] 劉伯驥《春秋會盟政治》，頁 90。

各國在齊國軍事威脅與尊王攘夷號召下，遂以齊桓爲盟主。
而在齊桓公建立霸業之際，秦國亦在西邊逐漸發展。此外，
晉國在驪姬之亂後，公子夷吾在秦國幫助下返國，是爲晉惠
公。而獻公另一公子重耳則仍出奔在外。

3、晉、楚抗衡

齊桓公卒後，齊國勢力一蹶不振。晉惠公在秦國幫助下
返國，但對秦國恩將仇報。魯僖公十三年（西元前 647 年）
冬季，晉國發生饑荒，秦穆公輸粟救晉。隔年冬季秦國饑荒，
秦「乞糴於晉，晉國弗與」。僖公十五年十一月，秦、晉戰
於韓。晉軍敗，晉惠公爲秦軍所俘。僖公二十三年（西元前
636 年）晉國流亡公子重耳至秦國，請秦穆公助其返國。隔
年九月，晉惠公卒，重耳返國是爲晉文公。在此期中，宋襄
公一度繼齊桓之後有稱霸之志，但其於僖公二十二年（西元
前 638 年）於泓之戰爲楚所敗，隨後身亡。晉文公即位後，
於僖公二十八年（西元前 632 年）與楚軍戰於城濮，獲得勝
利。自此建立晉國盟主的地位。

晉文公的外交政策，大致繼承齊桓公「尊王攘夷」的政
策。一方面平定周王室內亂，另方面率領中原諸侯對抗楚
國。晉國自文公建霸起至春秋末年一直爲北方中原的主要強
國。晉文公卒後，晉襄公於（西元前 627 年）即位，其亦延
續文公的外交政策，因此仍能維持晉國盟主的地位。楚國自
魯桓公時勢力逐漸發展，於是有北進的打算。城濮之戰敗於

晉後，楚國仍有北進之心。

魯宣公三年（西元前 606 年），楚莊王藉伐戎之機，進逼周王室，並問鼎輕重，爲王孫滿所退。整體而言，自魯僖公二十八年至春秋晚期，國際形勢以晉、楚南北相抗衡爲主軸。其間雖有弭兵之盟（襄公二十七年）但只是維持表面、短暫的和平。晉、楚二國於弭兵期間，運用非戰爭的外交手段，持續進行對抗。因此《左傳》外交辭令多見於此階段。

在此階段中，鄭國由於地理位置的緣故，成爲晉、楚兩國極欲掌控的對象。而鄭國的外交政策由親晉轉爲服楚，最後採取「與其來者可也」的外交策略。至子產執政後採取「以禮服強」的外交策略，其巧妙的運用晉、楚兩國勢力的微妙平衡，藉由高明的外交辭令，爲鄭國爭取生存與尊嚴。

除晉、楚相爭外，中原各國亦有相侵伐之事。此一形勢，大體可以晉文公之卒爲分野。晉文公生前，晉國爲中原盟主，各國在晉國領導下雖有謀略但大體相安無事。晉文公卒後，中原形勢頓時限入混亂。齊國早有復霸之心，因此侵魯示威。晉齊兩國於成公二年（西元前 589 年）戰於鞌，齊國戰敗，晉國維持盟主的地位。又晉文公卒後，晉、秦發生殽之役，晉秦之好破壞。此外，魯國與周圍小國間亦有零星戰事。

4、吳、越興起

晉、楚抗衡之勢，一直持續。其間晉國採取聯吳制楚的

外交策略。於魯成公七年（西元前 584）年派遣巫臣出使吳
國，「教吳乘車，教之戰陳，教之叛楚」[37]。自此，晉聯吳制
楚之勢形成。楚國為牽制晉國，採取結秦制晉的外交策略。
在此同時，晉、齊等國內部政治結構亦有所轉變，新興大夫
勢力逐漸發展。晉國有中行氏、范氏、郤氏、韓氏、趙氏、
魏氏等，齊國則有田氏。這些新興的勢力逐漸掌握政權，至
戰國時成取代晉、齊成為新興國家。

　　在晉、楚持續相爭的形勢下，東南吳、越兩國相繼興起，
黃池之會吳國睥睨諸侯，成為春秋晚期新的勢力。至此，國
際形勢逐漸由春秋轉變為戰國，由晉、楚南北對抗，轉變為
七雄群起並立。此時期的外交辭令在辭令內容與表達技巧
上，逐漸有所變化。由春秋時期以德禮說之轉變為以利害逼
之。由春秋時期的委婉恭謙，轉變為以奇言巧詐為勝。了解
春秋大致國際形勢後，以下說明國際形勢對外交辭令交際成
敗之影響。

三、國際形勢對外交辭令成敗之影響

　　如第二章所論，外交辭令若欲達成預設目標，則須經過
事前詳細謀劃。外交辭令之謀劃，首先必需考量國際形勢，
先對國家所處之地位有所認識後，進一步依據國際形勢，衡
量得失，規劃出具體可行之外交政策與外交方針，再依循既

---

[37] 《十三經注疏・左傳》，（臺北：藝文印書館），頁 444。

定之外交政策，於面臨外交事件時，謀劃出適切應對之外交辭令，以爲國家爭取外交上之勝利。

《鬼谷子‧揣篇》中指出，游說須以揣量爲基礎。所謂揣量，即揣情、量權，即須對國際形勢與游說對象先有所認識，在此基礎上游說方能進行，所謂「知己知彼」正是如此。揣量，進一步可分兩方面說明，一爲對國際形勢之掌握，一爲對接受者之瞭解。《鬼谷子》進一步指出，國際形勢大體可由國家的軍事力量、地理位置，人民多寡、謀士優劣、君臣關係、與各國友好程度及民心向背等角度來評斷。其云：

> 何謂量權？曰：度於大小，謀於眾寡，稱貨財之有無，廖人民之多少、饒乏、有餘不足幾何？辨地形之險易，孰利孰害？謀慮孰長孰短？君臣之親疏，孰賢孰不肖？與賓客之知睿孰多孰少？觀天時之禍福，孰吉孰凶？諸侯之親，孰用孰不用？百姓之心，去就變化，孰安孰危？孰好孰憎？[38]

要言之，對於國際形勢的掌握與配合，是外交辭令謀畫的基礎，亦是影響外交辭令交際成敗之重要客觀語境。必須說明的是，外交辭令的交際成敗，是眾多因素交互影響下的

---

[38] 舊題周‧鬼谷子撰 梁‧陶弘景 注 清‧盧文弨、徐鯤、嚴元照、勞權 校，（景印國立中央圖書館珍藏明嘉靖乙巳鈔本），（臺北：世界書局，民國七十三年三月）。（原書未標頁數）

結果。影響外交辭令成敗的因素，決非單一因素。以下所舉例子，是取諸多影響因素中，國際形勢影響比重較大者。

國際形勢對《左傳》外交辭令成敗之影響，主要有以下兩種情況，其一是處於有利的國際形勢，而促使外交辭令成功者。當外交辭令能夠配合本國所處有利的國際形勢時，即使對方本無同意的意願，但礙於形勢，最終仍會屈服。如前所論，齊、魯乾時之役後（莊公九年），鮑叔牙請歸管仲一例即是明顯的例子。又如楚蓬啓疆說魯昭公如楚（昭公七年）、晉叔向說齊與盟（昭公十三年）、吳徵魯百牢等例，皆是表達一方的外交辭令能密切配合有利的國際形勢，進而促使外交辭令成功之例。

其二爲處於不利之形勢，造成使外交辭令無法有效的達到預期的目標。例如，游吉代鄭伯如楚（襄公二十八年）一例，正是此類例證。但所處形勢是否有利，往往會因觀察角度之不同而有所不同。同一例中，有一方處於有利形勢，則另一方自然居於劣勢。本文爲深入論述之便，將之別爲兩類說明。此外，在論述過程中，將焦點置於交際進行過程中行人如何配合所處形勢，使外交辭令發揮最大功效。

（一）、形勢有利而使辭令交際成功之例

所謂處於有利形勢，可由以下幾個角度說明。最明顯表現國際形勢者，首推各國的軍事力量。以春秋晉國爲爲例，晉建國時僅有一軍，後經過多次軍隊的擴建，由原本的一

軍，增至上中下三軍。晉文公於城濮之戰擊敗楚國建立霸業後，晉國又多次在軍備上有所編整，一度增加新軍。此外，如齊國、楚國等，亦在軍備上有所擴增。

要言之，軍事力量在國際形勢中具有相當的影響力。除軍事外，國家的經濟力量與國際聲望亦是國際政治形勢中必須考量的要項。例如襄公二十七年，晉楚兩國答應弭兵，其背後即有經濟因素之考量。由於兩國長年相爭，對於兩國經濟皆產生負面影響，在雙方皆欲休養生息之際[39]，向戌提議弭兵，獲得晉、楚的同意。總而言之，國際形勢是外交辭令交際中主要的客觀語境，把握並配合有利己方之形勢，能使外交辭令交際獲致預期的外交目標。

例如，鄭成公卒後，僖公即位，順應國際形勢改變鄭國外交政策，叛楚服晉。魯成公十五年（西元前 576 年），鄭成公九年，楚共王十五年。楚國執政子反不顧與晉國的停戰協議（事見成公十二年），北侵鄭、衛兩國。晉國未出兵救鄭，在現實形勢考慮下，鄭國遂屈服於楚國。

隔年西元前 575 年（魯成公十六年），晉、楚兩軍於鄭國境內鄢陵一帶發生戰事，《春秋》載：「晉侯及楚子、鄭伯戰于鄢陵。楚子鄭伯敗績。」鄢陵戰後，晉國會諸侯於沙隨，「謀伐鄭也」希望使鄭國叛楚服晉。鄭國與宋國素有嫌隙，鄭宋交戰期間，楚國大力支持鄭國，因此鄭國在鄭成公在位

---

[39] 在宋向戌提議弭兵之前，晉國執政趙孟鑒於國內經濟日益凋弊，已有與楚停戰之思。

期間採取親楚的外交政策[40]。西元前 571 年（魯襄公二年）
鄭成公卒，鄭僖公即位，子罕當國，子駟爲政，子國爲司馬，
隨著政治的更替，加上現實形勢之考量，鄭國的外交政策轉
而採取親晉的方針。於同年冬季，鄭國於戚之會正式與晉國
同盟。

　　齊國與晉國自晉文公稱霸取代齊國盟主地位後，兩國關
係分分合合。齊國由於諸公子爭位，加上內政紊亂，齊桓公
卒後國力日衰。但於當時國際間仍屬中等以上國家，對於國
際形勢仍有一定的影響力。而與齊國的關係，一直是晉國相
當重視的外交課題。在鄭國臣服晉國後，晉國希望確認與各
國之關係，計劃召集諸同盟國舉行盟會，即襄公三年六月的
雞澤之會。於是於西元前 570 年（魯襄公三年，晉悼公四年，
齊靈公十二年，鄭僖公元年）遣使通知齊國將要舉行盟會之
事，《左傳》載之如下：

　　　　晉爲鄭服故，且欲修吳好，將合諸侯。使士匄
　　　告于齊曰：「寡君使匄，以歲之不易不虞之不戒，寡
　　　君願與一二兄弟相見，以謀不協。請君臨之，使匄
　　　乞盟。」齊侯欲勿許，而難爲不協，乃盟於耏外。

---

[40] 襄公二年，鄭成公云：「楚君以鄭故，親集矢於其目，非異人任，寡
　　人也。若背之，是棄力與言，其誰暱我？免寡人，唯二三子。」表達
　　出鄭國對楚國的外交態度。

　　由《左傳》所載「齊侯欲勿許」，知齊靈公本無意願參加此次晉國所舉行的盟會，但最後仍舊答應參加，且與晉國使者士匄於齊國國都近郊之耏水一帶定訂盟約。何以齊君有如此之轉變？《左傳》載曰「難為不協，乃盟於耏外」，杜預對此無注解，竹添光鴻僅云：「士匄辭命之善。」[41]未對齊君態度之轉變有所說明。

　　以下由國際形勢觀點切入，對齊靈公前後態度的變化略作說明：首先須瞭解晉悼公何以積極促成雞澤之會？竹添光鴻對此有精闢之見，其列舉三大動機：（1）、鄭已服，不可不會鄭伯。（2）、欲脩吳好，故待吳子。（3）、恐齊貳心故會齊[42]。竹添光鴻所論三動機大體正確。當時，晉、楚之爭日益激烈。楚國子反不顧成公十二年所定停戰之約，反而利用此約趁晉不備北侵中原。晉、楚兩軍於是戰於鄢陵。戰後，晉國為鞏固與各國的關係，於是會諸侯於雞澤。

　　其次說明齊國不願與盟的原因。齊自桓公卒後，因內亂之故，國勢一度衰弱，霸權為晉文公所奪。此後齊國始終有復霸之心，因此於國際外交場合中，每每與晉國作對。如竹添光鴻所論，晉悼公遣使邀齊國與盟，主要是為確定晉、齊兩國友好的關係，避免齊國於楚國北侵之際，於東方滋事。但齊國本欲趁機有所行動，因此齊靈公並無意願與晉國立盟。但礙於國際形勢使然，齊國只得答應參與雞澤之盟。

---

41 竹添光鴻著《左傳會箋》（臺北：天工書局），頁969。
42 竹添光鴻著《左傳會箋》（臺北：天工書局），頁969。

　　此外，在晉、楚弭兵之後，昭公七年至十三年間，有若
干事例，亦可說明國際形勢對外交辭令之產生之影響。例
如，魯昭公七年（西元前 535 年），楚靈王六年。此年春季，
楚國完成章華之臺，希望各國參加落成典禮。自襄公二十七
年弭兵議和後，晉、楚間的抗衡由軍事上的爭鬥轉為外交上
的爭勝，兩國無不竭其所能，對各國展現其外交實力，以爭
取主導國際形勢之地位。建蓋新宮殿，即是方式之一。

　　依《左傳》所載，楚國於西元前 535 年（昭公七年）完
成章華之臺，晉國接著於隔年西元前 534 年（昭公八年）完
成虒祁之宮，兩國頗有相互較勁之意。由於魯國素與晉國友
好，楚靈王希望魯國能參與落成典禮，一方面展示其外交實
力，一方面拉攏魯國。《左傳》載之如下：

　　　　楚子成章華之臺，願與諸侯落之。大宰薳啟疆
　　曰：「臣能得魯侯。」薳啟疆來召公，辭曰：「昔先
　　君成公命我先大夫嬰齊曰：『吾不忘先君之好，將使
　　衡父照臨楚國，鎮撫其社稷，以輯寧爾民。』嬰齊
　　受命于蜀。奉承以來，弗敢失隕，而致諸宗祧。曰
　　我先君共王引領北望，日月以冀，傳序相授，於今
　　四王矣。嘉惠未至，唯襄公之辱臨我喪。孤與其二
　　三臣悼心失圖，社稷之不皇，況能懷思君德？今君
　　若步玉趾，辱見寡君，寵靈楚國，以信蜀之役，致
　　君之嘉惠，是寡君既受貺矣，何蜀之敢望？其先君

鬼神實嘉賴之，豈唯寡君？君若不來，使臣請問行

期，寡君將承質幣而見于蜀，以請先君之貺。」[43]

蔿啟彊的外交辭令，首先委婉客氣地表示對魯國的邀
請，其徵引魯、楚兩國昔日之交情，表達楚國希望魯國與會
之請。之後，蔿啟彊以魯、楚「蜀之盟」（成公二年）為喻，
指出「君若不來，使臣請問行期」。杜預注明白指出此話的
言外之意為「問魯見伐之期」[44]，《左傳會箋》有更深入之論
述，「請問行期，言問魯侯至蜀之期也。」[45]魯成公二年時，
楚軍入侵衛國，之後侵魯。魯國以公衡為人質，才與楚國達
成議和[46]。蔿啟彊此語暗示魯國，若不參與此次集會，楚軍
將再次攻魯。「蔿啟彊以蜀盟為辭，示魯以若不可將伐之之

---

[43] 之後記魯公之夢，側筆描寫其不安的心情。《左傳》載曰：公將往，
夢襄公祖。梓慎曰：「君不果行。襄公之適楚也，夢周公祖而行。今
襄公實祖，君其不行！」子服惠伯曰：「行！先君未嘗適楚，故周公
祖以道之；襄公適楚矣，而祖以道君。不行，何之？」三月，公如楚。
鄭伯勞于師之梁。孟僖子為介，不能相儀。及楚，不能答郊勞。

[44] 晉・杜預《春秋經傳集解》（卷二十一，頁二十三下），（相臺岳氏
本　臺南：利大出版社，民國 69 年 1 月），頁 306。

[45] 竹添光鴻著《左傳會箋》（臺北：天工書局），頁 1454。

[46] 《左傳》載此事如下：冬，楚師侵衛，遂侵我師于蜀。使臧孫往。辭
曰：「楚遠而久，固將退矣。無功而受名，臣不敢。」楚侵及陽橋，
孟孫請往賂之以執斲、執鍼、織紝，皆百人，公衡為質，以請盟。楚
人許平。十一月，公及楚公子嬰齊、蔡侯、許男、秦右大夫說、宋華
元、陳公孫寧、衛孫良夫、鄭公子去疾及齊國之大夫盟于蜀。（《十
三經注疏・左傳》，（臺北：藝文印書館），頁 430。）

意。」[47]由於楚國居於相對有利的國際形勢，因此蓮啓疆外交辭令之表達獲致預期的效果。魯國礙於形勢使然，只得答應前往楚國。

分析蓮啓疆辭令成功之因，主要是因楚國處於有利形勢的緣故。承上例所論，魯昭公十三年（西元 529 年）夏季，晉國會諸侯於平丘。此會之動機亦是爲確立晉國與各諸侯之關係，鞏固其盟主的地位，因此希望各國皆能參與盟會是其基本態度。

魯昭公八年（西元前 534 年），晉平公二十四年夏四月，晉國完成新建的宮殿名曰虒祁[48]，各國皆派使祝賀。然而各國派使祝賀乃出於無奈，《左傳・昭公十三年》載各國對晉國蓋建虒祁之宮的看法：「晉成虒祁，諸侯朝而歸者皆有貳心」，知各國對於晉國於此戰亂之際，耗費大量財力、人力蓋建新宮殿的舉動並不支持，並因此產生叛離之心。杜預注亦云：「賤其奢也」[49]，何謂「賤其奢也」？

進一步分析，因爲晉國蓋建新宮虒祁之經費與人力，多數是由同盟國之中強取而來[50]。自襄公二十七年弭兵之後，除晉、楚兩國外，各同盟的負擔成爲兩倍，因爲「交相見」

---

[47] 竹添光鴻著《左傳會箋》（臺北：天工書局），頁 1454。

[48] 楚國於昭公七年完成「章華之臺」，晉國於昭公八年落成「虒祁之宮」。由此可見晉、楚相衡之勢。

[49] 晉・杜預《春秋經傳集解》，（卷二十三，頁七下），頁 324。

[50] 春秋時期同盟國對於盟主有賦貢之義務，即對於盟主有提供財務、人力、軍力之義務。

之故，使得各國必須同時對晉國與楚國負擔賦貢（貢指財務上的，賦指勞力上的）。經過長年戰亂，晉、楚相衡，兩國同意議和後，不思安民治民，反而爭相蓋建新宮，各國對此深感不滿。面對各同盟國「皆有貳心」的情況，叔向提出「徵會」（召開盟會）的建議，希望藉由盟會的舉行，再次團結各同盟國，並鞏固晉國在國際上領導的地位。

此年七月，晉國會諸侯於平丘，齊國不願參加。《左傳》載曰：「晉成虒祁，諸侯朝而歸者皆有貳心。………晉人將尋盟，齊人不可」。如前例分析中所論，晉、齊二國雖有同盟之誼，但齊國自失去中原盟主地位後，一直有再建霸業之心。因此，在許多國際場合中，履履與晉國作對。對於齊國不合作的態度，晉派遣負責外交事務之大夫叔向出使齊國，企圖說服齊國參加。

《左傳》載晉昭公在派遣叔向前往齊國之前，先令其前往周王室詢問解決之法。

> 晉侯使叔向告劉獻公曰：「抑齊人不盟，若之何？」對曰：「盟以底信，君苟有信，諸侯不貳，何患焉？告之以文辭，董之以武師，雖齊不許，君庸多矣。天子之老請帥王賦，『元戎十乘，以先啟行』，遲速唯君。」[51]

---

[51] 《十三經注疏・左傳》，（臺北：藝文印書館），頁 809。

　　分析晉昭公此舉，主要有兩用意。其一為欲尋求和平解決之法，因此，令叔向往問周王室對此事之見解。此舉另方面（亦是主要目的）是欲創造有利晉國的國際形勢。春秋雖曰王室地位陵夷，但在國際政治上，周天子仍是春秋各國公認的共主。在外交意義上，周王室仍具有一定的影響力。晉國先使叔向問於周，以尋求周王室的支持，使這次的盟會，具有合法性。同時，亦為一旦對齊動武時，能保有尊王的旗幟。總而言之，晉國使叔向前往周王室，有其相當程度的外交策略運用。此亦為《左傳》詳細記載之因。

　　對於齊國不與盟一事，周王室執政劉獻公迫於形勢無奈，只得表示對晉國的支持。劉獻公首先提出「盟以底信」的觀念，說明同盟以「信」為基礎，指出倘若晉國有信，即不必擔心諸侯有叛離之心。此說間接反映出當時晉國背信之實。然而礙於形勢，周王室仍舊表示對晉國舉行平丘之會的支持。劉獻公建議晉國先以和平的外交手段解決，所謂「告之以文辭」；若齊國仍舊不與盟，則可運用武力處理，所謂「董之以武師」。其並引《小雅・六月》之詩句，表示若晉國不得已而須以武力解決時，周天子的王師將會「佐晉討齊」[52]。獲得周王室的支持後，叔向前往齊國。《左傳》載雙方辭令如下：

　　　　叔向告于齊曰：「諸侯求盟，已在此矣。今君弗

147

利，寡君以為請。」對曰：「諸侯討貳，則有尋盟。
若皆用命，何盟之尋？」叔向曰：「國家之敗，有事
而無業，事則不經；有業而無禮，經則不序；有禮
而無威，序則不共；有威而不昭，共則不明。不明
棄共，百事不終，所由傾覆也。是故明王之制，使
諸侯歲聘以志業，間朝以講禮，再朝而會以示威，
再會而盟以顯昭明。志業於好，講禮於等，示威於
眾，昭明於神。自古以來，未之或失也。存亡之道，
恆由是興。晉禮主盟，懼有不治；奉承齊犧，而布
諸君，求終事也。君曰『余必廢之』，何齊之有？唯
君圖之。寡君聞命矣。」齊人懼，對曰：「小國言之，
大國制之，敢不聽從？既聞命矣，敬共以往，遲速
唯君。」叔向曰：「諸侯有間矣，不可以不示眾。」
八月辛未，治兵，建而不旆。壬申，復旆之。諸侯
畏之。[53]

整體而言，晉國的國勢強於齊國。齊國雖曾於齊桓公時
成為中原霸主，但桓公之後，由於一連串的內爭，國勢日衰，
雖非小國，但整體而言仍不及晉國。叔向出使齊國，意在說
服齊國參與平丘之會，繼續支持晉國，叔向外交辭令剛柔並
濟，直陳利害。其辭令首先客氣的表達來意，說明晉國希望

---

[52] 晉・杜預《春秋經傳集解》，（卷二十三，頁八下），頁 324。
[53] 《十三經注疏・左傳》，（臺北：藝文印書館），頁 809 至 810。

齊國參加盟會的請求。齊國表示尋盟一事是用於與盟國有貳心之時,齊國對於晉國一向忠心,因此不必參與此次尋盟。

齊國的說法,是一種推託之辭,杜預注云:「託用命以拒晉。」[54]對於齊國不合作的態度,叔向說之以禮。針對齊國提出的尋盟制度,叔向深入發揮,先說明盟會的意義,再論述尋盟之必要,最後引先王所訂制度,說明晉國此次尋盟的必要性與合理性。最後叔向對齊國略施壓力,其引述晉侯所云:「『余必廢之』,何齊之有?」表明晉國對齊國的外交底限。暗示齊國,若其堅拒參與盟會,晉國將不惜以武力解決。對於叔向說之以禮的外交辭令,加上國際形勢使然,齊國於是答應參加盟會。

《左傳》載齊國反應:齊人懼。對曰:「小國言之,大國制之,敢不聽從?既聞命矣,敬共以往,遲速唯君。」由齊國回答的內容,知齊國態度之轉變,主要是因國際形勢使然。其措辭自稱「小國」,稱晉為「大國」,可知兩國勢力之別。加上晉國取得周天子支持,又各國多同意參加盟會的形勢下,齊國只得同意參加平丘之盟。簡言之,促成齊國改變態度之主要原因正是國際形勢。

除國際整體大環境外,交際當時所處之形勢,亦對外交辭令交際產生一定的影響。如魯成公二年(西元前 589 年),晉景公十一年,齊頃公十年。此年六月晉、齊二國發生鞌之

149

戰，齊軍大敗。晉韓厥在追逐齊軍過程中，擄獲齊頃公和他的座車。韓厥「執繫馬前，再拜稽首，奉觴加璧以進」以禮待齊君，對齊頃公說：「寡君使群臣為魯、衛請，曰：『無令輿師陷入君地。』下臣不幸，屬當戎行，無所逃隱。且懼奔辟，而忝兩君。臣辱戎士，敢告不敏，攝官承乏。」韓厥的辭令相當委婉且有禮。其陳述不得不參與戰爭之因，並表示不得不將齊君擄回。齊君面臨如此形勢，只得隨同韓厥返回晉軍。但須說明的是，在韓厥俘擄齊君之間，齊頃公的車右逢丑父已偷偷與齊君調換。因此，韓厥擄獲的不是真正的齊頃公。無論如何，齊君在當時形勢下，不得不被俘。而韓厥在有利的形勢下，仍表現出春秋君子的修養，於戰爭中不忘禮，於俘擄敵君時，委婉恭謙。此正是春秋時期不同於戰國的文化風格。

又如魯成公十二年（西元前 579 年），此年晉郤至聘問楚國，楚國於燕享之際，奏用天子享諸侯之樂。郤至「驚而走出」。楚國子反追出問其原因，並要求其返回燕享會場。郤至基於禮貌且礙於當時形勢，於是勉強入座。

要言之，有利的國際形勢對外交辭令交際之成功，有極大之幫助。當我方處於有利形勢時，即使對方本不願接受，但礙於國際形勢使然，最終只得答應。但當國家處於不利的國際形勢時，外交辭令之交際，往往十分困難，且無法達到

---

[54] 晉‧杜預《春秋經傳集解》，（卷二十三，頁九上），頁 325。

預期的外交目標。無論辭令內容、技巧如何精妙，一但國家
處於劣勢，外交辭令往往無法發揮功效。以下就《左傳》中
所見實例說明之。

（二）、形勢不利造成辭令交際失敗之例

　　所謂處於不利形勢，主要是指國家整體實力不如對方，
最常見者爲戰敗之後。當國家處於不利形勢下，外交辭令之
交際往往陷於困境。無論辭令內容與技巧如何，有時當居於
不利形勢時，外交辭令將無法發揮功能。如魯僖公十五年（西
元前 645 年），晉惠公六年，秦穆公十五年。此年十一月，
秦、晉交戰於韓。此戰起因於晉惠公對秦國恩將仇報。晉國
戰敗，晉惠公爲秦軍所俘，秦穆公計畫將晉惠公送往秦國。
晉國大夫郤乞等人尾隨秦軍，希望接回晉惠公。《左傳》載
此事曰：

　　　　壬戌，戰于韓原。秦獲晉侯以歸。晉大夫反首
　　拔舍從之。秦伯使辭焉，曰：「二三子何其慼也！寡
　　人之從君而西也，亦晉之妖夢是踐，豈敢以至？」
　　晉大夫三拜稽首曰：「君履后土而戴皇天，皇天后土
　　實聞君之言，群臣敢在下風。」[55]

---

[55] 《十三經注疏・左傳》，（臺北：藝文印書館），頁 231。

　　由於晉國於韓之戰敗給秦國，居於劣勢。因此晉國諸大
夫僅能以尾隨的方式表達希望接回晉惠公之意。當秦穆公派
遣使者前往，告知希望晉諸大夫返國時。晉大夫「三拜稽
首」，恭謙委婉的表達希望秦穆公歸還晉惠公之意，但秦穆
公並未接受。由上例中可知，當處於劣勢時，外交辭令之交
際往往事倍功半。

　　又如，魯僖公三十三年（西元前 627 年），鄭穆公元年，
秦穆公三十三年。此年春季，秦國趁晉文公辭世之際，中原
新霸主未確之時，出兵欲襲鄭國。《左傳》載之如下：

> 　　鄭穆公使視客館，則束載、厲兵、秣馬矣。使
> 皇武子辭焉，曰：「吾子淹久於敝邑，唯是脯資、餼
> 牽竭矣，為吾子之將行也，鄭之有原圃，猶秦之有
> 具囿也，吾子取其麋鹿，以閒敝邑，若何？」杞子
> 奔齊，逢孫、楊孫奔宋。[56]

　　秦國趁晉文公辭世之際，欲圖中原霸權出兵襲鄭，未料
於滑一地，遇上鄭國商人弦高。弦高以犒師為名拖延秦軍，
暗地「使遽告于鄭」：遣使火速通知鄭國，使鄭國事先作備
戰準備。秦軍在鄭國已有準備之情況下，只好暫時撤退。在
秦軍出兵襲鄭之前，秦國已事先派遣杞子、逢孫、楊孫三人

---

[56] 《十三經注疏・左傳》，（臺北：藝文印書館），頁 289。

出使鄭國，以備一旦襲鄭成功時，可爲內應。鄭國對於秦國的三位使臣，以客禮待之，安排三人於客館之中。

當鄭國得知秦軍將襲鄭的情報後，鄭穆公先派人探察秦國使節的情況，發現秦國使節已作好「束載、厲兵、秣馬」等軍事準備。然而秦國國勢強於鄭國，與之正面衝突鄭國勢必付出相當代價，又南方楚國日盛，侵擾鄭國，鄭國不願於西方多樹敵國，因此鄭國希望能以外交手段解決此次危機。鄭穆公於是派遣負責外交事務的大夫皇武子至客館進行外交交際。

在鄭國不願與秦國正面衝突的前提下，皇武子運用暗示的手法，委婉的點明鄭國已知秦國之謀，亦知三人欲爲內應的計劃。清‧魏禧由形勢的角度分析曰：「不殺其人，而婉辭以致其奔。何也？大國不可犯也。小國敗大國之師，殺大國之使，未有不速取滅亡者。」可謂知其勢也。

以下分析此次外交交際之形勢[57]：1、鄭國事先獲得弦高之情報，對於秦軍之襲鄭已有準備。此點可由孟明言談中明確得知，《左傳》載孟明云：「鄭有備矣，不可冀也。攻之不克，圍之不繼，吾其還也。」[58]值得說明的是，孟明所謂「鄭有備矣」之備，是指晉、鄭聯軍已有所戒備。鄭國此時從於晉國，當接獲弦高快報後，即請求晉國協助守備。面對

---

[57] 本文主要由國際形勢角度分析外交辭令之客觀語境，有關皇武子外交辭令之技巧，此處暫略。

[58] 《十三經注疏‧左傳》，（臺北：藝文印書館），頁290。

早已有所備戰的晉、鄭聯軍，孟明提出還師的建議。

　　此外，由孟明的話語中，亦可知秦軍遠襲鄭國，在軍事補給上亦有一定的困難存在，孟明「*攻之不克，圍之不繼*」一句，正充分顯示此點。秦軍在如此不利的形勢下，遂「*滅滑而還*」。

　　2、鄭國已視破三人身分。如上所言，當鄭國接獲弦高通知後，經過查明，證實杞子、逢孫、楊孫三人確實為秦國之內應。鄭國派皇武子在不惡化秦、鄭兩國關係的前提下，暗示三人離開鄭國。由於鄭國已視破三人身分，三人於此形勢下，只得匆促逃離鄭國。《左傳》載：「*杞子奔齊，逢孫、楊孫奔宋*」

　　值得注意的是，由三人逃離之方向，亦可反證鄭國確實已有備戰準備。三人皆取道東方離開鄭國，杜預對此注云：「*向東逃者，恐晉鄭防西兵，懼己被截獲。*」由此可知，鄭國在得知秦師將襲的情報後，或聯合晉國進行備戰。整體而言，杞子、逢孫、楊孫三人由於計謀、身分已被視破，在此形勢下，皇武子委婉的外交辭令，遂令三人自行逃離鄭國，避免與秦國的正面交鋒。

　　皇武子的外交辭令之所以能依照事先規劃達成，有賴於已事先視破三人身分。由此例子可知若能把握有利的形勢，外交辭令之交際往往能收事半功倍之效。而國際形勢為外交辭令交際中主要之客觀語境。

又如魯襄公二十八年（西元前 545 年），楚康王十五年，鄭簡公二十一年。此年夏季，鄭國派遣游吉代表鄭君前往楚國履行弭兵盟約中「晉、楚之從交相見」的協議。但游吉行至漢水時，楚國遣使要求子大叔折返。《左傳》載其事如下：

> 蔡侯之如晉也，鄭伯使游吉如楚。及漢，楚人
> 還之，曰：「宋之盟，君實親辱。今吾子來，寡君謂
> 吾子姑還，吾將使馹奔問諸晉而以告。」子大叔曰：
> 「宋之盟，君命將利小國，而亦使安定其社稷，鎮
> 撫其民人，以禮承天之休，此君之憲令，而小國之
> 望也。寡君是故使吉奉其皮幣，以歲之不易，聘於
> 下執事。今執事有命曰：女何與政令之有？必使而
> 君棄而封守，跋涉山川，蒙犯霜露，以逞君心。小
> 國將君是望，敢不唯命是聽？無乃非盟載之言，以
> 闕君德，而執事有不利焉，小國是懼。不然，其何
> 勞之敢憚？」[59]

楚國之所以令游吉折返。因為之前陳蔡等國朝楚，皆是由國君親自前往。因此對於鄭國僅由子大叔代表國君前往，表示不滿。當楚國行人告知要求子大叔折返時，游吉嘗試提出反駁。其外交辭令以德、禮為主要說服觀點，試圖說服楚國。但由於鄭國國力遠不及楚國，處於不利形勢。游吉只能

折返。同年九月，鄭簡公在子產陪同下，親自前往楚國。

由上諸例分析可知，國際形勢是影響外交辭令交際的主要客觀語境。而外交辭令之交際必須要能配合交際當時的國際形勢，進行說服。當掌握有利形勢時，外交辭令交際能事半功倍，達到預期的外交目標。反之，當處於劣勢時，外交辭令的交際將事倍功半。無論如何，掌握國際形勢，配合形勢而謀畫外交辭令，是辭令交際的第一步。

此外，如何為我方創造有利形勢，亦是重要的課題。觀察整個春秋外交辭令與國際形勢之關係。春秋中晚期時，由於晉、楚對立的國際形勢日益明顯，因此國際形勢對外交辭令成敗之影響亦更為顯著。總結言之，形勢對於外交辭令交際結果，具有相當程度的影響力。

掌握國際形勢變化後，欲使外交辭令能為聽者接受，進一步必須將主觀語境納入考量。交際雙方的立場、地位、身分；表達者的可信度，接受者的人格特質、預設心理等都是影響外交辭令交際成敗的重要因素。以下針對主觀語境進行論述。

第三節　主觀語境與《左傳》外交辭令

言語交際是交際參與雙方運用話語符號進行思想溝

---

59 《十三經注疏・左傳》，（臺北：藝文印書館），頁652。

通、情感交流的活動，而外交辭令則是兩國行人與行人間的言語交際活動，可以說行人即是外交辭令交際活動的主要參與者。既然行人爲外交辭令交際的主體，則行人對外交辭令交際之進行與交際結果勢必有所影響。

本節就行人因素對外交辭令成敗之影響進行探討。行人是外交辭令交際的主體，外交辭令需透過雙方行人來進行言語交際，達成外交共識。外交辭令之表達、傳遞與接受、理解皆須透過行人方能進行。由語境角度分析，行人因素是外交辭令交際過程中的「主觀語境」。就外交辭令交際而言，客觀語境主要是指國家所處之國際形勢、國際地位，以及外交交際當時之時間、地點、場合環境等。而主觀語境則是指外交行人本身的心理因素：如行人的人格特質、預設立場、文化素養、修爲人品，以及交際當時行人的身分、地位、情緒、態度等。

本節首先說明行人因素在外交辭令傳播與解讀上之意義，進而就表達者與接受者對外交辭令成敗的影響進行分析。必須說明的是，在言語交際過程中，表達者與接受者的角色是相互轉換的。言語交際是一「互動」的過程，表達者發出信息後，經由溝通媒介傳遞，接受者接收後解讀信息意義，再由接受者對所接受之信息意義表達意見，當原本接受一方主動發出信息，傳遞信息意義時，其就成爲新的表達者，而原本的表達者即成爲接受者。

交際過程就在雙方表達與接收之間，進行思想觀念的溝

通。而說服效果的取得，正是表達者與接受者雙方合作的結果，在交際雙方取得共識，達成協議後，獲得交際結果。

就表達的一方而言，表達者的可信度，即其人品修養對信息傳播的效果有所影響，要言之，即信息的可信度影響傳播的接受與否。就接受的一方而言，接受者的人格特質與預設心理兩大因素爲決定外交辭令接受與否的關鍵。除表達一方與接受一方內在的心理因素外，行人於外交場合的臨場反應，亦影響外交辭令的成敗。以下分別論述之。

一、主觀語境在辭令傳播與理解上之意義

所謂主觀語境，是指與交際參與者相關的言語環境。如表達者的可信度、表達時的態度，接受者的人格特質、預設心理，以及交際當時雙方的身分、地位、心情、情緒與臨場反應等。由於以上諸因素皆與行人本身密切相關，因此本文統稱爲行人因素。

整體而言，行人因素在外交辭令傳播與理解上扮演關鍵性的角色。外交辭令的接受與否，除各觀語境的限制外（國際形勢使然），更多情況取決於行人的主觀因素。

由言語交際角度而言，討論行人因素對外交辭令的影響，可分別由其在傳播上之意義與在理解上之意義兩角度切入。因爲行人在外交辭令交際過程中，同時扮演傳播者接受

者的角色。此即爲言語交際互動之特性[60]。

在傳播上，行人是傳播者，信息須經由傳播才能發出，以進行溝通。在理解上，行人是接受者、解讀者，信息需透過接受者的解讀與詮釋才能瞭解其內容意義。

試觀《左傳》所載外交辭令，其中以「對話」方式進行者，在辭令交際過程中，表達者與接受者的角色是互動、互換的。如晉重耳與秦穆公賦詩交際、展喜犒齊師、王孫滿退楚師，鄭皇戌如晉請襲楚、賓媚人賄晉、子產獻捷等例，於外交辭令交際過程中，交際雙方表達與接受的角色是互動、互換的。

如本章第一節所論，在言語交際構成五大要素[61]中，語

---

[60] 如第一節所論，言語交際之基本性質有四：1、社會性。2、符號性。3、互動性。4、行爲性。此四項基本性質，對於言語交際活動有著制約的作用，所謂互動性，是指言語交際是一種動態的現象，交際雙方經由言語溝通的過程，進行思想交流，進行互動式的溝通。分析言語交際行爲過程的主幹爲：表達→接受。表達是指發出信息，啓動交流的一方；接受是指接收信息，解讀信息意義的一方。必須強調的是，言語交際過程中，表達一方與接受一方並不固定，而是互換的。表達與接受，在交際行爲中不斷反覆交替進行，在此互動過程中，雙方將溝通之意圖動機與所欲達到之目的進行交流與妥協，進而達成言語交際之結果。

[61] 言語交際構成五要素爲：交際參與者、交際動機、交際媒介、交際信息內容、交際環境。詳請見言語交際相關書籍。如孫維張、呂明臣：《社會交際語言學》或劉煥輝《交際語言學導論》（南昌：江西教育出版社，1992 年 3 月），或周禮全主編《邏輯—正確思維和成功交際的理論》（北京：人民出版社，1994 年 4 月）。

境對話語符號之解讀與理解有著重要的影響力。語境對於話語符號有省略與補充的功能。表達者可依言語交際當時所處之語境,而省略或隱含若干話語符號;而接受者則依交際時所處之語境,對表達者省略或隱含之話語符號進行理解與詮釋,以補充表達者省略或隱含部分的真正內容意義。

如前所言,語境大體分為客觀語境與主觀語境兩類,客觀語境主要影響言語之傳遞與接收,有時亦影響言語之內容。主觀語境則影響言語交際之結果。就外交辭令交際而言,接受者的主觀因素對於外交辭令成敗,有著重要的影響。

整體而言,主觀語境對於交際結果之影響遠較客觀語境為強。因為言語交際的主體是人,而言語交際的目的是說服對方改變態度,而態度的改變與接受者的主觀因素有密切的關聯。又外交辭令的交際結果,是眾多因素交互作用下的產物。無論是客觀的國際形勢,主觀的行人因素,或是辭令內容與技巧,皆對外交辭令成敗產生影響。而在諸多因素中,行人主觀因素對於辭令成敗之影響,有時具有關鍵性的地位。

總而言之,行人是外交辭令交際的主體,外交辭令的傳播與接收、編碼與譯碼,皆須經由交際主體(行人)來完成。因此,行人本身的主觀因素影響整個外交辭令交際的過程,及交際之結果。以下分別由表達者與接受者兩角度,說明行人因素在辭令傳播與理解過程中所扮演之角色與意義。

二、表達者與外交辭令交際結果

如前所論，言語交際活動的首要條件即是交際參與者。所謂表達者，就是言語交際過程中表達的一方。以子產爲豐施歸州田於韓宣子（昭公七年）爲例：在此次外交交際中，鄭國子產所扮演的是言語交際的主動者，即表達的一方；而韓宣子所扮演正的是接受的一方。須注意的是，表達者與接受者的角色在外交辭令交際中是互動的。而說服效果的取得是表達者與接受者雙方合作的結果，在交際雙方取得共識，達成協議後，獲得交際結果。

語境對主動者的影響，主要表現於主動者如何選擇與使用語言符號進行言語編碼上。「**在語境制約下，編碼者要選擇恰當的語體和語態，以適應語境的限制，從而更好地實現言語交際的目的**」[62]。整體而言，語言交際的表達者，對於言語交際的結果有所影響。因爲，其在言語交際過程中具有自主性，換言之，信息是由表達一方發出。而發出怎樣的信息，產生怎樣的作用，與言語交際之結果有直接的關係[63]。但是若就整體外交辭令交際過程而言，表達者對於交際成敗的影響力則不如接受者。

如前所論，鄭襄公肉袒牽羊請成一例（宣公十二年）。鄭國於魯宣公十二年春季爲楚軍所圍，在晉國援軍尚未趕來之前，鄭國迫於形勢只得投降楚國。鄭襄公裸露上身牽羊出

---

[62] 孫維張、呂明臣《社會交際語言學》，頁 43。

城表達投降的誠意，其外交辭令亦充分表達鄭國請和之心。就表達者角度而言，是相當成功的外交辭令。由於鄭襄公成功的辭令表達，對於交際結果產生一定的作用。

又如，子產戎服獻捷一例（襄公二十五年），子產前往晉國獻入陳之功，面對晉國責問侵略陳國之罪。其外交辭令徵引先祖以爲立論根本，剖析利害以爲申論內容，所言極具說服力。由於子產表達的外交辭令在內容上有本有據，在技巧上精妙有致。使得「士莊伯不能詰」。而趙文子稱贊其辭令曰：「其辭順。犯順，不祥。」最終接受子產的辯駁。由上可知，表達者的表達，對於辭令交際的結果，具有一定的影響力。好的辭令表達是交際成功的第一步。

《鬼谷子》對於言語交際表達者所須具備的條件，歸納有三：1、要能樹立道德[64]。2、須有廣博的知識，與豐富的詞藻。3、要能審己以度人[65]。其中所謂樹立道德，即亞里斯多德《修辭學》所論「信譽證明」中所謂的道德一項。

亞氏提出說服力的產生中有「信譽證明」一項，所謂信譽證明，簡言之，就是表達者的可信度。詳見下文論述。而廣博的知識與豐富的詞藻，則是文質並重的修辭觀念，即所謂「言之無文，行而不遠」（襄公二十五年）的觀念。而所

---

[63] 孫維張、呂明臣《社會交際語言學》，頁 37。
[64] 關於如何樹德的問題，《鬼谷子》主張由內在修養而得。蕭登福《鬼谷子研究》，（臺北：文津出版社・民國 79 年 10 月），頁 105。
[65] 同上，頁 104 至 108。

謂審己以度人，主要可分兩方面說明。大層面而言，是指對國際形勢的掌握與了解，此部分已見於上一節論述。小層面而言，是指要認清本身在言語交際過程中所扮演的角色，及與他人角色間之關係。詳見下文。

　　總而言之，討論表達者與辭令交際結果之關係，主要可由「角色觀念」與「可信度」兩方面論述。分別探討如下。

（一）、「角色觀念」與外交辭令表達

　　角色觀念的正確與否，影響言語交際的進行與交際結果。正確的角色扮演有助言語交際更精確的溝通，錯誤的角色扮演則會造成言語交際的障礙[66]。

　　言語交際中所謂「角色」的觀念，是指「言語交際的參與者，在言語交際活動中實際所處的交際地位和實際所具有的身份。」[67]就言語交際觀點而言，角色的扮演又別為「角色正位」與「角色錯位」兩類。所謂「角色正位」，是指交際參與者在言語交際活動中，扮演正確的角色，亦即在考量主觀語境（如身分、地位）與客觀語境（如場合、地點）等因素後，選擇正確的表達方式與態度。反之，言語交際參與者對主、客觀語境作出錯誤的判斷，在處理交際雙方關係上

---

[66] 本段以下所運用之角色觀念，主要參考孫維張、呂明臣《社會交際語言學》，頁 153 至 167。

[67] 孫維張、呂明臣《社會交際語言學》，頁 154。

作出不適當的表達或態度，即為「角色錯位」。

例如，衛甯武子聘魯一例（文公四年），魯文公令樂工奏賦〈湛露〉、〈彤弓〉二詩，表達對甯武子歡迎、友好之意。由魯國角度而言，魯國因周公的緣故，曾被允許奏用天子之樂（詳見第三章論述）。但在甯武子角度看來，魯文公奏賦〈湛露〉、〈彤弓〉二詩，則是一種僭越禮制的行為。由於甯武子認定魯文公僭禮，因此對於魯文公為賦的行為，未有回應。由言語交際角色觀念來看，魯文公令樂工奏賦〈湛露〉、〈彤弓〉二詩正是一種角色錯位。由於魯文公對於交際雙方角度未有正確的認識，使得此次外交賦詩交際失敗。

又如魯文公十六年（西元前 611 年），齊懿公二年。此年正月，魯國與齊國達成停戰協議，由於魯文公有疾，指派季文子為代表，與齊懿公會於陽穀。《左傳》載曰：

> 十六年，春，王正月，及齊平。公有疾，使季文子會齊侯于陽穀。請盟，齊侯不肯，曰：「請俟君間。」

由上所載，知齊懿公不肯與季文子簽署盟約。齊侯提出等魯文公痊癒後再會盟的要求。齊侯所以不肯與季文子定盟的主要原因，正在於雙方的身分問題。齊懿公認為國君與大夫盟，與身分不合，因此堅持等待魯文公康復後，再與魯國

立盟。此亦是角色錯位之例。

其他如晉悼公歌詩非禮（襄公四年）、晉、衛鄄澤之盟中涉佗成何二人的言行（定公八年）及齊、魯夾谷之會中齊景公縱萊人亂會（定公十年）等皆是角色錯位之例，詳見後文。而《左傳》外交辭令交際事例中，角色正位之例較多，

整體而言，《左傳》所載交際成功的外交辭令，其行人角色之扮演多屬於角色正位之例。如魯展喜犒齊師（僖公二十六年）、燭之武退秦師（僖公三十年）、鄭皇武子視客館（僖公三十三年）、王孫滿退楚君（宣公三年）、賓媚人賄晉（成公二年）等例，其中進行言語表達之外交行人，皆能掌握主、客觀語境，在多方考量與計畫後，成功的表達辭令，進而促成外交辭令交際的成功。

要言之，言語交際的雙方，想要有精確的言語交際，首要條件即是對其本身「角色」之認清。就實際言語交際過程而言，角色又分為「主觀角色」與「客觀角色」兩類。「客觀角色」是指，言語交際參與者在言語交際中所應扮演之角色；「主觀角色」是指，言語交際參與者於實際言語交際過程中所扮演之角色。

「客觀角色」主要受客觀語境影響，即交際參與者依據言語交際當時所處之外在客觀因素，定位出交際雙方所應扮演之角色。「主觀角色」則主要受交際者主觀因素左右，即受交際者本身的主觀意念所影響。而實際言語交際進行時，

參與者所扮演的角色，正是主觀角色與客觀角色之混合體。

　　既然角色觀念於言語交際過程有著相當之影響力，則如何運用本身角色來進行成功的言語交際？

　　主要有三步驟：其一：依雙方角色關係選擇正確的角色地位，並依此確立本身與接受者心理適應的程度，並判斷話題的可接受性與交際目的實現的可能性。簡言之，就是在考量交際雙方所扮演的角色後，選擇最適切、最符合雙方交際角色關係之辭令內容與表達方式來進行言語交際活動。展喜犒齊師（僖公二十六年）即爲明顯之例。《左傳》載此事曰：

　　　　夏，齊孝公伐我北鄙，衛人伐齊，洮之盟故也。公使展喜犒師，使受命于展禽。齊侯未入竟，展喜從之，曰：「寡君聞君親舉玉趾，將辱於敝邑，使下臣犒執事。」齊侯曰：「魯人恐乎？」對曰：「小人恐矣，君子則否。」齊侯曰：「室如縣罄，野無青草，何恃而不恐？」對曰：「恃先王之命。昔周公、大公股肱周室，夾輔成王。成王勞之，而賜之盟，曰：『世世子孫無相害也！』載在盟府，大師職之。桓公是以糾合諸侯而謀其不協，彌縫其闕而匡救其災，昭舊職也。及君即位，諸侯之望曰：『其率桓之功！』我敝邑用不敢保聚，曰：『豈其嗣世九年，而棄命廢職？其若先君何？君必不然。』恃此以不恐。」齊

侯乃還。[68]

魯僖公二十六年（西元前 634 年），齊孝公九年。此年夏季，齊國以魯國與衛國同盟（洮之盟、向之盟）爲理由[69]，出兵侵略魯國北方領土。魯僖公派遣展喜出使齊軍，名爲犒師，實則希望避免戰端。在此次外交辭令交際中，展喜的角色扮演得體，加上辭令內容以文化說服觀點切入，且辭令表達技巧高明，終於使齊軍退兵。

分析展喜的角色扮演，首先，展喜能認清雙方身分地位之差距，在「齊侯未入竟」之前，展喜「從之」率先趕抵齊軍，對於齊君表達出相當程度的尊重。在春秋時期，行出國境與未出國境是具有明顯不同意義的。此由孔子在趙穿弒晉君一事中，替趙宣子惋惜曰：「趙宣子，古之良大夫也，爲法受惡。惜也，越竟乃免。」[70]亦可獲得證實。

展喜能認清雙方角色之不同，趕在齊孝公出齊國國境進

---

[68] 《十三經注疏・左傳》，（臺北：藝文印書館），頁 264。

[69] 楊伯峻《春秋左傳注》云：「齊孝公仍以霸主自居，不以魯與他國盟會爲然，竟以爲討。」（高雄：復文書局，民國 80 年 9 月），頁 439。

[70] 《左傳・宣公二年》載此事如下：乙丑，趙穿攻靈公於桃園。宣子未出山而復。大史書曰「趙盾弒其君」，以示於朝。宣子曰：「不然。」對曰：「子爲正卿，亡不越竟，反不討賊，非子而誰？」宣子曰：「烏呼！『我之懷矣，自詒伊慼』，其我之謂矣。」孔子曰：「董狐，古之良史也，書法不隱。趙宣子，古之良大夫也，爲法受惡。惜也，越竟乃免。」宣子使趙穿逆公子黑臀于周而立之。壬申，朝于武宮。（《十三經注疏・左傳》，（臺北：藝文印書館），頁 364。）

入魯國境內之前，前往犒師，此行爲表現出對齊君的尊重。依《左傳》所載，齊國此次所以出兵伐魯，主要正是齊孝公仍以盟主身分自居，對於魯、衛私盟無法接受之故。展喜在分析齊國伐魯的根本原因後，首先表達對齊孝公充分尊重之意，希望藉此平息齊侯不滿之情。

此外，在此次外交交際中，展喜的辭令表達亦能配合交際雙方身分的差距，其辭令云：「寡君聞君親舉玉趾，將辱於敝邑，使下臣犒執事。」辭令中運用「親舉」「玉趾」「將辱」等辭彙，表達出對齊國的尊重。加上展喜對齊孝公之問，能有技巧的回答，以德、禮說服。終於促使齊國暫時退兵，爲魯國避免一場戰事。總之，由於展喜能依雙方身分地位的差異，選擇適當的交際角色與外交辭令，終於使此次外交交際達到預期的外交目標。

其二：依據雙方不同之角色，發現本身角色之優勢，進而運用此角色優勢增強己方在交際對方心中之地位與說服力，進而提高言語交際之成功率。皇武子視客館（僖公三十三年）正是明顯的例子。如第二節所論，秦國欲襲擊鄭國，事先派遣杞子、逢孫、楊孫三人出使鄭國，以爲內應。不料秦軍於鄭國邊境巧遇商人弦高，弦高以犒師爲名牽制秦軍。鄭國在接受弦高情報後，由皇武子前往他國使節下榻的客館，處理秦軍內應問題。

由於鄭國已視破杞子、逢孫、楊孫三人內應的身分。處於有利地位，皇武子的辭令表達，充方把握角色上的優勢，

其云:「吾子淹久於敝邑,唯是脯資、餼牢竭矣,為吾子之將行也,鄭之有原圃,猶秦之有具囿也,吾子取其麋鹿,以閒敝邑,若何?」其中「爲吾子之將行也」一句,充分暗示鄭國已知三人內應的身分。由於身分被視破,三子倉徨奔走他國。「杞子奔齊,逢孫、揚孫奔宋」。由於皇武子的角色處於有利地位,因此其辭令表達能從容不迫,以正言若反的技巧,暗示三子自行離開鄭國。

其三:觀察實際言語交際進行時,對方之心理狀態與情緒反應,據此以調整本身的交際動機與交際行爲,以增加雙方達成共識之可能性,此即行人的臨場反應。詳見本章第四段論述。

總而言之,「利用角色地位的目的是增強言語交際對對方心理的適應性,並使話題的可接受行增強,從而使交際目實現的可能性增強。」[71]《鬼谷子‧反應》:「故知之始己,自知而後知人。」[72]即指出欲說服別人,先決條件是要對自身之條件與所處之地位有所認清,如此於言語交際過程中,才不致產生「角色錯置」的現象。又《鬼谷子‧忤合》云:「故忤合之道,已必自度材能知睿,量長短遠近孰不如,乃可以進,乃可以退,乃可以縱,乃可以橫。」[73]〈忤合篇〉所言,亦是說明認清角色在言語交際過程中的重要性。

---

[71] 孫維張、呂明臣《社會交際語言學》,頁 165 至 166。
[72] 同註 38。
[73] 同註 38。

（二）、「可信度」與外交辭令接受

言語交際活動中，表達者是主動的一方，是開始言語交際的發起者，亦是決定言語交際成功或失敗的因素之一。言語交際的主動者，在言語交際過程中具有主動性與自主性，主動性是指言語交際活動由其發起，自主性是指言語交際所表達的話語信息由其制約，言語交際過程中發出的話語符號皆由表達者進行思考、編碼而後傳播。就表達者而言，<u>信息的可信度直接影響到外交辭令的交際</u>。所謂信傳遞信息的可信度，就是指外交辭令內容的可信度、真實性。信息可信度愈高，或給人感覺愈高，則愈容易說服聽話一方，達到說服的交際效果。反之，若所傳遞的信息使聽者感覺到不真實，可信度低，則其所能達到之說服效果將大打折扣，甚至無法達到說服的作用。

例如魯隱公五年（西元前 718 年），宋殤公二年。宋人侵取邾田，鄭國伐宋救邾。宋遣使者至魯國請援。魯隱公問宋行人戰事情況曰：「師何及？」宋行人答曰：「未及國。」但就魯國所知，鄭軍已攻陷宋國外城。由於宋行人的外交辭令缺乏可信度，及其不誠實的態度。魯國打消援宋的計畫。（詳見後文有關行人臨場反應一段）

又如，魯宣公十四年九月，楚國因宋國殺楚行人申舟之故，出兵伐宋，戰事持續至宣公十五年（西元前 594 年，楚莊王二十年，晉景公六年，宋文公十七年）夏季。此年春季時，宋國被楚軍包圍，派遣行人樂嬰齊前往晉國請援。晉景

公在聽取伯宗「鞭長莫及」的意見後，打消援宋的計畫。另方面派遣解揚前往宋國，使宋國勿降楚。《左傳》載之曰：

> 　　宋人使樂嬰齊告急于晉，晉侯欲救之。伯宗曰：
> 「不可。古人有言曰：『雖鞭之長，不及馬腹。』天
> 方授楚，未可與爭。雖晉之強，能違天乎？諺曰：『高
> 下在心。』川澤納汙，山藪藏疾，瑾瑜匿瑕，國君
> 含垢，天之道也。君其待之！」乃止。使解揚如宋，
> 使無降楚，曰：「晉師悉起，將至矣。」鄭人囚而獻
> 諸楚………。[74]

解揚前往宋國，傳達晉君要求宋國勿降楚國的信息。由於晉國並無援救的軍事行動，僅派遣行人轉達：「晉師悉起，將至矣。」的謊言。宋國在確定晉國不救的形勢後，逮捕解揚，將之送往楚軍以示好。分析解揚外交辭令失敗之因，正在於其辭令可信度低。晉國無發援兵的舉動，而解揚卻告知晉軍將至。由上諸例所言可知，外交辭令的可信度對於辭令交際結果有所影響。外交辭令以說服為目的，而說服的第一要素正在於取得聽者的信任，此理見於《韓非子・說難》。

對於表達者的可信度與言語交際結果之關係，亞里斯多德於其《修辭學》一書中，曾提出「信譽證明」的理論加以

---

[74] 《十三經注疏・左傳》，（臺北：藝文印書館），頁 407。

說明。其說指出，取得聽者信任是說服的第一步驟，而表達者的人品與信息的可信度有密切的關聯。其將表達者與辭令說服之關係分為 1、明智 2、品德 3、善意三部分論述。「明智指說服者對所談話題的判斷能力。品德指說服者的道德品質。善意指說服者對聽眾的態度。」[75]進一步說明，所謂明智就是表達一方的專業性，即其對此一問題認識的程度與解決能力之高低。一般而言，專業能力愈高，其說服力亦愈強。

品德是指表達者的人格品性，即其可信任的程度。品德愈佳者，一般認為其可信任度愈高。善意是指表達者的態度，友善、自信的態度，能產生較強的說服力。

要言之，信譽實際上是一種<u>影響力</u>。影響接受一方對信息接受的程度。《左傳》中多數交際成功之例，辭令的可信度是辭令交際的基本要求。既然信息的可信度直接影響交際效果，則如何能提升信息的可信度？歸納《左傳》外交辭令用以增加辭令可信度的方式，大致有徵引權威、引用經典、借古喻今、寄託祖先等方式。

三、接受者與外交辭令交際結果

「春秋時期，各諸侯國之間勾心鬥角，爾虞我詐。諸侯國之間的外交活動頻繁，作為當時外交活動的言語形式——外交辭令，或婉轉曲達，或綿裏藏針，這裏表現出的善體人情、

---

[75] 龔文庠《說服學—攻心的學問》，（北京：人民出版社），頁 214。

潛心忖度的君子風度，正暗示了接受者在表達者心中的位置。」[76]所謂接受者又可稱受傳播者，是指在交際過程中被動接受信息的一方。

在言語交際活動中，接受者是言語理解的一方。而在解讀信息內容的過程中，語境對於接受者十分重要。「受動者正是根據語境的限制去體會和理解發話人的話語的，以語境作為理解的參照環境，去評價發話人的角色，去揣摩分析發話人的交際目的，並對發話人的話語所具有的功利性進行評估。」（接受修辭學）要言之，接受者是以交際當時之語境作為解讀發話者話語符號的根據。所謂「受動者對發話人話語的理解是具有選擇性的，可定可否或半定半否，這種選擇性產生的決定因素就是語境。」（接受修辭學）

如前所論說服是一種非暴力的人類傳播活動，其目的在於溝通參與者之間的互動式信息傳遞，促使個人或群體自願改變觀點或行為[77]。而在說服過程中，接受者的態度，是決定辭令交際結果的重要關鍵。在諸多影響接受者因素中，又以「人格特質」及「預設心理」對於辭令的交際結果最具影響力。人格特質是天生的，預設立場則受後天生活環境、文化背景、價值觀等的影響。

必須說明的是，接受者的人格特質與其預設心理有密切

---

[76] 譚學純、唐躍、朱玲 著《接受修辭學》，（上海教育出版社，1992年12月），頁21。

[77] 龔文庠《說服學—攻心的學問》，（北京：人民出版社），頁210。

關係，兩者是相輔相依的。本文爲深入探討，勉強分別析論之。以下分別論述接受者「人格特質」與「預設心理」對外交辭令交際結果之影響。

（一）、「人格特質」影響辭令交際成敗

所謂人格特質，是指個人因長期受某種文化或價值觀之薰染，結合本身性格，所產生的一種異於旁人的獨特人格特徵。就言語交際角度而言，交際雙方的人格特質對於言語交際皆有一定程度的影響。就表達者而言，其人格特質影響其話語的結構與辭彙的選用。就接受者而言，人格特質影響其對辭令的理解與接受。觀察《左傳》外交辭令之交際，人格特質對於辭令交際成敗，亦有相當之影響。

關於人格特質與辭令說服之關係，《鬼谷子・權篇》云：「故與智者言，依於博；與博者言，依於辨；與辨者言，依於要；與貴者言，依於勢；與富者言，依於高；與貧者言，依於利；與賤者言，依於謙；與勇者言，依於敢；與愚者言，依於銳；此其術也，而人常反之。」[78]以上即說明，欲達到預期的說服效果，則依據接受者人格特質之差異，語言之選擇亦須有所不同，如此方能收到效果。

就心理學角度而言，個人會因生活環境、文化背景之不同，而發展出不同的思考方式與價值觀。外顯則爲個人獨特

之性格，即所謂之人格。由於人是獨立之的個體，每一獨立個體皆因其性格之不同，而表現出不同的特質。所謂特質，是指個人獨特具有的稟賦，不同於他人的特色。人格特質會影響人的言行與決定是心理學上公認的事實。一個人的思維模式與價值判斷標準，是影響其言行舉止與抉擇之重要因素，而思維方式與價值觀之建立，主要因其生活環境與文化背景之差異，而有不同的發展。

在外交辭令交際過程中，接受者對外交辭令接受與否，相當程度受其人格特質影響。「**在說服傳播過程中，傳播者不斷地發出訊息。而是否達到預期效果則決定於受播者的反應。……在受播者決定是否接受的過程中，其個性、預存立場、聽從性都是重要的影響因素。**」[79]要言之，人格特質對於外交辭令的交際產生一定的影響。

如晉、楚邲之戰時。晉國由於先縠個人（彘子）好戰之人格特質，間接促成晉、楚邲之戰的發生，同時亦影響戰後晉、楚勢力之重新劃分。

---

[78] 同註 38。

[79] 方鵬程《先秦合縱連橫說服傳播的研究》一書中，就受播者人格特徵對傳播效果之影響，提出四點：1、個性的表現具有一貫性。2、個性影響聽從性。3、符合預存立場的說服傳播，聽從性較高。4、與預存立場不合者的說服傳播，可以運用強烈的威脅使受播者接受說服傳播。其中有關預設立場部分，就《左傳》外交辭令交際而言，具有相當之影響，且預設立場又涉及交際動機，故獨立一段說明之。（臺北：臺灣商務印書館，民國 64 年 2 月），頁 128。

　　以下論述先縠人格特質對外交辭令交際結果之影響。魯宣公十二年（西元前 597 年），晉景公三年，楚莊王十七年，鄭襄公八年。此年春季，楚國因鄭國於去年參與晉國辰陵之盟，出兵圍鄭。夏六月，晉國以荀林父爲中軍帥，領軍救鄭，未及，鄭襄公已肉袒牽羊降楚，且以子良爲質與楚國達成和平協議。《左傳》載之：「及河，聞鄭既及楚平，桓子欲還」，當晉軍得知鄭國已與楚國達成協議，晉軍指揮荀林父打算就此撤軍，此一意見得到上軍將士會的支持，而中軍佐先縠卻反對，其云：「不可。晉所以霸，師武、臣力也。今失諸侯，不可謂力；有敵而不從，不可謂武。由我失霸，不如死。且成師以出，聞敵強而退，非夫也。命爲軍帥，而卒以非夫，唯群子能，我弗爲也。」於是率領所部強行渡河與楚軍交戰。晉、楚邲之戰由是展開。

　　必須說明的是，在此次晉楚、對峙的過程中，楚莊王希望能避免無益的軍事衝突，當得知晉軍強行渡河時本有意撤軍，《左傳》載曰：「聞晉師既濟，王欲還」，後因伍參極力主戰，分析兩軍得失，楚王決定由邲北進次於管，以待令尹所率軍隊會合後再議。之後，楚王兩次遣使希望與晉軍議和。晉軍基本上同意議和，後因先縠、魏錡等人的個人言行，導致楚軍誤會，晉楚遂衝突於邲，晉軍由於指揮統合不利，兵敗，倉徨渡河撤退。

　　以下說明先縠因個人人格特質對外交辭令交際成敗所造成之影響。當晉、楚雙方對峙時，楚莊王首次派遣少宰出

使晉軍，除探查軍情外，主要表達楚王欲求成（議和）的立場。此立場與荀林父立場相同，但由於晉軍尚無法統合意見，上軍將士會委婉的表明晉軍主要是為鄭而來，言語間亦暗寓不欲與楚衝突的立場。《左傳》載曰：

> 楚少宰如晉師，曰：「寡君少遭閔凶，不能文。聞二先君之出入此行也，將鄭是訓定，豈敢求罪于晉？二三子無淹久！」隨季對曰：「昔平王命我先君文侯曰：『與鄭夾輔周室，毋廢王命！』今鄭不率，寡君使群臣問諸鄭，豈敢辱候人？敢拜君命之辱。」[80]

士會的外交辭令中，「今鄭不率，寡君使群臣問諸鄭，豈敢辱候人？敢拜君命之辱。」一句，正暗寓晉軍不願與楚軍發生全面衝突的立場。士會將問題焦點由晉楚之間轉移至晉鄭之間，表明晉軍主要為鄭國而來，其言外之意暗寓晉軍不願與楚軍衝突的態度。然而，對於士會外交辭令的內容與修辭，中軍佐先縠以為對楚態度過於軟弱，其隨後派使者更改辭令內容，《左傳》載之如下：

> 彘子以為諂，使趙括從而更之曰：「行人失辭。寡君使群臣遷大國之跡於鄭，曰：『無辟敵！』群臣

無所逃命。」[81]

先縠的外交辭令,充分反應其尚勇好戰的人格特質,由其使用「大國」、「無辟敵」、「無所逃命」等詞彙,可明顯見出虓子武將的人格特質[82]。而其人格特質,反映爲堅持主戰的態度,此一態度造成晉軍領導階層意見無法統合。加上先縠派人更改外交辭令內容,表明晉軍主戰之態度,使得楚、晉第一次外交交涉功敗垂成。總結以上,由於先縠個人好戰的性格,影響晉、楚議和,因其主戰態度之堅持,與不服調度強率所部襲楚的行爲,促成晉、楚邲之戰的發生,亦因此導致晉軍失敗,影響之後晉、楚勢力之消長。足見人格特質於言語交際中之影響力。

又如,晉使解揚如宋告不救一例(宣公十五年),如上節中所論,解揚爲鄭人所囚,送交楚國。《左傳》載之下:

使解揚如宋,使無降楚,曰:「晉師悉起,將至

---

80 《十三經注疏‧左傳》,(臺北:藝文印書館),頁394。
81 《十三經注疏‧左傳》,(臺北:藝文印書館),頁394。
82 有關先縠之性格,亦可由其於宣公十三年,聯合赤狄叛亂一事見出。《左傳》載曰:「秋,赤狄伐晉,及清,先縠召之。」杜預注云:「邲戰不得志,故召狄欲爲叛。」《史記‧晉世家》亦載曰:「景公四年,先縠以首計而敗晉軍河上,恐誅,乃奔翟,與翟謀伐晉。」總觀以上史籍所載,知先縠之人格確實有所缺陷,而此人格上的缺陷,導致晉

矣。」鄭人囚而獻諸楚。楚子厚賂之，使反其言。
不許。三而許之。登諸樓車，使呼宋而告之。遂致
其君命。楚子將殺之，使與之言曰：「爾既許不穀而
反之，何故？非我無信，女則棄之。速即爾刑！」
對曰：「臣聞之：君能制命為義，臣能承命為信，信
載義而行之為利。謀不失利，以衛社稷，民之主也。
義無二信，信無二命。君之賂臣，不知命也。受命
以出，有死無實，又可賂乎？臣之許君，以成命也。
死而成命，臣之祿也。寡君有信臣，下臣獲考，死
又何求？」楚子舍之以歸。[83]

　　如上節所論，解揚由於外交辭令內容可信度低，宋人將
之逮捕送交楚國處置。當解揚被送交楚國後，楚莊王希望解
揚能為楚國說服宋國投降。經過多次說服後，解揚答應為楚
勸降宋國。但當解揚登上樓車對宋喊話時，解揚仍舊克守君
命，要求宋國勿降楚國。

　　楚莊王在殺解揚之前，派人責讓解揚之無信。既然答應
為楚勸宋，何以臨時又反悔？解揚以信、義回答，其云：「義
無二信，信無二命。」表示其對晉國忠誠不貳之心。身為國
家行人，既受君命，則誓死以完成君命為務，豈會受楚君之
賂。聽完解揚一番辭令，楚莊王釋放解揚。何以楚莊王最後

軍於邲之戰時軍令無法統合，軍紀無法貫徹，致使晉軍戰敗。
[83] 《十三經注疏・左傳》，（臺北：藝文印書館），頁407。

釋放解揚？這與其人格特質有關。

楚莊王本身具有相當程度的文化修養，楚國雖以荊蠻自居，但對於中原文化卻十分嚮往，此由楚國許多行人皆能賦詩的情況可見一般。又《左傳》所載楚莊王之形象，是一有德知禮之人。

除本次釋放解揚一事外，楚莊王於宣公十二年不顧楚軍將領反對，接受鄭襄公的請和。而邲之戰後，潘黨請收晉尸以為京觀，楚莊王言「止戈為武」加以拒絕。由上諸事件可知，楚莊王本身為有德知禮之人，而此種人格特質影響其對外交辭令的接受度。

又如甯武子聘魯（文公四年），由於甯武子本身人格特質謹守禮樂制度。因此，對於魯文公賦〈湛露〉、〈彤弓〉二詩，以為僭越禮制，因此對於文公賦詩未有任何反應。其他如齊桓公辭鄭太子華之請（僖公七年）、齊懿公不與季文子盟（文公十六年）等皆為此類例證。

（二）、「預設心理」影響外交辭令接受

接受者對外交辭令交際成敗之影響，除接受者的人格特質外，接受者的預設立場更是重要關鍵。所謂「預設立場」，即一般所言之成見，即接受者對某事某物預存之好惡與價值判斷。就心理學角度而言，每個人心中對於外界事物皆有好

惡、取捨的標準，此一價值判斷標準影響人的言行。

　　就言語交際角度而言，外交辭令是一說服的過程，主要希望說服對方改變態度。然而，人的價值觀一旦建立後，即具有相當程度的排他性，欲說服對方改變既有之觀念，並非易事。《韓非子・說難》即明確指出，說服真正的困難不在於說服的技巧或相關的技術，如何能真正瞭解被說服者的預設立場，才是真正困難所在。其云：「凡說之難，非吾知之有以說之之難也，又非吾辯之能明吾意之難也，又非吾敢橫失[84]而能盡之之難也。凡說之難，在知所說之心，可以吾說當之。」[85]

　　就外交辭令交際而言，預設立場的範圍很廣，舉凡交際動機、交際心理、文化制約等皆是，其中又以文化制約對外交辭令之接受影響最大。預設立場的產生，主要因個人的生活環境、文化背景不同而有所差異。「人對信息的解讀受其認知結構的支配。認知結構則是在人的全部經驗的基礎上形成的。因此不同文化、社會、教育背景下成長的人養成了不同的認知結構，具有不同的信息解讀機制。」[86]人對於事物皆有預先存在的立場，因此欲說服對方改變態度，首先要瞭解其心中的預設立場，順此立場進行說服，則可收功效。

---

[84] 據盧文弨等人之說法，「橫失」本作「橫佚」。

[85] 見韓非 著 清・王先謙集解《韓非子集解等九種》（臺北：世界書局，民國 80 年 10 月 11 版），頁 60。

[86] 龔文庠《說服學—攻心的學問》，頁 231 至 232。

　　此即「知彼」的工夫，亦即《鬼谷子》指出對於說服對象應先有所認識，方可進行游說之理。《鬼谷子・內揵上》：「不見其類而說之者，見逆。不得其情而說之者，見非。得其情乃制其術，此用可出可入，可揵可開。」[87]因此，在交際過程中，如何推尋接受者的預設立場，成為影響外交辭令成敗的重要關鍵。

　　外交辭令交際過程中，預設立場之產生主要受文化背景、國際形勢、心理因素等影響。雙方行人會因所處國際形勢不同，而預先採取不同的態度與立場。如魯文公十二年，秦西乞術聘魯，希望聯合魯國共同伐晉。魯國考量所處國際形勢後，採取中立的立場，拒絕秦國的請求。由於魯國在考量國際形勢後，心中已有定見，因此對於西乞術的游說，定未接受。

　　又如魯宣公十二年（西元前 597 年），楚莊王十七年、晉景公三年，鄭襄公八年。此年春季，楚國出兵圍鄭，晉國出兵救鄭。之後晉、楚兩國戰於邲，是為「邲之戰」。在晉援軍抵達之前，鄭國已先投降楚國，《左傳》載曰：

　　　　十二年，春，楚子圍鄭，旬有七日。鄭人卜行
　　成，不吉；卜臨于大宮，且巷出車，吉。國人大臨，
　　守陴者皆哭。楚子退師。鄭人修城。進復圍之，三

---

[87] 同註 38。

月，克之。入自皇門，至于逵路。鄭伯肉袒牽羊以
逆，曰：「孤不天，不能事君，使君懷怒以及敝邑，
孤之罪也，敢不唯命是聽？其俘諸江南，以實海濱，
亦唯命；其翦以賜諸侯，使臣妾之，亦唯命。若惠
顧前好，徼福於厲、宣、桓、武，不泯其社稷，使
改事君，夷於九縣，君之惠也，孤之願也，非所敢
望也。敢布腹心，君實圖之。」左右曰：「不可許也，
得國無赦。」王曰：「其君能下人，必能信用其民矣，
庸可幾乎？」退三十里而許之平。潘尪入盟，子良
出質。[88]

　　由於晉國援軍遲遲不到，鄭國迫於形勢，只得投降楚
國。鄭襄公裸露上身，牽羊出城表示歸服的誠意。楚國諸將
以為此為滅鄭時機，勸楚莊王勿接受鄭國請成。但由於鄭襄
公一番成功的外交辭令，使得楚莊王答應鄭國投降，並且退
兵三十里。鄭襄公的辭令內容，以自責開始，對於楚國無故
侵略一事，一字未提，僅是自責本身治國無方。進而徵引鄭
國先祖與楚國之舊情，並表示鄭國極願臣服之意。其云：「若
惠顧前好，徼福於厲、宣、桓、武，不泯其社稷，使改事君，
夷於九縣，君之惠也，孤之願也，非所敢望也。」杜預注云：
「楚、鄭世有盟誓之好。」

　　總而言之，鄭襄公（表達者）的外交辭令充方表現出鄭

---

[88] 《十三經注疏‧左傳》，（臺北：藝文印書館），頁388。

國投降的誠意。但辭令的接受與否則決定在楚莊王（接受者）。依《左傳》所載，楚國諸將領皆以為楚莊王不應接受鄭國的請和，其云：「不可許也，得國無赦。」但楚莊王基於國際形勢（客觀語境）與主觀語境的考量，答應鄭襄公的請和。

　　所謂國際形勢，是指鄭國介於晉、楚之間。楚國雖有意將鄭國納入領土中，但若如此，則勢必遭受晉國及其盟國強烈的攻擊。以當時情況而言，答應鄭國請和，進而間接掌控鄭國，是楚國最佳的選擇。

　　所謂主觀語境，是指楚莊王本身的人格特質及其預設心理。就人格特質而言，如前所論，楚莊王本身為有德知禮之人，具有相當程度的文化修養。所謂預設心理，大體有二，由小層面而言，是指楚莊王特別欣賞忠、信、仁、義之人。對於具備此類特質之人所表達外交辭令，特別容易接受。

　　由大層面而言，是楚莊王在衡量各方條件後（如上所言的），對於辭令的接受與否已有定見。因此，對於楚國諸將領反對接受鄭國投降一事，楚莊王以鄭襄公「能下人，必能信用其民」，答應鄭國的請和。

　　此外，如秦穆公納晉惠公（僖公九年）一例。《左傳》載此事曰：

　　　　晉郤芮使夷吾重賂秦以求入，曰：「人實有國，

184

我何愛焉？入而能民，土於何有？」從之。齊隰朋
帥師會秦師納晉惠公。[89]

　　《左傳》藉秦穆公與群臣的對話，指出秦穆公接受的心
理因素、背後因素。此為後世小說技巧之雛型，即所謂「藉
言敘事」，運用對話來推展情節：

> 　　秦伯謂郤芮曰：「公子誰恃？」對曰：「臣聞：
> 亡人無黨，有黨必有讎。夷吾弱不好弄，能鬥不過，
> 長亦不改，不識其他。」公謂公孫枝曰：「夷吾其定
> 乎？」對曰：「臣聞之：唯則定國。《詩》曰：『不識
> 不知，順帝之則』，文王之謂也。又曰：『不僭不賊，
> 鮮不為則』，無好無惡，不忌不克之謂也。今其言多
> 忌克，難哉！」公曰：「忌則多怨，又焉能克？是吾
> 利也。」[90]

　　對於晉公子夷吾的請求，秦穆公對夷吾使者郤芮提出
「公子誰恃」的疑問。穆公此問，主要為了解晉公子夷吾在
晉國之勢力狀況。郤芮回答夷吾「無黨。」秦穆公對於夷吾
在晉國勢力弱小，問由公孫枝「夷吾其定之。」言外之意是
懷疑公子夷吾穩定晉國內亂的能力，公孫枝暗示夷吾恐難穩

---

[89] 《十三經注疏・左傳》，（臺北：藝文印書館），頁220。

[90] 《十三經注疏・左傳》，（臺北：藝文印書館），頁220。

定晉國內部爭鬥。

但秦穆公此時已有所定見,其云:「忌則多怨,又焉能克?是吾利也。」秦穆公基於國家利益的考量,決定答應助公子夷吾返國。同樣的,當晉公子重耳賦〈河水〉請入時,秦穆公在衡量形勢與利益後,在交際之前已有預設心理。

又如齊賓媚人賄晉一例(成公二年)。觀察雙方交際過程可知,晉國郤至對於齊國的請和,心中早有預設心理。即要求以蕭同叔子為質,並將齊國境內田畝改向。《左傳》載此事如下:

> 齊侯使賓媚人賂以紀甗、玉磬與地。不可,則
> 聽客之所為。賓媚人致賂。晉人不可,曰:「必以蕭
> 同叔子為質,而使齊之封內盡東其畝。」………[91]

上文中所謂晉人,主要是主晉國當時的主要執政大夫郤至。由於郤至心中有預設立場,因此對於賓媚人以「紀甗、玉磬與地」的賄賂不為所動,並提出其心中的條件。但值得說明的是,賓媚人運用辭令辭令,成功說服郤至,使其改變預設心理,進而接受齊國的請盟。賓媚人的外交辭令,主要是由文化說服觀點切入,詳見本書第四章論述。

---

[91] 《十三經注疏‧左傳》,(臺北:藝文印書館),頁424。

其他如，楚屈完如齊師請和（僖公四年）、楚莊王釋晉行人解揚（宣公十五年）、晉景公釋楚囚（成公九年）、等例亦反映接受者預設心理對辭令交際之影響。

四、行人臨場反應與外交辭令交際

如前所言，行人是外交辭令交際的主體，亦是外交辭令主要的「主觀語境」。以下就「主觀語境」中行人臨場反應的部分，進行探討。外交辭令需透過雙方行人來進行言語交際，達成外交共識。外交辭令之表達、傳遞與接受、理解皆須透過行人方能進行。由於言語交際互動的特性，在外交辭令交際過程中，交際者往往同時扮演表達者與接受者兩種角色。欲討論行人臨場反應對外交辭令成敗之影響，無法單由表達者或接受者角度探討，因此獨立本段，單獨討論行人臨場反應與外交辭令接受之情況。

就心理學角度而言，人對於一件事物或一個觀點的接受程度，一般除取決於理性思考層面外，有時會因主觀感性理由而決定是否接受。人常會因情緒問題、主觀喜好等因素，而改變對某事物、某觀點的看法。外交辭令以說服對方改變態度爲主要目標，而行人在外交場合臨場的言行、態度會影響對方的情緒與主觀印象。

要言之，行人於外交場合之言行與外交辭令之表達，若能得體適當，則能給對方留下好印象，有助外交辭令之成

功。反之，若行人臨場反應與態度失當，則會造成對方的厭惡感，外交辭令自然容易失敗。此外，行人巧妙的臨場反應，有時能扭轉不利的國際形勢，帶來外交辭令的成功。因此，春秋行人對於外交場合中的言行十分重視。

　　試觀《左傳》所載外交辭令交際活動，歸納行人臨場反應對外交辭令成敗之影響，有以下兩類：一為因行人臨場表現得體而使外交辭令成功者，另為因行人表現失當而導致外交辭令失敗者。分述如下：

（一）、行人反應得體而成功之例

　　所謂反應得體，可分兩方面說明，一是指行人在外交場合中的言行表現能切合當時情境。外交場合是一特殊場合，外交行人的一舉一動在在影響他國對己方的看法，進而影響對方的態度與外交辭令之成敗。因此，於外交場合中，行人首先要考量自己的身分、地位與所扮演的角色，並衡量雙方間的關係，作出適宜合禮的表現。

　　另一方面是指，行人對突發狀況或問題的臨場反應。在外交交際過程中，往往會有意想不到的突發狀況或問題產生，如何應變正考驗行人的反應與能力。許多外交突發狀況，若能善加處理與運用，有時往往成為外交交際的助力。若無法處理突發狀況，則外交交際勢必失敗。總觀《左傳》所載外交行人，聞名當世者，如叔向、子產、子貢等，皆以

臨場反應著稱，以下以實例證之。

　　如魯僖公九年（西元前 651 年），周襄王二年，齊桓公三十五年。此年夏季，齊桓公會諸侯與葵丘。周天子派宰孔賜齊桓公郊廟祭祀的胙肉，表彰其對周王室之功勳。齊侯將下拜接受，爲宰孔所制止，宰孔云：「且有後命――天子使孔曰：『以伯舅耋老，加勞，賜一級，無下拜！』即齊桓公對周王室有功，不用下拜接受。

　　齊桓公堅持下拜接受，回答：「天威不違顏咫尺，小白余敢貪天子之命，無下拜？恐隕越于下，以遺天子羞。敢不下拜？」齊桓公堅持下拜接受胙肉的用意爲何？《國語・齊語》、《管子・小匡》、《史記・齊世家》中對此皆有記載，且指出齊桓公如此反應是管仲之謀。齊桓公堅持下拜到底有何作用，如此的反應是得體或是失當？

　　無論齊桓公如此反應是否出於管仲之謀，但桓公堅持下拜接受胙肉，就當時語境而言似乎是失當，因爲周天子已下令不用下拜，而桓公卻違命堅持下拜。然而，實際上，齊桓公如此反應是得體的臨場反應。

　　首先說明客觀語境，宰孔賜胙的場合是葵丘之盟的會場，是一公開的外交場合，且各國皆有代表與會，因此，在此場合中的一舉一動，皆代表一定的外交意義。

　　齊桓公堅持下拜的舉動，其背後藏有深刻的外交意義。此舉，一方面表明對周天子的尊重，同時亦表現出齊國的獨

189

立自主。雖然周襄王已下令不用下拜，但基於對周天子的尊重，下拜之禮仍是有必要的。

且齊桓公高舉尊王旗幟，若不以身做則，何以號召諸侯。此外，齊桓公堅持下拜是違背周天子的命令，在此動作中，齊國表現出不受周天子節制的立場。齊桓公雖以尊王攘夷為號，但其背後之意義仍以創造齊國霸業為主要目的。齊桓公違命下拜，其弦外之音有表明齊國獨立自主的立場。

另一方面，齊桓公堅持下拜，以身作則表現對周天子的尊重，表明齊國確實為尊王攘夷而努力，此舉有助其號召諸侯。要言之，齊桓公一個下拜的舉動，因其發生於正式外交場合，因此含有多層的外交意義。就此而言，齊桓公的臨場反應是得體適當的。

又如，魯襄公三十一年，鄭簡公二十四年（西元前 542年），冬季，鄭國子產陪同鄭簡公齎幣至晉國，晉侯因故未接見鄭侯，且令鄭伯與隨行居於簡陋的客館。客館高牆窄門，類似犯人所處，且不利所帶貢物之搬運，此乃晉國有意為難。

面對如此狀況，子產遂令人「盡壞其館之垣」，即將客館牆壁拆毀，「納車馬焉」將載運貢物的車馬駛入館中，以免貢物受損。子產作出如此重大的舉動，其用意一方面為引

起晉國的注意，並表明鄭國雖小，但不受屈辱的態度[92]；一方面爲避免所攜貢幣受損。

晉國果然派士匄前往問明原委，子產趁機指出晉國對與盟國在外交禮節上的不尊重，說服晉國改善。子產對此問題的處理，不但解決此次外交上的困境，同時亦表明鄭國不受屈辱的立場，贏得晉國對其之尊重，且爲其他諸侯國爭取到合宜的外交禮儀對待。《左傳》載曰：「晉侯見鄭伯，有加禮，厚其宴好而歸之。乃築諸侯之館。」可見行人臨場反應得體對外交之重要性。

又如，吳國蹶由犒楚師一例（昭公五年），《左傳》載其事如下：

> 冬，十月，楚子以諸侯及東夷伐吳，以報棘、櫟、麻之役。………吳子使其弟蹶由犒師，楚人執之，將以釁鼓。王使問焉，曰：「女卜來吉乎？」對曰：「吉。寡君聞君將治兵於敝邑，卜之以守龜，曰：『余亟使人犒師，請行以觀王怒之疾徐，而爲之備，尚克知之！』龜兆告吉，曰：『克可知也。』君若驩焉好逆使臣，滋敝邑休息，而忘其死，亡無日矣。今君奮焉震電馮怒，虐執使臣，將以釁鼓，則吳知所備矣。敝邑雖贏，若早修完，其可以息師。難易

---

[92] 此爲子產爲政時外交上所採取「以禮服人」的一貫態度。

有備，可謂吉矣。且吳社稷是卜，豈為一人？使臣
獲釁軍鼓，而敝邑知備，以禦不虞，其為吉，孰大
焉？國之守龜，其何事不卜？一臧一否，其誰能常
之？城濮之兆，其報在邲。今此行也，其庸有報志？」
乃弗殺。[93]

　　魯昭公五年（西元前 537 年），楚靈王四年，吳夷末七
年。此年多季，楚國攻打吳國。吳國派遣蹶由為行人，前往
楚軍，希望能避免交戰。蹶由至楚軍，隨即被捕，楚靈王打
算以蹶由「釁鼓」，即殺之祭新鼓以提高軍隊士氣。楚靈王
問蹶由出使前是否有占卜吉凶，蹶由藉由楚王之問，以一番
精妙的外交辭令說服楚王。最後不僅獲得釋放，楚軍亦撤
退。由於蹶由能把握楚王的心理，作出適當的反應，加上其
辭令內容剛柔並濟，終於使此次外交辭令交際達到預期的目
標。（有關蹶由辭令內容，請見本書第四章論述）

　　其他如，楚屈完如齊師請和（僖公四年）、魯展喜犒齊
師（僖公二十六年）、宋華藕與魯盟，請亞旅，魯人以為敏
（文公十五年）、王孫滿應對楚王問鼎（宣公三年）、鄭伯肉
袒請成（宣公十二年）、賓媚人賄晉請和（成公二年）、欒盈
過周辭行人（襄公二十一年）、子產獻捷（襄公二十五年）、
衛人距叔鮒求貨（昭公十三年）季孫答晉之召（昭公三十一

---

[93] 《十三經注疏・左傳》，（臺北：藝文印書館），頁 748。

年）等亦是行人反應得體而使交際成功之例。

（二）、行人反應失當而失敗之例

外交場合是國家爭取利益爭取發展的重要場合。外交場合中行人對外代表國家，其一言一行皆反應國家立場。由於外交交際所討論之議題，多涉及國家利益與國家尊嚴，外交辭令交際的結果對於國家日後之發展產生重大影響，因此，外交行人於外交場合中無不謹言慎行，除爭取他國的好感外，亦避免影響外交辭令之交際。

此外，《周禮》中設有〈賓禮〉一節，亦見春秋時人對外交場合言行之謹慎。相對於上述行人臨場反應得體所收正面之外交效果；行人反應失當對外交辭令之交際與接受，會造成負面的影響。

如上所言，外交辭令的接受與否，除辭令本身因素（包括辭令內容、辭令技巧）外，接受者的態度往往才是接受與否的關鍵，如上所言，預設立場是影響辭令接受的重要因素，而行人不當的反應，將會影響接受者對其之印象，就心理學角度而言，主觀預設立場之產生，與其人之言行有相當程度的關聯。行人失態、失辭，皆會造成對方不良的印象，進而影響外交辭令的交際與接受。

歸納《左傳》所見行人失當之臨場反應，可別爲失辭與失態兩類。

193

　　所謂失辭，是指行人於外交場合中辭令內容表達不當或所言不真的情形。表達內容不當，主要是因其未考慮適切語境的原則。所言不真，則是行人本身反應的失當。「信」是國際外交的基礎，春秋時人對於「信」十分重視，一旦察知所言非真，則外交交際將難以繼續。

　　所謂失態，是指行人於外交場合中，表現的態度失當不合禮制或違反常理。以下分別就行人失辭與失態兩方面論述。

1、行人失辭

　　所謂行人失辭，是指行人於外交場合中辭令表達失當。包括用詞不當、內容不真等情況。

　　《左傳》明確記載「失辭」者計二見。各見於宣公十二年與昭公十二年。分別論述如下：魯宣公十二年（西元前597 年），晉、楚邲之戰衝突前，晉、楚雙方有議和之意，楚莊王兩次遣使如晉師。在首次楚少宰如晉師與士會交談後，先縠以為士會外交辭令不當，令遣趙括「從而更之」，趙云：「行人失辭。…………。」其所謂失辭，正是對士會先前之辭令有所否定，並表達新的外交辭令。（詳見上文）

　　《左傳》載「失辭」，另見於昭公十二年：此年（西元前 530 年）夏季，晉昭公初立，齊景公、衛靈公、鄭簡公等至晉國祝賀。在晉君宴饗齊侯的場合上，進行投壺以為娛樂。晉國中行穆子為相，於投壺過程中引喻失當，晉伯瑕指

其外交辭令失當[94]。

　　要言之，失辭就是指外交辭令不當。所謂不當，除以上所言不切合言語交際當時語境外，亦包括外交辭令內容不真。就言語交際角度而言，信息的真實度對言語交際成敗有相當程度的影響，不真實的言語內容，無法說服對方，且一旦為對方所發現，將導致言語交際的中斷，同時亦將阻絕之後的言語交際。外交辭令之交際亦然，例如魯隱公因宋行人的外交辭令內容不實，而打消本欲救宋之念頭。《左傳》載之曰：

　　　宋人取邾田。邾人告於鄭曰：「請君釋憾於宋，敝邑為道。」鄭人以王師會之，伐宋，入其郛，以報東門之役。宋人使來告命。公聞其入郛也，將救之，問於使者曰：「師何及？」對曰：「未及國。」公怒，乃止。辭使者曰：「君命寡人同恤社稷之難，今問諸使者，曰：『師未及國』，非寡人之所敢知

---

[94] 《左傳》載之如下：晉侯以齊侯宴，中行穆子相。投壺，晉侯先，穆子曰：「有酒如淮，有肉如坻。寡君中此，為諸侯師。」中之。齊侯舉矢，曰：「有酒如澠，有肉如陵。寡人中此，與君代興。」亦中之。伯瑕謂穆子曰：「子失辭。吾固師諸侯矣，壺何為焉，以其中俊也？齊君弱吾君，歸弗來矣。」穆子曰：「吾軍帥強禦，卒乘競勸，今猶古也，齊將何事？」公孫傁趨進，曰：「日旰君勤，可以出矣！」以齊侯出。（《十三經注疏‧左傳》，（臺北：藝文印書館），頁789。）

也。」[95]

　　魯隱公五年（西元前 718 年），宋殤公二年，鄭莊公二十八年。此年秋季，宋人侵取邾人田地，邾人求援於鄭，因為鄭於當時為中原大國，鄭莊公又為天子卿士。鄭國遂聯合王室軍隊討伐宋國，攻破宋國外城，情勢危急。

　　宋人派使者向魯國求援。分析如下：1、如前所言，「信」的觀念影響春秋時期人們的價值判斷。面對宋國的請援，魯隱公有意測試宋國對魯國的信任程度。因為，出兵援助涉及兩國軍隊的指揮調度，兩國間若無法真正互信互助，則出兵救援恐亦趨於失敗。

　　魯宋兩國之前雖有盟約，但之後宋國發生內亂，國內政局並非隱定。因此對出兵救宋一事，魯隱公仍有所顧慮。

　　2、魯隱公基於國際形勢與國際道義考量，有出兵救宋之意。承上所言，隱公有意先測試魯宋兩國間的信任程度。當得知鄭軍攻入宋國外城牆後，魯隱公以此為題，問宋國使者目前戰況如何：「師何及？」宋行人未知魯隱公此舉有測試雙方信任之用意，回答：「未及國。」所謂國是指城郛之內。隱公以為宋國對魯國尚無完全信任，於是打消援宋的計劃。

　　何以宋行人會回答「未及國」？對此，晉・杜預以為「念

---

[95] 《十三經注疏・左傳》，（臺北：藝文印書館），頁 62。

公知而故問責窮辭」[96]，即宋使者對魯隱公明知故問感到不平，遂以此回答有意責讓隱公。

清・顧炎武則云：「諱之不以實告」，宋使者有所諱，未以實情告知。清・馬驌《左傳事緯》對此事之分析最爲精僻，馬氏首先對當時國際形勢進行分析，指出「當時齊、鄭為一黨，魯、宋、衛、陳、蔡為一黨」魯本欲救宋之圍，「因行人之失辭，輒棄誓盟」[97]。

總而言之，無論宋行人的考量爲何，其未言實情的反應可謂失當，其不真實的辭令內容可謂失辭。由於其反應失當，辭令失辭，因此斷送魯國的援助，可見行人反應對外交辭令成敗之影響。

2、行人失態

所謂行人失態，是指行人於外交場合的行爲舉止不當。所謂不當主要是指其行爲不符合當時的語境。即行人於外交場之舉動，不合當時社會共同遵行之禮制。徐復觀先生謂春秋時期爲「以禮爲中心的人文世紀」，足見禮的觀念在春秋時期仍有相當之影響力。

於外交場合舉止失態最明顯之例，首推襄公十六年齊國高厚的行爲。《左傳》載曰：

---

[96] 晉・杜預《春秋經傳集解》，（卷一，頁十五），頁49。

[97] 清・馬驌《左傳事緯》（濟南：齊魯書社，1992年6月），頁15。

十六年，春，葬晉悼公。平公即位，…………
晉侯與諸侯宴于溫，使諸大夫舞，曰：「歌詩必類。」
齊高厚之詩不類。荀偃怒，且曰：「諸侯有異志矣。」
使諸大夫盟高厚，高厚逃歸。於是叔孫豹、晉荀偃、
宋向戌、衛甯殖、鄭公孫蠆、小邾之大夫盟，曰：「同
討不庭。」

魯襄公十六年（西元前 557 年），此年春季，晉平公即
位，於溫一地宴饗各諸侯的使節。宴中請各國大夫起舞，一
方面助興，一方面表達各人的思想。所謂「歌詩必類」即是
指配合詩樂與舞步，表達各人思想，亦即該國對晉國之立
場。楊伯峻先生注云：「必類者，一則須與舞相配，而尤重
表達本人思想。」[98]

行人對外代表國家，因此行人的態度即代表該國的外交
立場。楊氏所謂本人思想，亦即該國之外交態度。此可由荀
偃所言：「諸侯有異志矣。」一句清楚得知。

正因如此，齊高厚的歌詩不類，才會引起各國的同聲討
伐。高厚的歌詩不類，即代表齊國不支持晉平公，不承認晉
國霸業。對此情況，晉國要求齊國與各國重訂盟約，以表明
外交立場。不料，高厚竟「逃歸」，不與各國訂盟，反而趁
隙逃回齊國。高厚的言行可謂失態。面對如此情況，各國同

聲遣責，並訂下「溴梁之盟」曰：「同討不庭。」各國於襄公十八年組成聯軍圍齊。由於高厚於外交場合失態的表現，為齊國帶來兵災。外交場合言行的重要性，可見一般。

總而言之，行人臨場的反應對外交辭令交際，亦有相當之影響，巧妙的臨場反應，有時能反轉形勢，創造成功的外交辭令交際。

又如，宋樂大心言不輸粟一例（昭公二十五年），《左傳》載其事如下：

> 宋樂大心曰：「我不輸粟。我於周為客，若之何使客？」晉士伯曰：「自踐土以來，宋何役之不會，而何盟之不同？曰『同恤王室』，子焉得辟之？子奉君命，以會大事，而宋背盟，無乃不可乎？」右師不敢對，受牒而退。士伯告簡子曰：「宋右師必亡。奉君命以使，而欲背盟以干盟主，無不祥大焉。」[99]

魯昭公二十五年（西元前 517 年），晉頃公九年，宋元公十五年。此年夏季晉國於黃父舉行集會，主要為商議解決周王室王子朝之亂。依《左傳》所載，參與黃父之會的國家除晉國外上有魯、宋、衛、鄭、曹、邾、滕、薛、小邾等國。

---

[98] 楊伯峻《春秋左傳注》，頁 1027。

[99] 《十三經注疏・左傳》，（臺北：藝文印書館），頁 892。

晉國舉行此會，主要為解決周王室內亂。表面上是集會與各國共同商議，但實際上是要求各國分擔晉軍的軍費支出。

對此，宋國代表樂大心表示宋國不願分擔的態度。其以宋國為殷商之後，周室待之以為客。因此，宋國不需要輸粟給晉國。對於樂大心表達的立場，晉國士伯給予譴責，其指出宋國長期以來與各國為盟，且在晉國羽翼下得以發展。今日為解決周王室內亂需要各國協助，宋國豈能置身事外。對於晉國的責難，樂大心「不敢對。」

總而言之，行人的臨場反應對於辭令交際結果具有臨門一腳的功效。行人反應適當得體，若再配合其主、客觀因素，能使外交辭令交際事半功倍。反之，若行人臨場反應失當、無禮，縱使有其他主、客觀語境配合，辭令交際仍有失敗之時。

第四節、交際動機與《左傳》外交辭令成敗

影響《左傳》外交辭令交際結果的因素，除上述國際形勢、行人因素外，交際動機亦是另一重要的影響因素。如前所言，交際動機是構成言語交際的要素之一。所謂「交際動機」，簡單的說，就是雙方言語交際的目的，即雙方進行溝

通之前所採取之態度與預設達成之目標[100]。

言語交際是一種溝通行為,主要是經由陳述雙方立場與
預設目的,經過妥協與商議後,取得雙方皆可接受之平衡
點,進而達成某種程度的共識。在言語交際的過程中,交際
動機是左右交際雙方辭令表達與接受的重要因素。

言語交際必然有其預定達成之交際目的,春秋外交辭令
更是如此。如孔子所言,無法達成外交使命的外交辭令「雖
多,亦奚以為」。總觀《左傳》二百三十六次外交辭令交際,
歸納發現,「國家利益」[101]是外交辭令交際過程中最主要的
交際動機,且愈至春秋晚期,利害因素對於外交辭令成敗之
影響力愈強。至戰國時,利害關係成為縱橫家遊說諸侯的主
要說服觀點。

如前所論,外交辭令主要針對國家重要外交事務進行談
判交涉,因此,外交辭令的主要目的,即在於替國家爭取利
益。無論是消極的避免戰端或積極的謀取權益,國家利益始
終是外交辭令交際最主要的目的。在此前提下,國家利益成
為外交辭令交際時,最主要的交際動機。如子貢說吳舍衛君
(哀公十二年)一事,正是以利害關係說服之例。

---

[100] 孫維張、呂明臣《社會交際語言學》,頁35。

[101] 關於「國家利益」,林碧炤先生的觀點可茲參考:1國家利益是國際
政治的本質,是決定國家行為的最基本因素。2、國家以追求利益為
主要目的。3、空洞的道德觀不足以構成國家利益的要件,實際主義
和權力才是國家利益的基礎。4、政治行為或外交決策必須用權力的
標準來衡量。

魯哀公十二年（西元前 483 年），吳王夫差十三年，衛出公十年。此年秋季，魯、衛、宋三國結成盟約，拒絕吳國盟約。吳派兵包圍衛侯館舍，魯國子貢分析利害，使吳太宰釋放衛侯。《左傳》載之曰：

> 秋，衛侯會吳于鄖。公及衛侯、宋皇瑗盟，而卒辭吳盟。吳人藩衛侯之舍。子服景伯謂子貢曰：「夫諸侯之會，事既畢矣，侯伯致禮，地主歸餼，以相辭也。今吳不行禮於衛，而藩其君舍以難之，子盍見大宰？」乃請束錦以行。語及衛故，大宰嚭曰：「寡君願事衛君，衛君之來也緩，寡君懼，故將止之。」子貢曰：「衛君之來，必謀於其眾，其眾或欲或否，是以緩來。其欲來者，子之黨也；其不欲來者，子之讎也。若執衛君，是墮黨而崇讎也，夫墮子者得其志矣。且合諸侯而執衛君，誰敢不懼？墮黨崇讎，而懼諸侯，或者難以霸乎！」大宰嚭說，乃舍衛侯。[102]

子貢的外交辭令首先點出衛出公晚至的原因，正在於衛國國內意見分歧。進而分析，若吳國執意扣押衛出公，只會造成衛國國內不滿吳國勢力的壯大，對吳、衛兩國之關係並

---

[102] 《十三經注疏・左傳》，（臺北：藝文印書館），頁 1026。

無助益，所謂「若執衛君，是墮黨而崇讎也。」其辭令又指出，吳國今日強行扣押衛出公，會造成其他諸侯對吳國的疑慮，所謂「合諸侯而執衛君，誰敢不懼？」如此做法有害無利，難以成就霸業。子貢的說之以利的外交辭令，能切中吳國欲成霸業的心理，太宰嚭「乃舍衛侯。」

　　言語交際溝通是一簡單而又複雜的行為。言語溝通最常運用語言，說話十分簡單，但其背後理解的過程則十分複雜。簡言之，若言語交際雙方的交際動機能相近或相合，則對於交際之成功有相當之幫助。因為，成功的交際對雙方皆有利而無害。反之，若雙方的交際動機差距甚遠或根本不同，則雙方之交際過程勢必困難重重、障礙不斷，因為雙方於溝通交際之前，已存有不同的預設立場。

　　探討交際動機對《左傳》外交辭令交際之影響，主要可由兩角度論述。一為交際雙方之交際動機相近或相符，進而促使外交辭令達到預期的目標。另為，交際雙方之交際動機有所差距，致使外交辭令交際失敗。以下分別論述之。

一、交際動機相近而成功之例

　　就國際政治角度而言，利益的觀念是政治的根本要素，不受時間和空間的條件影響。「無論國家之間或個體之間，

利害的一致是一切連鎖中最可靠的連鎖」[103]換言之，國家之存在，主要意義即在於謀取國家利益，因為國家利益亦即人民利益。國家的外交工作皆以此為依歸。國際政治是由國與國之間的交往關係所組成，因利而相合，因害而相爭是國際政治不變的道理。當言語交際進行時，若雙方預設的外交目標相近、相同，或雙方的目標是相輔相成的。在此情況下，外交辭令交際將十分順利。因為達成此次外交辭令交際，對於交際雙方皆有利。《左傳》外交辭令中，此類例子多見。

如衛州吁之亂，石碏請殺州吁一例（隱公四年）。《左傳》載之曰：

> 及衛州吁立，將修先君之怨於鄭，而求寵於諸侯，以和其民。使告於宋曰：「君若伐鄭，以除君害，君為主，敝邑以賦與陳、蔡從，則衛國之願也。」宋人許之。[104]

如本章第二節所論，此時期的國際形勢主要是鄭、宋相敵。宋人許之的原因，是因為宋、鄭之間本有閒隙，今衛國表示願意臣服於宋，並助宋伐鄭，宋欣然答應。主要因素是

---

[103] Frederic S. Pearson；J.Martin Rochester 著 胡祖慶 譯《國際關係》（《International Relations》），（臺北：五南圖書公司，民國 84 年 10 月），頁 11。

[104] 《十三經注疏‧左傳》，（臺北：藝文印書館），頁 57。

交際動機，試觀其外交辭令，內容明白易懂，亦未見高妙技巧，只把握宋、鄭有隙一點，以利害切入，便獲得成功。此正是雙方交際動機相合之故。

又如，魯襄公如晉請鄫一例（襄公四年），《左傳》載之如下：

> 冬，公如晉聽政。晉侯享公，公請屬鄫。晉侯不許。孟獻子曰：「以寡君之密邇於仇讎，而願固狂，無失官命。鄫無賦於司馬，為執事朝夕之命敝邑，敝邑褊小，闕而為罪，寡君是以願借助焉。」晉侯許之。[105]

魯襄公四年（西元前 569 年），晉悼公五年。此年冬季魯襄公前往晉國，晉悼公設宴招待。魯襄公要求晉國准許魯國侵佔鄫國，晉悼公不答應。魯國孟獻子進一步以兩國利益為說服焦點，終於使晉國同意，允許魯國侵鄫，將鄫國納為魯國附庸。分析雙方交際最後成功之因，正在於交際雙方以利益為著眼點達到相同的共識。亦即雙方交際動機一致。

又如，魯昭公三十二年（西元前 510 年），周敬王十年，晉定公二年。此年，因王子朝之亂尚未平息，周敬王避居成

---

[105] 《十三經注疏・左傳》，（臺北：藝文印書館），頁 506。

周，因成周城小，周王室於此年秋季，派遣富辛與石張二人至晉國，請晉國為加強成周的守備。《左傳》載曰：

> 秋，八月，王使富辛與石張如晉，請城成
> 周。………范獻子謂魏獻子曰：「與其戍周，不如城
> 之。天子實云，雖有後事，晉勿與知可也。從王命
> 以紓諸侯，晉國無憂；是之不務，而又焉從事？」
> 魏獻子曰：「善。」使伯音對曰：「天子有命，敢不
> 奉承以奔告於諸侯？遲速衰序，於是焉在。」冬，
> 十一月，晉魏舒、韓不信如京師，合諸侯之大夫于
> 狄泉，尋盟，且令城成周。[106]

　　富、石二人之辭令，以德禮為出發點，企圖藉此說明晉國。然就此次外交辭令交際而言，最重要的並非富、石二人之辭令內容，促成此次外交交際成功最主要之因素，在於利益考量。分析如下：晉國頃公卒後，定公立，晉國自文公起始終為中原領導。周王室雖已衰弱，但以當時環境而言，仍有其一定的象徵意義。而晉國之所以能維持其盟主之地位，對周王室的掌控是重要因素。

　　基於此考量，晉國必須維持其對周王室之影響力。由范獻子之言顯見晉國之考量主要出於以上利害關係的考量。因此，對於周天子請求修築成周城牆一事，晉國於同年十二

---

[106] 《十三經注疏‧左傳》，（臺北：藝文印書館），頁932至933。

月，會合各與盟國，共同修築成周城牆。晉國此舉，可再次確立其盟主的地位，且亦加強其對周王室之掌控。總而言之，此次外交辭令交際之成功，主要因為雙方交際動機有相合之處。雙方皆出於利害考量，周王室希望加強成周守備，晉國希望藉此持續盟主地位。

此外如：秦穆公納晉公子夷吾、秦穆公納晉公子重耳等例，有部分原因亦是基於國家利益考量。其他如燭之武退秦師（僖公三十年）、鄭皇戌如晉師請戰（宣公十二年）、陳二慶請楚執陳公（襄公七年）、石㒣說子囊歸鄭行人（襄公十三年）、茅成子請吳師（哀公七年）等例在促成外交辭令成功的諸要素中，交際動機亦佔有一定比重。

二、交際動機相異而失敗之例

相對於上段所論，若交際雙方的交際動機有所差距，甚至完全相左。則外交辭令之交際將難以繼續。因為交際雙方發起交際之動機相距甚遠，自然皆無意願達成共識。分析《左傳》外交辭令，此類交際行為如，鄭使良霄、石㒣如楚告將服於晉一例（襄公十一年）。魯襄公十一年（西元前 562 年），鄭簡公四年，楚共王二十九年。此年鄭國受到晉及諸侯聯軍相逼，改變外交立場，歸服晉國。鄭簡公派遣良霄、石㒣二人出使楚國，告知鄭國的外交態度。《左傳》載之如下：

> 九月，諸侯悉師以復伐鄭，鄭人使良霄、大宰石㚟如楚，告將服于晉，曰：「孤以社稷之故，不能懷君。君若能以玉帛綏晉，不然，則武震以攝威之，孤之願也。」楚人執之。[107]

襄公十一年夏季，鄭國諸大夫討論鄭國之處境及未來外交走向。經過商議後，鄭國諸大夫達成歸順晉國的共識。其云：「不從晉，國幾亡。楚弱於晉，晉不吾疾也。晉疾，楚將辟之。何為而使晉師致死於我，楚弗敢敵，而後可固與也。」鄭國諸大夫分析晉、楚兩國國力後，以為楚國弱於晉國，得出鄭國必須從晉的結論。但由於鄭國處於晉、楚之間，晉國對於鄭國並未特別重視。鄭國諸大夫計畫先提高鄭國在晉國心中的地位，如此晉軍將會協防鄭國，使鄭免於楚國之侵擾。

對於如何才能提高晉國對鄭國的重視。子展云：「與宋為惡，諸侯必至，吾從之盟。楚師至，吾又從之，則晉怒甚矣。晉能驟來，楚將不能，吾乃固與晉。」亦即運用晉、楚對峙的國際形勢，先與晉盟再與楚盟，藉此激怒晉國，從而使晉軍伐楚，之後鄭國再歸服晉國。子展的提議獲得諸大夫的同意，於是鄭國使邊疆守將對宋進行挑釁。

此年夏季，宋國果然出兵伐鄭，鄭國藉此出兵攻宋。四月，晉國與諸侯聯軍果然伐鄭，鄭國依計畫與晉訂下「亳之

盟」。之後楚國亦出兵逼鄭，鄭國依計與楚國盟。晉國再率
諸侯之師侵鄭，鄭國依子展計畫，叛楚服晉。在此情況下，
鄭國派遣良霄與石㒱前往楚國，告知鄭國將叛楚服晉的外交
立場。

鄭良霄與石㒱此次出使，告知鄭國將歸服晉國是交際的
主要動機。二人除告知鄭國外交立場外，亦負有安撫楚國的
外交任務。就楚國方面而言，對鄭國的掌握，是北進中原的
重要關鍵之一，因此對於鄭國叛楚服晉一事無法接受。由於
交際雙方的交際動機差距甚遠，此次外交辭令交際失敗，楚
國扣留良霄、石㒱二人。

又如齊悼公使公孟綽辭師於吳（哀公九年）一例。魯哀
公九年（西元前 486 年），齊悼公三年，吳王夫差三年。齊
國於哀公八年秋季與魯國達成議和。此年春季，齊悼公派遣
公孟綽為使者，前往吳國，表示將結束與吳國的軍事合作。
《左傳》載曰：

> 九年，春，齊侯使公孟綽辭師于吳。吳子曰：「昔
> 歲寡人聞命，今又革之，不知所從，將進受命於
> 君。」[108]

---

[107] 《十三經注疏‧左傳》，（臺北：藝文印書館），頁 546。
[108] 《十三經注疏‧左傳》，（臺北：藝文印書館），頁 1013。

齊國於哀公八年夏季，曾派遣使者前往吳國「請師」，齊、吳二國達成軍事合作的協議，共同入侵魯國。但同年秋季，齊國與魯國達成議和。隔年春季，齊國以公孟綽爲使者，向吳國表達取消之前共同侵魯的協議。分析交際雙方之動機：齊國此次遣使，主要爲取消聯吳侵魯之議。吳國自夫差即位之後，有積極北進之意，如今難得有北侵魯國的藉口，自然不願放棄。因此堅持侵略魯國的立場。對於齊國公孟綽之請求，吳王夫差以去年剛達成軍事協議，今年又欲更改，吳國不知所從，仍將依計畫入侵魯國。

總結而言，由於齊、吳兩國的交際動機相距甚遠，此次外交辭令交際最終以失敗收場。

其他如西乞術聘魯言將伐晉（文公二年）、晉解揚如宋告不救（宣公十五年）、鄭游吉如楚及漢而返（襄公二十八年）、晉、衛鄆澤之盟（定公八年）等例，皆因交際雙方之交際動機有所差距，加上其他主客觀語境之影響，致使外交辭令交際失敗。總而言之，「交際動機」是言語交際過程中，影響交際成敗的重要關鍵之一，雙方的交際動機若能相近或相合，則對於交際之成功有相當成分之幫助。雙方的交際動機若差距甚遠，則雙方之交際過程勢必困難重重、障礙不斷，因爲雙方於溝通交際之前已存有不同的意見。觀察《左傳》外交辭令之交際，無論是尊王攘夷或弭兵議和，剖析外交辭令背後的交際動機，皆以國家利益爲出發點。

本章小結:

外交辭令首重成敗。成者,能爲國家謀福求利;敗者,或將招致兵災禍患。

外交辭令的本質是一種「言語交際」活動。交際參與者、交際動機、溝通媒介、訊息內容與交際環境是構成言語交際的基本要素。配合外交辭令的實際運用,可分別由國際形勢、行人因素、交際動機等角度切入探討。

由語用學角度而言,國際形勢是外交辭令交際時主要的「客觀語境」。國際形勢,是指國家在國際社會中,所處的地位及其與各國間之關係。亦即國家在國際政治形勢中所處的地位與所能產生之影響力。國際形勢是國家外交政策制定之參考基準,在考量國際形勢的前提下,國家派遣行人進行折衝談判,爲國家爭取最大利益。

在外交辭令交際過程中,行人是主要的參與者,其對辭令交際之表達與接受,產生相當的影響。就表達者而言,其「角色觀念」與「可信度」影響辭令的表達與接受。所謂角色觀念是指言語交際雙方於交際過程中所扮演的角色與所處的地位。在言語交際進行時,交際雙方對角色之認知,將影響言語交際的進行。亞里斯多德提出信譽證明的觀念,指出可信度是說服的第一要素。

　　就接受者而言，「人格特質」與「預設心理」影響外交辭令的接受。此外，行人的臨場反應，亦是影響辭令交際成敗的重要因素之一。國家利益是外交工作的主要目的，爭取國家最大利益是外交辭令的主要任務。《左傳》外交辭令之交際，利益是其主要的交際動機。

　　總而言之，由言語交際角度來探討《左傳》外交辭令，可對外交辭令之交際過程與交際結果有更深層的認識與了解。

第四章

文化制約與《左傳》外交辭令

　　討論《左傳》外交辭令，則辭令本身之內容是論述重點之一。如前章所言，在言語交際過程中，影響言語交際結果的因素，除主、客觀語境與交際動機外，辭令本身亦是影響外交辭令交際結果的重要因素之一。探討辭令本身因素對交際結果的影響，大致可由兩方面切入。一爲辭令的內容，一爲辭令的修辭[1]。本章主要討論外交辭令內容與《左傳》外交辭令之關係。

　　辭令內容爲言語交際之信息主體，換言之，言語交際是以言語所承載的信息內容爲雙方溝通的主要部分。以《左傳》外交辭令爲例，辭令內容正是行人思想觀念的外顯，行人欲

---

[1] 有關《左傳》行人辭令之修辭，學者多有探討。如張高評《左傳之文學價值》、《左傳文章義法撢微》與《左傳之文韜》中皆有論述。又如李新霖〈春秋左氏傳行人外交辭令研究〉（臺北工專學報，民國78年3月，頁441至460）中略有提及。又如武惠華〈《左傳》外交辭令探析〉（《漢語言文化研究》，1996年10月第一版，頁259至275）亦對行人辭令修辭有所論述。又如郭丹〈《左傳》行人辭令之修辭藝術研究〉（第一屆中國修辭學學術研討會，民國88年6月，頁461至480）文中針對行人辭令修辭藝術，分由委婉含蓄、藉言達意、文緩旨遠、針鋒相對、折之以理、服之以巧、綿裡藏針等十八點進行探討。

進行言語交際，必須借助話語符號的幫助進行信息的傳遞，
而言語之所以能傳遞信息，正是以辭令內容爲其載體。要言
之，辭令內容爲言語交際雙方表達之主要信息內容。

　　綜觀《左傳》三百八十四次外交活動，其或朝聘或弔問，
或求成或請降，無論何種外交活動，言語交際始終是春秋外
交活動的主要形式，而話語的信息內容對於外交辭令的說服
效果與成敗有著重要的影響。客觀而言，說服效果的高低，
不單受辭令內容影響，另有更多因素影響辭令之說服效果，
但辭令內容是辭令承載訊息的主體，其對辭令說服力之強
弱，發生重要的影響。簡言之，若辭令內容本身不當，不具
說服力，無論輔以再高明精妙的修辭技巧，其說服力仍無法
提升；反之，若辭令內容本身即具說服力，即使沒有修辭潤
飾，仍具能產生相當的說服效果。

　　就語用學角度而言，辭令的內容在外交辭令交際過程
中，扮演重要的角色。簡言之，辭令內容是外交辭令交際的
主要信息內容。外交辭令的交際必須依靠辭令內容來傳遞信
息。表達者在心中有所構思，經過編碼，以話語的形式表達；
接受者接受話語後，依據交際當時所處之主、客觀語境，對
接受的辭令內容進行解析，以了解表達者所欲表達的信息。
明顯可見的是，在整個交際過程之中，辭令內容是整個外交
辭令交際中交際雙方用以承載思想觀念的主要媒介。如第三
章所論，在整個言語交際過程中，行人主觀因素對於辭令交
際成敗有著相當程度的影響。

　　換言之，除迫於形勢無奈的情況外[2]，表達者的表達適切與否及接受者主觀心理接受與否，往往才是影響外交辭令交際成敗的關鍵[3]。而在諸多影響行人主觀預設心理的因素中，「文化制約」對春秋外交辭令之影響是春秋外交辭令交際的重要特色之一。比較春秋與戰國的外交辭令，在交際動機上是大致一致的，但在辭令內容的說服觀點及辭令的表達技巧上，則有顯著的不同。整體而言，春秋強調以文化說服，戰國時期則運用技巧與謀略。

　　本文主要運用語用學角度來探討《左傳》外交辭令，在外交辭令內容的探討上，捨棄傳統的主題分類與內容歸納等方式，而將焦點置於外交辭令內容與說服效果上。亦即探討外交辭令內容在實際言語交際過程中，所能產生的說服效果與影響。又總觀《左傳》外交辭令，「文化制約」是外交辭令重要的說服觀點，亦是春秋外交辭令內容的重要特色。本章擬由文化制約角度，對春秋外交辭令的說服進行探討。首先說明辭令信息內容在外交辭令交際過程中的意義，並約略論述《左傳》外交辭令內容的說服觀點。進一步討論春秋文化與其所產生的制約作用與辭令說服之關係。之後分別就春秋時期德、禮文化制約觀點進行討論。

---

[2] 即第三章第二節所論，國際形勢與《左傳》行人辭令成敗。詳見前文。
[3] 此即第三章第三節所論，詳見前文。

第一節、交際信息內容與《左傳》外交辭令

　　所謂交際信息內容,是指言語交際活動中交際雙方所傳遞之信息主體,亦即言語符號所承載的內容意義。就言語交際活動而言,交際信息內容是交際活動中的信息主體,亦是言語交際雙方進行思想、觀念溝通的主要意義內容。

　　話語符號是人類進行言語交際的主要媒介,然而,話語符號必須承載信息內容才有意義,才能進行溝通。沒有信息內容的話語符號,將無法表達思想情感,亦無法進行交流與溝通,更遑論獲得任何說服效果。因此,在言語交際活動中交際信息具有相當重要性。而外交辭令的內容,正是外交辭令交際活動中的交際信息內容。

　　欲討論《左傳》外交辭令,交際信息內容是值得探討的重要課題之一。因為,信息內容影響辭令交際的說服效果。

　　所謂說服效果,是指進行言語交際活動時,表達之話語符號所能產生與達到之功效大小。春秋時期的外交活動是以言語交際談判為主要形式,談判則必然要求說服效果。在外交辭令交際過程中,辭令內容必須依靠話語符號來傳播,而其中所承載的信息內容正是行人外交溝通主要的辭令內容,這些辭令內容對外交談判成敗有著重要的影響。

　　以下首先論述交際信息內容在言語交際中之意義;其次由「信息等值」觀點,說明辭令內容對於辭令交際的重要性;進而討論《左傳》外交辭令內容的說服觀點。

一、信息內容為言語交際溝通之主體

信息內容，是指言語交際過程中，話語符號所承載的意義。在言語交際過程中，語言是交際雙方進行溝通的主要媒介，交際雙方所欲表達之信息內容、情感思緒，皆必須先轉化為話語符號，經發聲器官發出，再由聽者接收話語符號將之還原，分析出其中所承載之信息意義，此即信息內容。如第三章所言，言語交際五大要素中，交際信息內容是重要的要素之一。要言之，信息內容是言語交際溝通過程中的主體，缺乏信息內容的話語符號將成為「無意義」的符號，無法傳遞任何信息，亦將無法進行任何溝通。

就《左傳》外交辭令而言，辭令所欲傳達之意義、內容即是外交辭令之信息內容，亦是外交辭令交際溝通過程中，最重要之主體。如子產寓書請范宣子輕幣（襄公二十四年），子產所書寫的書信內容正是交際的信息內容。其他如鄭子家與趙盾書（文公十七年）、呂相絕秦書（成公十三年）等例亦然，以上為書信形式的外交辭令。

而《左傳》外交詩賦，交際雙方所賦之詩正是寄寓言外之意的主要交際信息內容。如趙孟請鄭七子賦詩（襄公二十七年）、鄭六卿賦詩言志（昭公十六年）等例。而對話形式的外交辭令，如展喜犒師（僖公二十六年）、子產壞館（襄公三十一年）、吳蹶由犒楚師（昭公五年）等例，交際雙方

217

的話語內容，正是主要的交際信息[4]。總而言之，無論外交辭令的形式如何，交際信息始終是言語交際的溝通主體。亦是外交辭令交際過程中，不可缺少的要件。

就言語交際行爲人而言，行人是言語交際的主體，沒有行人何來言語交際溝通。就溝通過程而言，辭令內容是言語交際過程中之主體。沒有內容的辭令，將無法進行交際與溝通。整體而言，行人因素（見第三章）與辭令因素對於交際成敗是交互作用的，行人表達技巧的優劣，接收理解的正誤與辭令內容的好壞，皆影響著外交辭令之說服與成敗。

此外，在討論外交辭令信息內容與交際結果時，「信息等值」是影響外交辭令交際的重要因素之一。所謂信息等值，就是指言語傳遞過程中，信息意義是否完整傳遞，接受信息一方是否能完整理解信息中所涵包之意義。若接收與理解的信息與表達傳遞的信息愈接近，則信息等值愈高，相對的，雙方言語交際所能達到的效果亦愈佳。反之，若接收與理解的意義與表達傳播的意義相距愈遠，則言語交際的效果愈差。

如魯叔孫穆子聘晉言齊之患（襄公十六年），叔孫穆子於會見中行獻子時賦《小雅・圻父》一詩，以爭取晉國執政對魯國的援助。又於會見范宣子時賦〈鴻雁之卒章〉進一步

---

[4] 由於《左傳》行人辭令例證不勝枚舉，此處僅舉數例以爲代表。詳見本書第三章及本章後文論述。

確立晉國對魯國的外交態度。在整個交際過程中，叔孫穆子所賦二詩，其中所蘊藏的言外之意，皆能為聽者所理解，因此交際能持續進行並獲致預期的目標。此為信息等值高之例。反之，若如齊慶封、宋華元等人[5]，由於本身文化修養不足，對於賦詩無法理解，造成外交辭令交際失敗，此即為信息等值低之例。

影響信息等值高低之因素，除客觀語境（國際形勢）外，言語交際進行時的表達者與接受者對「信息等值」之高低有直接的影響。就傳播者一方而言，表達的清不清楚，選擇何種方式表達，表達時的技巧如何，對信息的傳遞有著直接的影響。

由受播者角度而言，接受一方對信息的理解，往往不是對表達者所傳遞的信息全盤接受，而是有一定的選擇性。此一選擇性往往是接受者依據本身對信息的理解，來解讀表達者傳遞信息中之意義。如此，則接受者如何選擇，以何種角度解讀信息，亦直接影響「信息等值」之高低。

又言語交際是一複雜的過程，其一方面具有信息交流的一般特性；一方面又涉及交際雙方的主觀與能動性—心理因素。使得言語交際的過程，更加曲折。表達與理解之間更加複雜。總之，外交辭令交際主體為行人，而行人的主觀因素，

---

[5] 齊慶封於襄公二十七年聘魯，襄公二十八年奔魯，兩次皆不知詩。宋華元於昭公十二年聘魯，亦因不知詩而使行人辭令失敗。詳見「語用學與《左傳》外交賦詩」。

影響言語交際時之信息傳遞與接收。

二、《左傳》外交辭令內容之說服觀點

　　了解信息內容在言語交際中所扮演的角色後。以下探討《左傳》外交辭令內容的說服觀點。所謂「說服觀點」，是指外交辭令內容以何種角度、觀點切入以進行說服。整體而言，說服觀點就是外交辭令內容說服的主要立論與角度。

　　就言語交際角度而言，說服觀點對於辭令交際結果有相當程度的影響。《鬼谷子・揣篇》中提及，在進行說服之前，必須先掌握交際雙方的情況，所謂「量權」「揣情」是也[6]。《孫子兵法》亦強調「知己知彼」的重要性，此外《韓非子》亦云「凡說之難，在知所說之心，可以吾說當之。」[7]正明白指出說服觀點適當與否的重要性。

　　所謂「知其心，說其人」，指在進行言語交際時，對於不同的說服對象，必須先審察其人格特質與主觀好惡，進而選用適當的說服角度切入，如此才能增加辭令的說服力，提高說服的成功率。以下說明《左傳》外交辭令的說服觀點[8]。

　　綜觀《左傳》外交辭令之說服方式，不外說之以理、動

---

[6] 有關《鬼谷子》揣情量權之說，已見於前文。此處不再重覆。

[7] 見《韓非子・說難》，相關論述已見前文。

[8] 本文以辭令內容的說服觀點配合語用學理論分章進行論述。對於各說服觀點分別於各章中有所說明，此處約略整理《左傳》行人辭令的說服觀點，以使讀者有整體的概念，相關論述請見各章。

之以情、懼之以勢、折之以術等。說之以理，是以理性邏輯
之推論，來說服聽者。動之以情，則是波動聽者情緒，來達
到說服之目的。懼之以勢，則是藉由對情勢之分析；對利害
關係之分析，使對方感受到威脅而就範的說服技巧。折之以
術，是運用特殊之語言技巧，或剛或柔，或奇或正，或托辭
或詭辭，使對方認同己說之說服術[9]。

今歸納《左傳》二百三十六則外交辭令內容，其說服觀
點主要可別爲五大類。一曰文化觀點、二曰利益觀點、三曰
形勢觀點、四曰邏輯觀點、五曰情感觀點。分別略述如下：

（一）、文化觀點

所謂以文化觀點進行說服，簡言之，就是運用文化制約
進行說服。文化是人類生活的總結，人的言行舉止、思維語
言、價值觀等無一不受文化影響與制約。如第三章所論，在
言語交際過程中，接受者主觀因素對於言語交際結果往往有
著相當程度的決定性[10]。而文化說服正是利用文化對接受者
價值觀無形的制約影響，以進行說服的一種方式。

---

[9] 張高評《左傳之文學價值・第十章、爲說話藝術之指南》，（臺北：
文史哲出版社，1982 年 10 月），頁 175 至 185。及洪明達《先秦說話
術》，（高雄師範大學國文研究所、碩士論文，1977 年 6 月。）

[10] 影響言語交際結果的因素中，除不可抗拒的客觀語境外（迫於國際形
勢者），主觀因素通常是決定交際成敗的重要關鍵。主觀因素又包括
表達者與接受者兩方面。其中接受者對於辭令交際成敗的影響，一般
而言較表達者爲重。詳見本書第三章論述。

　　如子產寓書請范宣子輕幣（襄公二十四年）一例，正是典型的例子。子產於致范宣子的書信中，強調盟主之德，指出晉國欲為盟主，則當以德為本，所謂「德，國家之基也」。子產勸晉國執政范宣子應當減輕盟國的賦貢，以德服人。子產此信的說服觀點，明顯地以德、禮文化的角度切入。由於德、禮觀念為春秋時人所重，亦是春秋國際政治上的重要價值判斷標準。因此子產此次外交辭令獲致晉國輕幣的回應[11]。

　　類似例證尚有衛石碏請陳殺州吁（隱公四年）、衛、鄭二君請魯平于晉（文公十三年）、鄭襄公肉袒牽羊請成（宣公十二年）、邲之戰楚攝叔獻麋（宣公十二年）、晉魏錡獻麋（宣公十二年）、解揚對楚王（宣公十五年）、齊賓媚人賄晉（成公二年）、楚泠人對晉景公（成公九年）、鄢陵戰後，曹人請于晉（成公十六年）、魯叔孫穆子如晉（襄公四年）、晉取偪陽，向戌辭封（襄公九年）、戎子駒支賦詩明志（襄公十四年）等。

　　總而言之，外交辭令內容由文化角度切入以進行說服，是春秋外交辭令的重要特色。必須說明的是，文化說服往往只是外衣，利害關係才是外交辭令交際的主要意義。（見第三章第四節）所謂由文化角度切入，是指外交辭令內容，以德、禮、忠、信、仁、義、人文、重民等文化內涵作為外交辭令說服的主要訴求。又在眾多文化觀念中，禮樂制度與德

---

[11] 有關春秋德、禮觀念與行人辭令之說服，正是本章所欲探討的重點之一。詳見後文論述。

禮觀念是春秋文化的真正內涵，詳見後文論述。

（二）、利益觀點

如前所論，利益是《左傳》外交辭令交際的主要動機。外交交際本就是以謀取國家最大利益爲主要目的。因此，運用利益的觀點進行說服，往往能獲得相當的說服效果。

如魯子服景伯說吳王勿以魯哀公見晉侯（哀公十三年）一事，正是「說之以利」的明顯例子。魯哀公十三年（西元前482年），晉定公二年，吳王夫差十四年。此年夏秋之際，吳王夫差會諸侯於黃池，吳國的勢力達到頂峰。黃池之會後，吳國爲表示對晉國的友好，吳王夫差遣使要求魯哀公往見晉定公[12]。魯國之前叛晉親齊，哀公不願前往晉國，於是令子服景伯拒絕。《左傳》載此事曰：

> 吳人將以公見晉侯，子服景伯對使者曰：「王合諸侯，則伯帥侯牧以見於王；伯合諸侯，則侯帥子、男以見於伯。自王以下，朝聘玉帛不同；故敝邑之職貢於吳，有豐於晉，無不及焉，以為伯也。今諸侯會，

---

[12] 何以吳國令魯哀公見晉侯是表達對晉國的友好？因爲自從吳國勢力興起後，魯國的外交立場逐朝「親齊、與吳」的方向發展。其中主要的考量在於國際形勢，由於吳國興起，加上晉國日衰，魯國在面對齊國威脅下，轉而與齊國交好以求國家安全。如今吳、晉會於黃池，吳王爲表示對晉的友好，要求魯國亦與晉修好。於是遣使要求魯哀公前往晉國。

> 而君將以寡君見晉君，則晉成為伯矣，敝邑將改職
>
> 貢：魯賦於吳八百乘，若為子、男，則將半邾以屬於
>
> 吳，而如邾以事晉。且執事以伯召諸侯，而以侯終之，
>
> 何利之有焉？」吳人乃止。[13]

　　以上子服景伯的外交辭令內容，正是以利益觀點為說服的主要切入點。其辭令首先指出，魯國獻給吳國的「職貢」是霸主之數。所謂「敝邑之職貢於吳，有豐於晉，無不及焉，以為伯也。」其言外之意表示魯國尊吳國為霸主。

　　進一步，子服景伯說明，吳國若要求魯哀公前往晉國，則「晉成為伯矣」。若是如此，則魯國對晉國的職貢將必須以霸主之數提供。如此，給予吳國的職貢將相對的減少。子服景伯進而質疑吳國此一做法「何利之有焉？」子服景伯的此次外交辭令，全篇以利害關係為說服焦點。在其分析利害得失後，吳國於是取消此次要求。

　　又觀察《左傳》所載外交辭令，發現外交辭令內容往往以德、禮為外衣，以利益為主體。此類例證如衛州吁請宋伐鄭（隱公四年），州吁利用鄭宋對立的形勢，說服宋國幫助衛國攻打鄭國。此次外交辭令正是以利益為主體。

　　又如晉、楚城濮之戰，晉國許復曹、衛一事（僖公二十八年），晉國基於國家利益考量，以德、禮為外衣，答應復

---

[13]　《十三經注疏・左傳》，（臺北：藝文印書館），頁1028。

立曹、衛二國，實際上是另有所謀。又如魯叔孫穆子聘晉言齊故（襄公十六年），叔孫穆子以朝聘爲名，要求晉國提供魯國保護，晉、魯兩國的辭令交際，亦以利益爲主。總之，「詞令之要，在深明其利害」[14]，外交辭令若能將雙方利害清楚陳析，則能增加辭令的說服力，提高辭令的成功率。相關論述見本書第三章第四節。

整體而言，外交辭令內容愈至春秋晚期，以利益觀點進行說服者愈多。此種情況在某種程度上，反映出春秋文化至戰國文化的轉變過程。

（三）、形勢觀點

所謂以形勢說服者，是指運用本身所處的有利地位，來進行說服的一種方式。所謂本身所處的有利地位，大體有二：一爲國家所處的國際環境，即所謂的國際形勢。另爲交際當時行人所處的言語環境。以上兩類皆對外交辭令交際結果產生影響。

所謂國際形勢，就是國家於整體國際環境中所處的地位及與他國間的關係。有關國際形勢與《左傳》外交辭令成敗之論述，見第三章第二節。簡言之，當國家處於有利形勢時，外交辭令的交際往往事半功倍，即便是普通的赴告或聘問，亦能達到預期的外交目的。

如乾時之役，鮑叔請歸管仲（莊公九年）、吳徵魯百牢

---

[14] 張高評《左傳文學價值》，（臺北：文史哲出版社），頁180。

（哀公七年）等正是明顯的例子[15]。《左傳》外交辭令內容運用形勢觀點進行說服時，有時亦配合利益觀點一起運用。藉由對雙方形勢的陳述與剖析，凸顯出雙方利害關係，進而達到說服的效果。

又如燭之武退秦師（僖公三十年）、蔫啓疆說魯昭公如楚（昭公七年）、蔫啓疆賀魯大屈（昭公七年）、叔向說齊與平丘之盟（昭公十三年）等正是此類例證。

總而言之，形勢是外交辭令交際時的客觀語境，其對外交辭令的交際成敗，亦有一定程度的影響力。在亞里斯多德的修辭學理論中，將說服方式別爲「非人爲證明」與「人爲證明」兩類。形勢觀點的說服，正是運用「非人爲證明」來進行說服的一種方式[16]。

（四）、邏輯觀點

所謂邏輯觀點，即運用邏輯思維方式，說之以理的一種說服方式。亦即亞里斯多德所謂的「邏輯證明」。亞里斯多德《修辭學》中指出，說服的證明方式分爲人爲證明與非人爲證明。所謂人爲證明是指可經由交際雙方自行創造運用的證明方式。所謂非人爲證明，是指不須交際雙方創造，本身已存在的客觀事實與證據。

---

[15] 以上諸例論述請見前文。

[16] 所謂「非人爲證明」就是已經存在，無須說服者創造，但可以利用的條件。

而人為證明，又可大別為三大部分，一為信譽證明。包括表達者的可信度，辭令內容的真實性等皆為信譽證明之一部分。亞里斯多德進一步指出，信譽證明取決於表達者的品德、明智與善意。（見第三章論述）二為情感證明，見下點論述。三為邏輯證明，即運用說理分析的方式，進行說服，為此亞里斯多德提出「三段論」的邏輯論說方式，此即所謂「說之以理」的辭令表達技巧。

張高評《左傳之文學價值》、《左傳之文韜》等書中，對於外交辭令說之以理的技巧有相關論述。「夫理有是非，詞命之要，在確指其是非，則彼自屈。」首先強調以理說之之作用，進而由辯證法、駁斥法、解析法、矛盾說等方式對於《左傳》外交辭令說之以理者進行解析[17]。

在語用學觀念中，邏輯說服是相當重要的部分。語用學五大觀念中，前提一項更是語言使用時，用以判別語境與了解言外意涵的重要依據。此外，欲討論邏輯觀點必會涉及說服心理、說服技巧、邏輯推理等層面。筆者雖曾多方嘗試論述，但仍有辭窮難書之感。因所思未備，強加論述，恐有混淆視聽之嫌。因此，將此部分暫時保留，待日後再行探討。

---

[17] 張高評《左傳之文學價值》，頁175至177。又《左傳之文韜》中〈《左傳》史論之風格與作用〉、〈《左傳》之史筆與詩筆〉、〈《左傳》敘事與言外有意—微婉顯晦之史筆與詩筆〉等文中亦有相關論述。（高

（五）、情感觀點

以情感觀點進行說服，就是運用聽者的情感、情緒等因素來進行說服的一種方式。「夫情有逆順，詞命之要，在顯言其逆順。搖動其感情，而後再以吾說說之。」[18]《鬼谷子》所云「捭闔」「反應」之法與情感觀點說服有所相似[19]。其〈權篇〉亦云「人之情出，言則欲聽，舉事則成。」[20]正說明主觀因素對言語交際的影響。《韓非子‧說難》亦云：「凡說之難，在知所說之心，可以吾說當之。」亦指出了解說服對象在說服進行中的重要性。

要言之，言語說服必須「審其有無，與其實虛，隨其嗜欲，以見其志意。」[21]惟盡可能的把握接受者的心理與情感，才能提高說服的成功率。

就言語交際角度而言，說服的第一要素，在於取得對方的信任。當取得接受者信任後，進一步便可利用雙方的情感進行說服。亞里斯多德《修辭學》理論中提出「情感證明」

雄：麗文文化，1994 年 10 月。）

[18] 張高評《左傳文學價值》，（臺北：文史哲出版社），頁 177。

[19] 鬼谷子〈捭闔〉、〈反應〉二篇，綜合而言，指出說服對象有陰陽之別，說服之道有捭闔之異。欲令說服成功，則須依說服對象之差異，採取不同的說服方式。當言語交際進行之始，表達者之表達或開或合，或抑或揚，造成聽者情緒的起伏。在此之際，觀察說服對象的人格特質或主觀好惡，以作為之後說服的切入點。簡言之，就是利用接受者的情緒，來進行說服的一種方式。

[20] 《鬼谷子‧權篇》。

[21] 《鬼谷子‧捭闔》。

一項，正是說明此理。其云：「人們在愉快和友好時作出的判斷不同於人們在煩惱和敵對時作出的判斷。」簡言之，交際雙方的情緒、情感影響言語交際的結果。又有關如何取得接受者的信任，《韓非子‧說難》中有詳細的論述[22]。

此外，《左傳》辭令中有關訴諸情感說服的方式，主要有以下幾種：1、抑揚法。2、投好法。3、私言法。4、哭訴法[23]。以之觀察《左傳》外交辭令之交際亦大體相合，如魯襄公二十七年，晉、楚兩國在宋國向戌的居中協調下，達成弭兵之議。《左傳》載：「宋向戌善於趙文子，又善於令尹子木，欲弭諸侯之兵以為名。」[24]由上所載，知向戌本身與晉、楚兩國當時的執政有相當的交情，在此前提下，向戌此次的弭兵之議，獲得晉、楚雙方的同意。相較於第一次弭兵建議的提出，向戌由於本身與趙文子、子木有交情，因此能獲得兩國的同意。

又如鄭襄公肉袒牽羊請和（宣公十二年）一例，鄭伯的辭令內容訴諸情感，以卑微的姿態，博取楚君的同情，進而答應鄭國的請降。又如申包胥如秦乞師（哀公四年）一例，由於申包胥七日的痛哭，感動秦哀公，終於答應出兵助楚復國。其他如晉荀息假道於虞（僖公二年）、薳啓疆說魯昭公如楚（昭公七年）、叔向辭魯昭公與盟（昭公十三年）等皆

---

[22] 方鵬程《先秦合縱連橫說服傳播的研究》，頁23至26。

[23] 張高評《左傳之文學價值‧第十章、為說話藝術之指南》。

[24]《十三經注疏‧左傳》，（臺北：藝文印書館），頁644。

是以情感觀點進行說服之例。有關情感說服之論述，張高評《左傳之文學價值》一書中，有所論述，此處不重述[25]。

總之，《左傳》外交辭令的內容，影響辭令交際的成敗。無論表達者或接受者，辭令內容是交際雙方溝通的主體，交際雙方所欲表達之信息內容與思想觀念，必須依靠辭令內容來承載，以進行交際。因此，探討《左傳》外交辭令，辭令內容之討論是必要且重要的。討論外交辭令內容本身，主要可由辭令內容與辭令技巧兩方面入手。整體而言，無論辭令內容或辭令技巧，對於外交辭令的說服效果與交際成敗皆產生相當程度的影響。

第二節、文化制約與《左傳》外交辭令內容

在上述五個說服觀點中，以文化觀點最爲特別，亦是春秋外交辭令的重要特色。以下針對文化觀點作進一步的探討。關於文化與文化制約的論述，學者多有專著討論，此處僅述其要。此外，關於春秋文化之探討，學者亦多有著墨，此處亦僅論其主要特徵。以爲後文論述基礎。

一、文化與文化制約

---

[25] 張高評《左傳文學價值》，（臺北：文史哲出版社），頁 177 至 180。

　　文化是一個民族整體發展的總稱[26]。要言之，文化是「一個複雜的總合，包括知識、信仰、藝術、道德、法律、習俗，和一個人以社會一員的資格所獲得的其他一切人為習慣。」（戴樂爾（E.B.Tylor））舉凡生活的一切事物皆包含於文化範圍之中。

　　羅常培於《語言與文化》一書中，強調語言與文化有密切關聯[27]。語言是人們傳遞信息、溝通意見的主要媒介。若由文化學角度而言，語言亦是文化呈現與保存的重要載體。「言為心聲」，語言的表達，必然與表達者有密切關聯，簡言之，語言正是說話者內心思想觀念、立場態度的外顯。

　　因此，語言勢必與說話者的思想觀念、立場態度有密切關係。而說話者的思想觀念，又在不自覺中深受當代文化背景與自身學習背景、生活環境等因素之影響。簡言之，「語言是人類最重要的交際工具，又是信息和文化的載體。」[28]語

---

[26] 萬驪《中國文化概論》指出文化與文明之別：「文明」與「文化」皆為指人類群體生活而言，不過「文明」偏重在外，多屬物質方面；「文化」偏重在內，多屬於精神方面。

[27] 其書引西方學者論述：「語言的背後是有東西的。而且語言不能離開文化而存在。所謂文化就是社會遺傳下來的習慣和信仰的總和，由它可以決定我們的生活組織。」（美國語言學家薩皮爾（Edward Sapir））又引「語言的歷史和文化的歷史是相輔而行的，他們可以互相協助和發展」（柏墨（L.R.Palmer））（北京：語文出版社，1989年9月，頁1。）

[28] 詹伯慧〈語言規範與語言應用〉，（程祥徽 主編《語言與傳意》，香港：海峰出版社，1996年6月，頁155。）

言的表達受制於表達者本身，而表達者對語言之運用與表達，又深受文化背景、生活環境所影響。語言的接受主要取決於接受者的主觀因素，而接受者的預設心理與主觀立場往往在無形中受文化的制約。

分析《左傳》外交辭令的交際，文化制約是辭令說服內容的主要說服角度。

在中國典籍中，文化一詞最早見於《易‧賁卦‧彖傳》：「觀乎人文以化成天下。」孔穎達疏曰：「觀乎人文以化成天下，言聖人觀察人文，則詩書禮樂之謂，當法此教而化成天下也。」[29]西漢‧劉向對文化的定義：「凡武之興，為不服也；文化不改，然後加誅」[30]意即，用武力解決問題是不得已的手段，先教化之，始終不改，然後才使用武力。晉‧束皙：「文化內輯，武功外悠」[31]其所謂的文化，亦是指以文教化之意。

綜上所言，文化一詞，在中國的本意當解釋為「文治教化」，其中含有相當強烈政教意義。然而，隨著時代環境之變遷，文化的內涵逐漸由文治教化轉為人類精神生活與物質生活的總稱。

---

[29]　《十三經注疏‧周易》，（臺北：藝文印書館），頁62。

[30]　《說苑‧指武》。

[31]　《文選‧補亡詩‧由儀》。

　　今日所謂文化[32]，簡言之，就是人類一切生活的總稱。梁漱溟《中國文化要義》：「文化，就是吾人生活所依靠之一切。」錢穆：「文化就是人生，就是人類的生活。惟此所謂人生，並不指個人人生而言，是指集體的大群的人類生活而言。」一般學者對文化之定義多分別爲廣義與狹義兩方面：

　　廣義而言，文化是指人類生活中所創造出的一切物質與精神層面之所有內容，亦即人類的物質文明與精神文化之總稱。狹義的文化定義則視個人討論議題與範圍之不同而有差異，例如社會學者對文化之關注，主要著重於社會文化層面的探討；哲學家則對思想問題投注較多的注意力。

　　總而言之，關於文化的定義，隨著探討者角度之不同，而有不同之定義。但本文的重點不在於討論文化的定義，更重要的是要釐清春秋時期的文化是何種面貌，其主要內涵與特徵是什麼，以便進一步說明其對《左傳》外交辭令傳播與說服之影響。

　　制約是一個心理學術語，是指反覆進行某一種動作，久之成爲一種不自覺的自然反應。在現代心理學中，心理學家利用動物來進行實驗，研究制約與反應等相關問題。教育心

---

[32] 關於文化定義相關問題之探討，民國以來學者即十分關注，其探討角度大別有以下幾個角度：1、符號學角度：龔鵬程《文化符號學》；2、語言學角度：戴昭銘《文化語言學導論》；3、人類學角度；4、傳統思想角度：徐復觀、牟宗三、熊十力等結合中國傳統思想與西方觀點，對文化進行思想上之解析。以上四角度之探討，學者成果斐然，茲不贅述。

理學理論中有所謂「制約學習」亦是制約作用之一。而在人們生活中，對人的言行舉止產生制約的最主要因素是文化，此即「文化制約」作用。文化制約即是指文化對於人們思維、觀念與價值觀等所產生的制約作用。換言之，所謂文化制約，就是指人們由於長久處於某種文化環境下，在不自覺的情況下受文化洗染與影響，而對其言行舉止、價值判斷與思維方式等方面產生一定程度的制約作用。

要言之，所謂文化制約，主要指人們生活中言行舉止與文化間的之關係。如前所言，在《左傳》外交辭令交際過程中，辭令的接受與否除涉及到表達者的表達與辭令之修辭，更重要的是涉及接受者的「預設心理」，即接受者的主觀看法與思想觀念。在眾多影響接受者「預設心理」的因素中，文化所產生的制約作用，是影響接受者預設心理的主要因素[33]。

總之，文化對於人們語言的表達有著隱微而深刻的影響力。長期處於某一文化環境下的人們，其思想、觀念與價值觀皆在不自覺中受文化的制約與影響。分析《左傳》外交辭令之交際，可知文化制約是外交辭令說服內容的重要說服觀點。

二、春秋文化內涵與特徵

---

[33] 詳見本書第三章論述。

欲探討文化對《左傳》外交辭令交際的制約作用，則須
先對春秋時期文化有所認識。有關春秋時期社會、文化之研
究，古今學者多有論述。本文歸納各家所論，擇要說明之。
討論文化問題，最重要者在於把握文化的特徵。文化特徵是
不同時代文化內涵的主要體現與特色所在，亦是探討文化問
題的關鍵。綜合各家學者論述，歸納春秋文化大體有兩大特
徵：一是禮樂制度，一是人文思想。以下分別論述之。

（一）、禮樂制度與德、禮觀念

「春秋之世，諸侯列國間，政治與軍事，循環活動，弱
國蓋為自存計，強國則以爭霸為目的。爭霸者，爭為盟主也。
是以戰爭之頻仍，非全在攘奪疆土，乃為屈小以自強；政治
之角逐，且欲結好於諸侯，取得盟主之地位。然欲為盟主，
不能不以禮義相尚，而避其不德之名。因此盟主相號召，必
以崇德。」[34]劉伯驥所論指出春秋時期國際政治上對盟主資
格的要求，在於德、禮等文化修為。在此背後，則涉及周代
文化之問題。

周代的文化整體而言可納入禮樂制度之中。所謂禮樂制
度，廣義而言是指整個周代文化，包含日常生活、言行規範、
思維方式、思想觀念等。狹義而言則是指對禮樂儀節對人們
言行舉止的規範。在禮樂制度的背後，代表著一套德、禮價
值觀。此正是周代文化的主要內涵。值得注意的是，春秋時

期禮的觀念受人文思想影響，已逐漸擺脫殷商周初時強烈的宗教祭祀色彩，轉而成為人們言行舉止的道德規範。

總而言之，春秋文化上承西周文化而來，德、禮觀念是春秋文化重要內涵之一。觀察《左傳》所載，可知德、禮觀念是春秋時期主要的價值判斷標準，無論在政治上、軍事上、外交上及辭令說服上，皆可見德、禮觀念的體現。相關論述見本章第三節。

（二）、人文化發展與春秋文化

《禮記・表記》中指出商、周兩代政治制度與意識形態之不同：「殷人尊神，率民以事神，先鬼而後禮，先罰而後賞，尊而不親。其民之敝，蕩而不靜，勝而無恥。周人尊禮尚施，事鬼敬神而遠之，近人而忠焉。其賞罰用爵列，親而不尊，其民之敝，利而巧，文而不慚，賊而蔽。」[35]簡言而，殷人尚鬼，周人尚文。而這種尚文的精神正是周代文化發展的主要趨向。

若禮樂制度可總括周代的文化內涵，則人文化正是春秋文化發展的主要趨向。王國維論及殷周之際政治之轉變不只是新一家姓氏之改變，而是舊制度與新制度之變。這其中亦包括了思想觀念的轉變：「中國政治與文化之變革，莫劇於

---

[34] 劉伯驥《春秋會盟政治》，（民國51年3月），頁237。

[35] 《十三經注疏・禮記・表記》，（臺北：藝文印書館，民國82年9月），頁915至916。

殷周之際。………殷周間之大變革，自其表言之，不過一姓一家之興亡與都邑之移轉。自其裏言之，則舊制度廢而新制度興，舊文化廢而新文化興。」[36]王國維分別指出制度與文化兩方面的廢興。其中制度方面，是指由殷商的部族政治轉變為周之宗法封建制度。

　　而文化方面，主要則是指人文思想的興起與多樣性。所謂人文思想。主要包括德、禮、孝、悌、忠、信等。整體而言，由殷至周，整個制度與文化有了完全不同的變化，中國文化的的發展逐漸擺脫原始宗教社會的傳統，走向人文精神。

　　春秋戰國時期是中國思想發展上一個高峰時期，春秋戰國時期百家多元化的主張與思想，為之後中國思想的發展，奠下深厚的基礎[37]。在中國思想發展中，人文精神是一個重要的思想，人文思想正式成熟與發展，當是在春秋晚期孔子正式提出一套有系統的學說之後[38]，然在此之前，人文觀念

---

[36] 王國維《觀堂集林‧卷十‧殷周制度論》，（世界書局，民國 50 年 3 月）。

[37] 整體而言中國數千來的思想發展，皆是在先秦諸子的基礎上，做進一步的開展。

[38] 孔子生於周靈王二十一年（西元前 551 年），卒於周敬王四十一年（西元前 479 年），參考姜亮夫編《歷代人物年里通譜》，（臺北、世界書局，民國 82 年 1 月）。春秋時期由周平王四十九年（西元前 722 年）至周元王七年（西元前 468 年），由上資料比較，孔子的時代正當春秋晚期。

已在士大夫與知識階層中逐漸發展與成熟。中國的人文思想萌芽於商末周初，漸興於春秋時期。孔子繼承前代的發展，將人文思想作一全面的總結與整理，進一步提出有系統的自覺觀念，使得人文精神正式成為中國思想中重要的一環。

經由孔子總結後，人的自覺意識逐漸提高，對於人的價值的地位，有更深入的思考；並使得中國的人文思想由商、周時期的萌芽階段，正式進入成熟發展階段。此後，人文思想成為中國思想的主要內容，而這種肯定人的價值與地位、以人為本的思想，亦成為中國人的主要思維角度之一。

所謂「人文化」就是指文化中人文觀念的漸興與發展。春秋時期文化發展具有兩重性，商、周以來對文化具有重大影響力的宗教觀念，一方面是發生鬆動的現象，使一些卿大夫逐漸產生新的觀念，及人文觀念。另方面宗教觀念在當時（春秋早期）仍是影響社會文化意識的主要因素[39]。分析春秋文化發展，無論在宗教上、政治上、軍事上、社會制度上等皆朝向人文化發展。

人文觀念「*乃指對於人性、人倫、人道、人格及歷史文化之存在與其價值，願全幅加以肯定尊重，而不可抹殺曲解之思想也。*」[40] 簡言之，就是一種以人為中心，理性的、自覺的省思，進而對於人本身的尊嚴、價值與能力，給予肯定與認同；並且在以人為中心的基礎上，重新建立人與人的關

---

[39] 見張豈之《精編 中國思想史 上》，（臺北：水牛出版社），頁25。
[40] 見唐君毅 《中國人文精神之發展》，頁17至20。

係及人與天的關係的一種觀念與思維角度。

殷末周初是中國人文思想萌芽的時期，殷商時期人們對
於鬼神災異等事件，往往以畏懼的態度來面對，對於生命中
的種種遭遇，皆歸給鬼神，對於人本身的價值與尊嚴，並未
有所自覺。在當時的觀念中，所謂的人文精神尚未萌芽，直
到周朝建國後，對人的能力與價值才逐漸注意。進入春秋時
期後，人文精神逐漸在士大夫與知識階層中有所發展，人開
始肯定自身的能力與地位，於是人文思想逐漸發展成熟。

周朝推翻商朝而建國，在經歷建國初年的種種困境後
[41]，終能以人的力量，開創出一片天地。在這過程中，人們
逐漸發展出自覺的思維角度，逐漸發覺人本身的力量與價
值，不再像商朝時那樣對鬼神十分畏懼，轉而發展出另一種
型式的天人關係。在周朝建國的過程中，周人逐漸發展出憂
患意識與道德意識。周之所能代商而有天下，主要就在於周
能修德、行仁政，因此能推翻失德暴虐的商紂王。周朝的建
國主要是靠領導者的才與德，與天的意志並無絕對的關係，
因此在周朝建國後，對於天的觀念及天與人的關係產生與前
代不同變化，天不再是絕對的權威，反而人的德行才是左右
事情成敗的關鍵，而這種思想的逐漸發展，正是人文思想的
萌芽。

在周人建國的艱苦過程中，周人體會出人的能力與德性
才是左右成敗的因素，人的德性與能力，勝過鬼神的安排，

能修德行、行仁政者，自然可以得到天下人民的支持，進而有天下。在這個過程中，周人亦體會到人民支持的重要性，民心的向背才足以影響成敗，惟有得民心者方能治天下。

經過辛苦建國的過程後，周代的人們開始體會到「人」的重要性，在憂患與動盪的周朝初期環境中，人們進一步產生自覺，漸漸肯定人的能力與價值，進而發展出人文精神與人文觀念。

總而言之，春秋時期的文化特徵可由繼承與新變兩角度說明：所謂繼承，是指春秋文化以周代禮、樂制度為其基礎，進而強調德、禮觀念的重要性。整體而言，周代禮樂文化背後所代表的德、禮觀念，仍深層的影響當時人的價值觀與思維方式。所謂新變，是指春秋文化的人文化發展，為順應時代變化與需求，春秋文化朝向人文角度發展，無論在政治、軍事、社會、宗教等各層面，人文化皆是文化發展的主要方向。

必須強調的是，這一發展過程是「漸進的」。在歷史進程中，看來也許是快速的。但就生活在春秋時期的人們而言，這一思想觀念上的轉變是溫和漸進的，是自然發生的，春秋時人在不自覺中隨之改變。此外，春秋時期的這些觀念與今日所謂道德觀念仍有一段差距。春秋時期這些觀念是中國道德觀念的雛型，並不能以今日道德的角度去評判，應以春秋當時人的角度來看待。

---

41 如「管、蔡之亂」。

三、春秋文化對外交辭令之制約

瞭解春秋文化特徵後，進一步可探討文化制約對外交辭令究竟產生那些制約作用。分析《左傳》二百三十六則外交辭令，歸納文化制約對外交辭令之影響，主要體現於外交辭令的謀畫表達與接受兩層面。就表達一方而言，文化深層地影響著表達者，當表達運用話語符號進行言語交際時，其所選用之辭彙、語法、用以說服的辭令內容，皆與其所處之文化環境與言語環境有關。

就接受一方而言，影響接受者判斷的主要預設心理，正是文化制約下的產物。整體而言，在外交辭令交際過程中，無論表達者或接受者均受到文化制約的影響。

（一）、文化制約影響外交辭令之謀畫

如前所論，文化制約，是指個人由於長期生活於某一文化環境之中，致使其思想、觀念與價值標準，於無形中受所處文化之制約影響，使其認同所處文化中認同之價值觀，進而影響其言行之外顯。簡單而言，就是人必定在無形中受其所生活之文化影響其價值判斷與言行表現，這就是文化制約。在文化制約下，人會認同某些價值觀而排斥某些價值觀，這與文化有密切的關聯。無可諱言的是，無論古今，人必然受其所處文化制約。今日如此，春秋時期亦然。因此，春秋行人於外交辭令說服時，便運用當時公認之文化價值標準進行說服，因為，這些文化價值標準是為當時人所接受

241

的,是當時文化中所推崇的。運用文化制約進行說服,能使對方於不自覺中認同己方所言,進而接受。

文化制約對外交辭令謀畫的影響,主要體現在辭令內容規畫與辭令表達技巧兩方面。在辭令內容規畫上:觀察《左傳》外交辭令內容之說服觀點,以德、禮文化角度進行說服者,或辭令內容涉及德、禮文化觀念者,約佔外交辭令交際近半數。此一情況說明春秋外交辭令的謀畫,受到春秋德、禮文化的影響。相關例證論述見本章第三節。

歸納春秋各國外交辭令內容之謀畫,發現魯、鄭二國是運用德、禮觀點進行說服最多的二國。魯國為周公之後,對於周朝文化與禮制之保存不遺餘力,因此周代的德、禮文化觀念,常體現於魯國外交辭令內容之中。而鄭國自子產當政之後,改採「以德、禮服強」的外交策略。子產利用鄭國夾於晉、楚之間的形勢,以外交辭令為鄭國爭取生存與發展的空間[42]。

文化對外交辭令技巧之影響,主要表現在其重禮一點上。春秋行人受德、禮等文化觀念的影響,對於外交辭令的表達態度與修辭技巧,強調禮貌與委婉。觀察《左傳》外交辭令的表達,禮貌原則是其基本。有關文化制約對外交辭令謀畫之影響。《左傳·昭公五年》載叔向答游吉的一段話:「道之以訓辭,奉之以舊法,考之以先王,度之以二國,雖汏侈,

---

[42] 子產為春秋時期運用行人辭令之高明者。子產當政後,採取「挾楚」、「信晉」的方式,周旋於晉、楚兩國間,為鄭國爭取相當之生存空間。

若我何？」[43]亦可說明[44]。綜觀叔向全篇言論，除末句「度之以二國」一項外，其餘皆扣緊德、禮文化角度進行說服。

就表達者而言，文化制約主要體現於辭令內容規劃上。如第二章所言，外交辭令多數經過事前謀劃商議的過程。對於不同的外交事件，外交辭令必須以不同的觀點進行應對。如前所論，文化為人類生活的總稱。生活於特定文化環境中，其思維方式、思想、觀念必然受所處文化無形之影響，因此就在辭令謀畫過程中，文化已在不自覺中，產生制約的作用與影響。就接受者而言，文化觀念於無形中影響接受者的價值觀與對辭令的接受度。

（二）、文化制約影響外交辭令之接受

語言的表達與接受是一簡單又複雜的過程。簡單是指言語的表達較書寫或雕刻等形式為簡便。複雜是指，言語由觀念的構思至辭彙的選用，到發聲器官的運用，傳遞媒介的傳播，至接受者的接受、轉譯與理解，是一相當精密且繁複的過程。如前所論，在言語與表達過程中，文化觀念已無形的制約，表達者的表達與辭令內容。而在言語接受上，文化觀念亦有相同的影響。

如第三章所論，影響外交辭令接受的因素有許多，在諸多因素中。文化制約有著重大的影響力。德、禮等文化觀念

---

[43] 《十三經注疏‧左傳》，（臺北：藝文印書館），頁 744。
[44] 叔向此段言論之分析，見於第二章。

是春秋時期重要的價值標準,生活於春秋當時文化環境下的人,其思維、觀念、與價值觀等皆無形中受德、禮文化、禮樂制度的制約。此一制約作用表現在外交辭令交際上,則影響外交辭令的接受程度。詳見下節論述。

　　總而言之,文化觀念影響辭令接收對於辭令意涵的解釋。觀察《左傳》外交辭令,整體而言,對於以德、禮文化觀點進行說服的外交辭令,接受度普遍較高。但至春秋中期以後,利害關係逐漸成為外交辭令說服的主要觀點,而德、禮文化觀點,反而成為利害關係的掩護。由此前後之變化,可看出春秋文化觀念之變遷。

第三節、德、禮制約與《左傳》外交辭令

　　由上所論可知,以文化觀點進行說服是春秋外交辭令的一大特色。「中國人重禮尚文。禮是中國古代社會規範和道德規範,上至朝廷,下至庶民,莫不受以禮為核心的一套規範所制約,有關禮的種種觀念滲入中國人的內心世界,支配著人們的行為,當然也包括人們的言語行為。」[45]春秋文化的主要內涵,在於禮樂制度與德、禮觀念。

　　以下約略說明春秋時期德、禮觀念的主要內涵[46],進而

---

[45] 譚學純、唐躍、朱玲《接受修辭學》,(上海:上海教育出版社,1992年12月),頁21。

[46] 有關春秋時期德、禮觀念義涵之論述,學者多有專著討論。如張端穗

指出德、禮觀念是春秋時期主要的價值判斷標準。最後以實例說明德、禮觀念對《左傳》外交辭令交際所產生的制約作用，亦即論述德、禮文化觀念對外交辭令交際成敗之影響。

一、春秋德、禮觀念概說

如上節所論，禮樂制度背後所蘊含的德、禮觀念是春秋文化主要內涵。周代商而有天下，建國之初，為解釋本身政權的合法性與正統性，周人提出「以德配天」的觀念。藉此說明政權移轉與天命更替，主要在於國君之德。所謂「皇天無親，唯德是輔」[47]此種說法，一方面可以此安撫眾多的殷商遺民；另方面亦有警惕後代帝王的作用。劉翔云：「為調整宗族內部的關係，緩和矛盾衝突，於是大力提倡內心反省，引導人們端正心性，強調『德』。」[48]久之，崇德尚禮遂成為周代文化中深層且不可移除的主要價值觀。此價值觀反

《左傳思想探微》，（臺北：學海出版社，民國76年1月）書中，〈左傳對禮與刑的看法及其意義〉、〈左傳對君臣關係的看法〉、〈左傳對人牲、人殉的看法及其意義〉等文皆對春秋時期德、禮文化觀念有所論述。又如劉瑞箏《左傳禮意研究》，（臺灣師範大學：國文研究所博士論文，民國八十六年）以禮意為探討對象，對《左傳》所載之禮意進行深入的探討。要言之，德、禮相關問題之論述，學者多有專門討論，本文不再重覆，僅歸納各家所言，擇要說明。

[47] 《左傳·僖公五年》宮之奇引《周書》以諫虞侯，同註13，頁207。
[48] 劉翔《中國傳統價值觀念詮釋學》，（臺北：桂冠圖書公司，民1993年4月），頁99。

映於生活中，即所謂的文化制約。

　　整體而言，德與禮互爲表裏。德爲禮之基礎，禮是德的實踐。德、禮觀念構成春秋文化的主要內涵，亦是春秋時期重要的價值判斷標準。由德、禮觀念進而衍生出其他道德規範，如信、義、敬、忠、讓等[49]。以下分別說明春秋時期德與禮兩觀念的主要內涵，以作爲後文討論德、禮制約與《左傳》外交辭令之基礎。

（一）、春秋時期「德」的本質與內容

　　「德」字最早出現於《大盂鼎》及《何尊》，此兩器皆爲周康王時代之器物[50]。又「德」字於周代金文中近百見，歸納其義其中大部分的字體多從心，旨在表明心性修養之重要[51]。有關金文中德字的討論，郭沫若《青銅時代・先秦天道觀之進展》：「卜辭和殷人的彝銘中沒有德字，而在周代彝銘中才明白有德字出現。」[52]周法高《金文詁林補》「德」字條下云：「德在金文用如敬德、正德、元德、秉德、明德、

---

[49] 有關德、禮觀念見後文論述。或見劉瑞箏《左傳禮意研究》〈第三章第二節 禮攝諸德〉，（臺灣師範大學：國文研究所博士論文，民國86年），頁33至62。

[50] 劉翔《中國傳統價值觀念詮釋學》，頁98。

[51] 劉翔《中國傳統價值觀念詮釋學》，頁98。

[52] 錄於《郭沫若全集・歷史編・第一卷》，（北京：人民出版社，1982年），頁336。

懿德、若德、首德、政德、經德等,其用例亦豐富,可知周
初以來,德之觀念甚爲發達。」[53]東漢‧許慎《說文解字》
則以「德」字爲會意兼聲字。《說文解字‧二篇下‧彳部》:
「德,升也。從彳,悳聲。」[54]

有關德觀念發達的原因,可由三角度分析:就政治上而
言,周代商而有天下,爲取得政權的合理、合法性,必須強
調德觀念,以天命靡常爲德是依作爲政權轉移的合理解釋。
此外,就周代實行的宗法制度而言,德與禮等文化觀念,是
維繫宗法制度的重要力量。加上文化上「周尚文」,對於鬼
神災異等較不迷信,加上周以本身力量取得政權,配合大環
境的轉變,人文思維逐漸在周代萌芽。德、禮觀念逐漸成爲
周代重要的文化內涵。

「以德配天」的觀念是周代文化的根本。《莊子‧天下
篇》亦云:周人「以天爲宗,以德爲本」。整體而言,周初
德的內容,原始以孝、友、悌、敬等爲主要內含。隨著時代
變遷與政治統治上的需要,德的內容逐漸擴大。春秋時期,
德的觀念中逐漸加進了惠、愛、讓、忠、信、義等內容。例
如晉慶鄭論晉惠公四德皆失一例(僖公十四年),其中反映
出春秋時人對德的看法:

---

[53] 周法高《金文詁林補》,(臺北:中文出版社),頁606。
[54] 東漢‧許慎 撰 清‧段玉裁 注《說文解字注》,(臺北:天工書局,
民國81年11月),頁76上。

　　　　　冬，秦饑，使乞糴于晉，晉人弗與。慶鄭曰：「背
施，無親；幸災，不仁；貪愛，不祥；怒鄰，不義。四
德皆失，何以守國？」（德的內涵）虢射曰：「皮之不存，
毛將安傅？」慶鄭曰：「棄信背鄰，患孰恤之？無信，
患作；失援，必斃。是則然矣。」虢射曰：「無損於怨，
而厚於寇，不如勿與。」慶鄭曰：「背施幸災，民所棄
也。」近猶讎之，況怨敵乎？」弗聽。退曰：「君其悔
是哉！」[55]

　　魯僖公十三年（西元前 647 年），晉國發生糧食欠收，
秦國基於國際道義與秦穆公本身的重民觀念，運輸糧食給晉
國，史稱「泛舟之役」。隔年冬季，秦國發生饑荒，秦穆公
遣使往晉國「乞糴」，晉惠公「弗與」。於是有僖公十五年的
秦晉韓之戰。

　　上文中慶鄭論晉惠公時，指出信（背施）、仁、祥、義
四者為四德。又提出「背施幸災，民所棄也。」的重民觀念。
由慶鄭所論，可約略瞭解春秋時期德觀念的內涵。

　　德觀念在春秋時期的發展中，又可別為吉德、懿德與凶
德等。所謂「孝敬、忠信為吉德，盜賊、藏姦為凶德。」[56]（文

---

[55] 《十三經注疏・左傳》，（臺北：藝文印書館），頁 224。

[56] 《左傳》載之如下：莒紀公生太子僕，又生季佗，愛季佗而黜僕，且
　　多行無禮於國。僕因國人以弒紀公，以其寶玉來奔，納諸宣公。公命

公十七年）又「昔帝鴻氏有不才子，掩義隱賊，好行凶德。」[57]（文公十八年）又「讓，德之主也。讓之謂懿德。」（昭公十年）由上可知，德觀念在春秋時期仍是處於發展中的狀況，德的內涵，往往隨著所論議題之不同，而有不同的意義。因此，討論春秋時期德的觀念，必須與事件相配合。

整體而言，春秋德的觀念亦與春秋文化發展大趨勢相合──朝向人文化的角度發展。順此趨勢發展，至春秋晚期孔子出現，將德觀念更進一步朝人文層面轉化，德觀念逐漸發展出道德層面的意義與價值，成為影響中國文化的重要觀念。此外，隨著德觀念逐漸朝人文角度發展，至春秋中晚期時，由德觀念衍生出「重民觀念」。所謂「德政治民」[58]（隱公十

與之邑，曰：「今日必授！」季文子使司寇出諸竟，曰：「今日必達！」公問其故。季文子使大史克對曰：「先大夫臧文仲教行父事君之禮，行父奉以周旋，弗敢失隊，曰：『見有禮於其君者，事之，如孝子之養父母也；見無禮於其君者，誅之，如鷹鸇之逐鳥雀也。』先君周公制周禮曰：『則以觀德，德以處事，事以度功，功以食民。』作誓命曰：『毀則為賊，掩賊為藏。竊賄為盜，盜器為姦。主藏之名，賴姦之用，為大凶德，有常無赦。在九刑不忘。』行父還觀莒僕，莫可則也。孝敬、忠信為吉德，盜賊、藏姦為凶德。夫莒僕，則其孝敬，則弒君父矣；則其忠信，則竊寶玉矣。其人，則盜賊也；其器，則姦兆也。保而利之，則主藏也。以訓則昏，民無則焉。不度於善，而皆在於凶德，是以去之。（《十三經注疏‧左傳》，（臺北：藝文印書館），頁351。）

[57] 《十三經注疏‧左傳》，（臺北：藝文印書館），頁352。

[58] 《左傳》載之如下：鄭伯使卒出豭，行出犬、雞，以詛射潁考叔者。君子謂鄭莊公「失政刑矣。政以治民，刑以正邪。既無德政，又無威

一年)、「民不見德，而唯戮是聞，其何後之有？」[59]（僖公二十三年）等皆表現出對民的重視。

總而言之，「德」這一觀念，自西周初期提倡，發展至東周春秋時期，已成為周文化中最重要的內含之一。儘管春秋時期周代舊制已出現逐漸崩解的情況，但周代文化中德的觀念，仍深層的影響人們的思維與判斷。德觀念在春秋時期有著重要的影響。

在政治上，有君違「諫之以德」[60]（桓公二年）的主張。在國際政治上，隨著周天子勢力的式微，春秋國際政治逐漸形成霸主政治的形態，盟主成為國際政治上實際的領導人。德的修養成為盟主的要件之一，所謂「招攜以禮，懷遠以德。德、禮不易，無人不懷。」[61]（僖公七年）此外，德觀念的影響亦體現於軍事、外交等層面上。在個人方面，魯國叔孫豹論三不朽：「大上有立德，其次有立功，其次有立言。」（襄公二十四年）以立德為人生不朽之首，足見德觀念對春秋時人的影響力。

歸納春秋時期對德的論述，主要以「無德遭禍」與「主盟須德」為主要討論內容。前者主要強調言行舉止須合德，否則將遭災禍。如「不度德，……而以伐人，其喪師也，不

刑，是以及邪。邪而詛之，將何益矣！」（《十三經注疏·左傳》，（臺北：藝文印書館），頁80。）

[59] 《十三經注疏·左傳》，（臺北：藝文印書館），頁250。

[60] 《十三經注疏·左傳》，（臺北：藝文印書館），頁90。

亦宜乎？」[62]（隱公十一年），又如「無德而祿，殃也」[63]（閔
公二年）等皆說明德為此類。後者則強調，盟主主盟本身必
須具備德的修養，以德服人才是長久之計。此類例證見後文
論述。

德是春秋文化的內在義涵，德體現於外即所謂的禮。以
下論述春秋時期禮的本質與內涵。

（二）、春秋時期「禮」的本質與內容

禮樂制度是周代維繫宗法政治的重要力量。禮的起源與
宗教祭祀活動有關：「禮，履也，所以事神致福也。從示，
從豐，豐亦聲。」[64]（《說文解字注·一篇上·示部》）許慎
指出禮字是由豐字孳生而出的會意兼聲字。豐是祭祀時用以
承酒的一種祭器。「豐，行禮之器也。」[65]（《說文解字注·
五篇上·豐部》）有關禮與豐字的相關論述，學者多有討論，
本文不再贅述。

---

[61] 《十三經注疏·左傳》，（臺北：藝文印書館），頁 215。

[62] 《左傳》載之如下：鄭、息有違言。息侯伐鄭，鄭伯與戰于竟，息師
　　 大敗而還。君子是以知息之將亡也——不度德，不量力，不親親，不
　　 徵辭，不察有罪。犯五不韙，而以伐人，其喪師也，不亦宜乎？

[63] 《十三經注疏·左傳》，（臺北：藝文印書館），頁 189。

[64] 東漢·許慎 撰 清·段玉裁 注《說文解字注》，（臺北：天工書局，
　　 民國 81 年 11 月），頁 2 下。

[65] 東漢·許慎 撰 清·段玉裁 注《說文解字注》，（臺北：天工書局，
　　 民國 81 年 11 月），頁 208 上。

　　總而言之，禮的造字本義，與祭祀有密切的關聯。於今存銘文中可知，禮（豊）字於銘文中由祭器進而衍生出祭祀禮儀之意[66]。至春秋時期，禮的涵意進一步擴大，泛指各種制度與行為準則。

　　禮在春秋時期有廣狹二義：廣義的禮是國家典章制度、倫理規範與行為儀式的總稱。所謂「禮，經國家，定社稷，序民人，利後嗣者也。」（隱公十一年），又「禮者，法之大方，群類之綱紀也」（《荀子·勸學》）。狹義的禮主要是指人們日常生活中所遵行的行為規範。《左傳·昭公七年》：「禮，人之幹也。無禮，無以立。」《爾雅·釋言》云「禮，履也」；鄭玄云「禮者，體也，履也，統之於心曰體，踐而行之曰履。」要言之，無論廣義或狹義，禮在中國文化中具有重要的分量。

　　春秋時期禮更是有其相當之的重要性，小自日常言行，大至國君威儀，禮皆是主要的價值標準。此外，在行人外交折衝之間，禮亦是辭令表達與接受的重要因素。

　　春秋時期對禮的看法有一重要發展，即對禮意與禮制兩者的明確分別。所謂禮意，是指禮的本質與其內涵，換言之即禮的精神。所謂禮制，則是指禮觀念的具體表現與制度，即所謂的禮儀規範。春秋時期禮的制度可由《左傳》中略見

---

[66] 相關論述見劉翔《中國傳統價值觀念詮釋學》，（臺北：桂冠圖書公司，1993年4月），頁105至117。

一二，亦有部分保存於《周禮》、《儀禮》中。

　　禮觀念發展至春秋時期，行為規範的意義逐漸加重，所謂禮以序民（隱公十一年）、禮以防民（桓公二年）等皆強調禮的階級差等與治民作用。又如「王命諸侯名位不同，禮亦異數，不以禮假人。」（莊公十八年）更突顯出禮是春秋時期強化政治統治與社會等級的重要觀念與行為準則。

　　春秋時期的禮制，主要別為五大類：吉禮、凶禮、軍禮、賓禮、嘉禮[67]。簡言之，吉禮是指祭祀時的典制禮儀。凶禮即喪葬儀節，舉凡周天子崩葬、諸侯國君薨葬，卿大夫卒葬，及饑饉、荒年、戰亂等情況的弔問皆屬凶禮的範圍。軍禮是指與軍事相關的禮節，如蒐、校、乞師、致師、獻捷等皆為軍禮範圍。值得一提的是，春秋時期於戰場上，亦有守禮的情況。（見後文）

　　賓禮，是指與外交相關的禮節，亦是與《左傳》外交辭令密切相關的禮制儀節。舉凡朝聘、會盟、及外交行人的接待等，皆屬於賓禮的部分。嘉禮是指各種嘉慶場合中的禮儀，如婚嫁、冠冕、賓射等場合的禮節，皆是嘉禮的範圍。

　　總而言之，禮是春秋時期重要的行為準則與規範，是周代維繫宗法制度的重要關鍵[68]，亦是重要的價值判斷標準。

---

[67] 有關五禮之論述，清・秦惠田 等著有《五禮通考》對五禮有詳細的說明。此外，近代學者對五禮之內容亦有相關論述。

[68] 由政治制度角度而言，周代實行宗法制度，大宗小宗之間的關係是血緣關係，大宗小宗之間的關係與等第，則必須經由禮法為顯現與維

《春秋》以「禮」、「非禮」作爲褒貶的標準；《左傳》亦以禮爲最終的價值判斷[69]。例如春秋時期，失德無禮是國君見弒的重要原因之一。春秋時期，對於國君的言行要求有德合禮。若國君過分失德無禮，將遭致被殺的命運。例如：文公十八年，莒太子僕「因國人以弒紀公」，其原因除莒紀公「愛季佗而黜僕」外，《左傳》特別記載莒紀公「多行無禮於國」，突顯出莒紀公無禮見弒的情況。總之，禮的觀念是春秋時期重要的文化內涵，亦是重要的價值判斷標準。

（三）、德為禮之基礎，兩者為一體兩面

春秋時期德與禮是相輔相依的關係，「是禮在意識形態方面的內涵」[70]。周朝初建時即力倡德的觀念，以取得政權上的合法地位，並安撫殷商遺民的情緒。提出「天命靡常，唯德是依」的觀念。可以說，在德觀念的基礎上，進一步制定禮樂儀節[71]。因此，可以說德爲禮之基礎，禮爲德之體現。

持。春秋時期由於禮觀念的轉化，連帶使得宗法制度逐漸解體。

[69] 有關《左傳》中禮的內涵與意義，劉瑞箏《左傳禮意研究》針對此問題進行論述。

[70] 沈玉成、劉寧 著《春秋左傳學史稿》，（江蘇古籍出版社，1992年6月），頁85。

[71] 關於德與禮的關係，黃開國〈春秋時期的德觀念〉一文云：「禮是春秋時期人們所共同承認的社會典章法則，也是人們一切行為的總規範，……對於春秋時期人們所講的德而言，也受到禮的制約與決定。凡被稱之為德的言行，都無不是合於禮的規定的。」其論述反應出春

　　《國語‧周語中》載周內史興云：「成禮義，德之則也。」
《左傳‧文公十八年》載魯大史克云：「則以觀德，德以處
事。」皆反映出德與禮密切的關係。所謂「則以觀德」是指
經由禮儀規則來觀察其人是否有德，若其人有德，則其言行
必然合乎禮，「禮則」主要是為體現德行。《國語‧周語中》
所謂「成禮義，德之則也」亦同，主要是說明禮義是德的行
為標準之一，德之體現必須經由禮義而外顯，以產生作用。

　　此外，晉國作三軍，謀元帥時，趙衰所言亦可明顯看出
春秋時人對德、禮觀念的重視。趙衰推讓中軍帥一職，推薦
郤縠擔任，其云：「郤縠可。臣亟聞其言矣，說禮樂而敦詩
書。詩書，義之府也；禮樂，德之則也；……」（僖公二十
七年）趙衰所持的理由是郤縠人品修養較自己為佳，而晉文
公最終亦採納趙衰之言，以德禮為標準，為晉國新編制的軍
隊選出新的中軍帥。可知，德禮標準對春秋時人價值觀之影
響。

　　總而言之，德與禮是一體兩面，德為禮之本，禮為德之
則。德、禮觀念在春秋時期確實對人們之思維與價值判斷具
有相當的影響。徐復觀先生「春秋是一德禮為中心的人文世
紀」之見解，正可說明春秋德禮觀念在當時之意義。以下說

秋時期德與禮密切的關聯性，但其指出春秋所謂德也受禮的制約與決
定，仍有商議空間。無論如何，由黃開國文章之論述，可知春秋時
期德與禮是密切相關的。（《孔孟月刊》第三十五卷第九期，頁35
至42。）

明德、禮觀念在春秋時期各層面的具體體現。

二、德、禮觀念是春秋時期重要之價值判斷標準

德、禮觀念是春秋時期重要的價值判斷標準。春秋德、禮文化的表現，主要體現在政治、軍事、外交等層面上。政治上，要求國君有德知禮，舉凡政策之制定，繼承人之選定等皆須以德、禮爲依歸。此外治軍、擇帥等亦以德、禮爲標準，而外交方面德、禮更是霸主主盟的重要條件之一。所謂「無德，何以主盟」（文公七年）。又外交辭令謀畫與接受亦受德、禮文化觀念的制約與影響。而外交愬訟糾紛上亦以德、禮爲主要的裁斷標準。

論及春秋時期的文化發展，一般皆以春秋戰國時期爲周文疲弊，禮壞樂崩之際，以爲禮樂文化爲春秋時人所棄。事實上，春秋時期禮樂制度之崩解是漸進的。觀先秦記載春秋史事之典籍如《左傳》、《國語》及先秦諸子如《論語》、《孟子》、《荀子》等皆可發現，德、禮觀念在春秋時期始終影響人們的價值觀與思維方式。

徐復觀先生指出「春秋時期是以禮為中心的人文世紀」。其云：「禮的觀念，是萌芽於周初，顯著於西周之末，而大流行於春秋時代；則《左傳》《國語》中所說的禮，正代表了禮的新觀念最早的確立。」[72]徐復觀先生所謂禮的新

---

[72] 徐復觀先生《中國人性論史—先秦篇》，（臺北：臺灣商務印書館，1994 年 4 月初版十一刷），頁 47 至 51。

觀念，主要是指禮由宗教意義轉化爲人文意義而言。

要言之，春秋時期是一個人文思想興起發展的階段，傳統禮的觀念至春秋時期有新的意義，周初提倡德的觀念，發展至春秋時期亦深入人心。德、禮觀念遂成爲春秋時期最具影響力的文化觀念，其對當時人的制約除表現在日常行爲舉止之外，對於各國的政治、軍事、外交等決策皆產生一定的影響力。

欲探討《左傳》外交辭令內容與德、禮觀念之關係，則須先釐清春秋時期德、禮觀念之意義與影響。下以《左傳》所載爲例，略論德、禮觀念在春秋時期政治、軍事、外交等層面之影響。

（一）、德、禮觀念在政治層面之體現

考諸《左傳》所載，德、禮觀念是春秋時期各國施政的重要指導。周朝建國之初，即以德、禮爲其政權取得正統合法地位。至春秋戰國時期，隨著周王室日衰，各諸侯國並起，各種富國強兵的政治思想逐漸被提出，遂有思想史上百家思想爭鳴的現象，仔細分析儒、道、墨、法等各家主張，皆以政治爲主要訴求對象，皆以富國強兵爲主要目標，所不同的是各家切入的角度有所差異，各家所重視的問題有所不同。例如儒家以人本爲出發，重視文教潛移默化的功能，要求國君以德、禮治民，所謂「導之以德，齊之以禮」；法家則較重政治現實，強調君術、法治之重要性，主張透過嚴密完備

的法規與制度來統治國家。

　　無論各家主張如何，春秋戰國時期民心的向背成為國家能否快速成長、擴張的重要基礎。因此，「以德和民」（隱公四年），「以德撫民」（僖公二十四年），「以德治民」（僖公三十三年），「恤民為德」（襄公七年），「我之不德，民將棄我」（襄公九年）等主張逐漸成為政治思想的主流。魯昭公十三年，晉國叔向論取國五難，第五難為「有民而無德」。所謂無德，叔向釋為「亡無愛徵」。叔向以晉有五難與楚有五利，相對比較，亦預見楚將興，晉將衰。楚所謂五利中，有「令德」一項。所謂「令德」是指楚國國君知禮修德[73]。

　　此外，如晉文公占卜是否勤王時，卜偃云：「周禮未改，……」（僖公二十五年）亦表現出禮觀念對占筮與國際政治決策之影響。而春秋國君繼位之選責，亦以德、禮為標

---

[73] 《左傳‧昭公十三年》載此事如下：子干歸，韓宣子問於叔向曰：「子干其濟乎！」對曰：「難。」宣子曰：「同惡相求，如市賈焉，何難？」對曰：「無與同好，誰與同惡？取國有五難：有寵而無人，一也；有人而無主，二也；有主而無謀，三也；有謀而無民，四也；有民而無德，五也。子干在晉，十三年矣。晉、楚之從，不聞達者，可謂無人。族盡親叛，可謂無主。無釁而動，可謂無謀。為羈終世，可謂無民。亡無愛徵，可謂無德。王虐而不忌，楚君子干，涉五難以弒舊君，誰能濟之？有楚國者，其棄疾乎！君陳、蔡，城外屬焉。苛慝不作，盜賊伏隱，私欲不違，民無怨心。先神命之，國民信之。羋姓有亂，必季實立，楚之常也。獲神，一也；有民，二也；令德，三也；寵貴，四也；居常，五也。有五利以去五難，誰能害之？（《十三經注疏‧左傳》，（臺北：藝文印書館），頁808）

準。如魯國孟孫氏的繼承問題，穆叔云：「大子死，有母弟，則立之；無，則立長。年鈞擇賢，義鈞則卜」[74]（襄公三十一年）。

其他如晉叔向云：「底祿以德，德鈞以年，年同以尊」[75]（昭公元年）；王子朝告諸侯書：「昔先王之命曰：『王后無適，則擇立長。年鈞以德，德鈞以卜。』」[76]（昭公二十六年）等皆反映出，春秋時期對於君位繼承人之選擇，除考量宗族關係外，賢德與否亦是考慮要素之一。除要求盟主國君要具備德、禮外，春秋對於臣子亦以德、禮要求之。如第二章所論，德、禮正是春秋行人重要的基本素養之一。

總而言之，德、禮觀念對春秋時期政治產生相當的影響，不僅是國內政治上，在國際政治層面，德、禮觀念亦是重要的價值觀。

（二）、德、禮觀念在外交層面之體現

洪鈞培指出：「春秋國際公法之淵源，大別之，可分為自然法或國際道德、周制、習慣及國內法等。」[77]進一步分析，其中國際道德、周制與習慣法等春秋國際外交上所遵守

---

[74] 《十三經注疏‧左傳》，（臺北：藝文印書館），頁 685。

[75] 《十三經注疏‧左傳》，（臺北：藝文印書館），頁 710。

[76] 《十三經注疏‧左傳》，（臺北：藝文印書館），頁 903。

[77] 洪鈞培《春秋國際公法》，（臺北：中華書局，民國 60 年 2 月臺一版），頁 58。

的規範，皆與春秋德、禮文化有密切的關係。「春秋國際公法，大都基於自然法或國際道德而生，所謂自然法或國際道德者，即禮、義、信、敬等是也。」[78]換言之，春秋國際公法正是源於春秋文化的主要內涵─德、禮觀念。春秋外交辭令在外交交際與辭令說服過程中，徵引周代舊制度以增加說服力者，亦時有所見[79]。

所謂周制，是指周代的舊制而言，此亦是春秋國際公法的重要來源之一。所謂習慣法是指國際政治交往時的一般習慣法則。春秋中葉以後，由於有之前大量的國際交往經驗，習慣法成為國際公法的重要來源之一。最顯著的例子即晉頃公卒，鄭游吉弔且送葬一事（昭公三十年），晉魏獻子即以習慣法則質問鄭國非禮。（詳見後文分析）其他如、鄭游吉如晉送少姜之葬（昭公三年）、楚子合諸侯於申（昭公四年）等皆反映出習慣法為春秋國際公法來源之一。

簡言之，周禮是春秋戰國時期各國外交上所依循的一套規範[80]。所謂周禮，即周代禮制，是指「周族在其氏族社會時期形成的一整套習俗，是周朝傳統的典章、制度、儀節、

---

[78] 洪鈞培《春秋國際公法》，頁 58。

[79] 詳見後文禮觀念與左傳行人辭令制約一節。

[80] 裴默農《春秋戰國外交群星・緒言》云：「外交是主權國家處理國際事務的官方渠道，是一種對等的國際行為。這種行為必須有普遍承認、互相遵守的一般規則，即現代意義的國際公法。就一定意義說，周禮便是春秋戰國時期這樣一套法規。」（重慶：重慶出版社，1998年 12 月），頁 7。

習俗的總稱,具有不成文的習慣法性質。」[81]何以周禮會成為春秋戰國時期國際政治上所公認的規範?洪鈞培指出,春秋時期各諸侯國,主要是周王室分封建立的,因此「周所定國際間及諸侯間交相往來之法制,仍被春秋大多數國家所採用。其間雖有因環境之轉移而有所變易,然其基礎固仍建於周之舊有法制也。」[82]

春秋時期隨著周王室的衰微,發展出一種特殊的政治文化,即霸主政治。霸主又稱為盟主,主要是經由各諸侯國會盟後,共通推舉出一位盟主,負責領導各諸侯國。盟主政治之產生,有其特殊之時代環境。西元前 770 年周王室因戎狄之禍東遷成周,至西元前 256 年秦滅周,史稱為東周時期。其中西元前 722 年至 418 年因孔子作《春秋》以載當時史事,故又稱為春秋時期。

要言之,周王室之東遷,主要是迫於戎狄之患。春秋初年,戎狄仍盛,中原各國需要共同領導人統一領導,對抗戎狄的侵擾,這亦是齊桓公「尊王攘夷」口號提出之背景因素。此外,周王室衰微後,國際政治上缺少調解爭端之人,必須有一共同認同的盟主以主持國際糾紛之調解[83]。

---

[81] 裴默農《春秋戰國外交群星・緒言》,頁 8。

[82] 洪鈞培《春秋國際公法》,(臺北:中華書局),頁 58。

[83] 有關盟主與國際糾紛之調解,請見作者〈《左傳》「愬」「訟」初探〉一文,(嘉義:中正大學,《第四屆南區四校中文研究所研究生論文研討會論文集》民國 87 年 9 月),頁 54 至 79。

　　然則，盟主必需具備那些條件？德、禮是春秋盟主最重要的基本條件。考諸《左傳》，明顯可見對盟主德、禮之要求。例如文公七年，晉郤缺建議趙宣子以德、禮勸服諸侯的言論：

> 晉郤缺言於趙宣子曰：「日衛不睦，故取其地。今已睦矣，可以歸之。叛而不討，何以示威？服而不柔，何以示懷？非威非懷，何以示德？無德，何以主盟？子為正卿，以主諸侯，而不務德，將若之何？夏書曰：『戒之用休，董之用威，勸之以九歌，勿使壞。』九功之德皆可歌也，謂之九歌。六府、三事，謂之九功。水、火、金、木、土、穀，謂之六府；正德、利用、厚生，謂之三事。義而行之，謂之德、禮。無禮不樂，所由叛也。若吾子之德，莫可歌也，其誰來之？盍使睦者歌吾子乎？」宣子說之。[84]

　　郤缺之論，明白指出，懷威並濟是德在國際政治上運用之重要手段，同時亦表達出，欲成為盟主，使諸侯國信服，則必須恩威並濟。其言論中亦說明「義而行之，謂之德、禮」，亦即盟主之言行必須符合正當性，必須考量各國之發展與利益。所謂「正德、利用、厚生」，除單指本國之發展外，亦

---

[84] 《十三經注疏·左傳》，（臺北：藝文印書館），頁318。

包含同盟國共榮共存之意義。然而，此爲邵缺理想化之言
論。就實際政治層面而言，除齊桓公、晉文公以外，之後的
盟主多以自身利益爲考量，至春秋中晚期晉、楚相爭之時，
盟主成爲壓榨同盟國的角色。

又如襄公二十七年，晉、楚弭兵之會，兩國爭先，叔向
勸趙孟讓楚先，其曰：「諸侯歸晉之德只，非歸其尸盟也。
子務德，無爭先。」充分表達出春秋時期德觀念在國際政治
上之意義。總而言之，德、禮觀念是春秋時期國際政治上重
要的規範，「無德，何以主盟？」（文公七年）「非禮，何以
主盟？」（襄公九年）等論點履見於《左傳》、《國語》等典
籍中。此外，春秋外交外交辭令之表達與接受，亦受德、禮
觀念之影響。詳請見下文分析。

（三）、德、禮觀念在軍事層面之體現

除政治外交層面外，德、禮觀念亦影響春秋時期的軍事
思想。其中最明顯之例表現在選擇軍事統帥一事上。春秋時
期對於軍事將領之要求，不強調其軍事上之才能與武力上之
技藝，而是要求將帥之文化修養，亦即禮樂、德行之修爲。
《左傳·僖公二十七年》載晉國作三軍，選擇中軍帥一事，
即爲例證：

冬，楚子及諸侯圍宋。宋公孫固如晉告

急。…………於是乎蒐于被廬，作三軍，謀元帥。
趙衰曰：「郤縠可。臣亟聞其言矣，說《禮》、《樂》
而敦《詩》、《書》。《詩》、《書》，義之府也；《禮》、
《樂》，德之則也；德、義，利之本也。夏書曰：『賦
納以言，明試以功，車服以庸。』君其試之！」乃
使郤縠將中軍，郤溱佐之。使狐偃將上軍，讓於狐
毛而佐之。命趙衰為卿，讓於欒枝、先軫。使欒枝
將下軍，先軫佐之。荀林父御戎，魏犨為右。[85]

　　晉國為解楚國圍宋之難，並加強軍力以抗楚，繼閔公元
年晉獻公作二軍之後，於此年再加建新軍，計為三軍。成立
新軍後，便須選擇中軍帥。趙衰推薦郤縠，其推薦原因是，
郤縠「說《禮》、《樂》而敦《詩》、《書》」，趙衰進一步說明
禮、樂、詩、書之重要意義及其與中軍帥之關係，其云：
「《詩》、《書》，義之府也；《禮》、《樂》，德之則也；德、義，
利之本也。」趙衰立論根據主要在於德、禮觀念對人思維模
式與意識形態之制約上。趙衰以為，能知《禮》、《樂》、《詩》、
《書》之人，必然對於德、禮觀念有深刻體認，其言行舉止
能有德合義，不至作出危害國家利益之決策。且有德合義之
人，對於軍事與外交之掌握較有分寸，不致於窮兵黷武[86]。

---

[85] 《十三經注疏・左傳》，（臺北：藝文印書館）13，頁266。除《左
傳》記載外，《國語・晉語四》亦有相關記載。

[86] 《左傳・宣公十二年》邲之戰，晉國先縠不遵從中軍帥荀林父指揮，

晉文公接受趙衰之議，遂使郤縠爲中軍帥，指揮晉國三軍。未料隔年二月，郤縠卒。晉國改以先軫接替中軍帥之位。觀察襄公二十七年所載，先軫本居下軍佐，依晉國軍制，是三軍將佐中排名末位者，然隔年卻躍居中軍帥，成爲最高統帥。《左傳》特別詳細記載，先軫得以成爲中軍帥之原因，主要在於先軫之德[87]。

此外，晉、楚邲之戰後（宣公十二年），楚潘黨勸莊王收晉尸以爲京觀，楚莊王反駁一段言論，亦可見出德、禮制約對楚莊王思維與言行之影響。除謀中軍帥以德、禮爲依據外，春秋時期另有「能以德攻」（僖公二十八年），「德、刑、詳、義、禮、信，戰之器也。」（成公十六年）等說法。

此外，對於軍隊建立之意義，宋國子罕曾提出「兵之設久矣，所以威不軌而昭文德也。」的見解，皆顯示出德、禮觀念在軍事思想上之制約。其他如，楚伐陳，聞喪乃止（襄公四年）、鄭子展子產伐陳，「子產執縶而見，在拜稽首承飲而進獻」（襄公二十五年）等皆表現出德、禮觀念在軍事層面之作用與影響。

總結而言，無論在政治、外交或軍事上，德、禮觀念對

因個人欲戰之故，拖累晉軍，致使晉國於邲之戰失利，影響晉國之後之發展，亦造成晉、楚勢力重新分配。

[87] 《左傳·襄公二十八年》記載如下：「二十八年，春，晉侯將伐曹，假道于衛。衛人弗許。還自南河濟，侵曹、伐衛。正月戊申，取五鹿。二月，晉郤縠卒。原軫將中軍，胥臣佐下軍，上德也。」《十三經注疏·左傳》，（臺北：藝文印書館），頁 270。

春秋時人的價值判斷與思維方式，產生一定之制約作用。而德、禮觀念亦成爲春秋時期重要的價值判斷標準。

德、禮觀念雖爲一體兩面，但在外交辭令內容運用與說服表達上仍有輕重之別。整體而言，以德說服之辭令內容主要偏重在國君修爲或盟主條件上；以禮說服之辭令內容則強調周代制度與國際慣例。

試觀《左傳》二百五十五年外交辭令內容之演變，可發現春秋早期之辭令內容多選擇運用德爲外交辭令主要的說服內容，春秋中晚期之後，運用禮觀念來說服的辭令內容逐漸增加。此一現象與春秋思想觀念之轉變有關，德的觀念逐漸人文化轉變爲今日一般所謂之道德意義；禮的觀念則由原始宗教意義逐漸轉化爲人文意義，在現實生活與外交交際中發揮更多的功能。春秋中晚期國際外交更有引前例爲國際慣例以解決外交爭端之例，禮的說服效果日趨加強。

以下分別論述德、禮兩觀念對《左傳》外交辭令表達與接受所產生之制約影響。又德、禮本爲一體兩面，爲深入探討，姑分別由德、禮觀念進行論述。《左傳》例證或有不可分者，則取其偏重者爲代表，於論述中一併說明。

三、德觀念對外交辭令之文化制約

如上所論，德、禮觀念是春秋文化的主要內涵。德與禮互爲表裏，由德、禮觀念衍生出信、義、忠、惠等觀念。德

與禮雖相輔相成，但於實際外交辭令運用時，仍有輕重之別。以下分別論述德觀念與禮觀念在外交辭令交際過程中所產生的制約與影響。首先論述德觀念對春秋外交辭令產生之文化制約與影響。

分析《左傳》外交辭令之內容，其中偏重以德觀念進行說服者，計十九見。表列如下[88]：

編號	紀　　　年	事　　　件	關　鍵　辭　令　摘　錄
01	隱公四年	衛石碏請陳殺州吁。	此二人者，實弒寡君，敢即圖之。
02	桓公十八年	魯人請齊殺彭生。	來修舊好。禮成而不反，無所歸咎，惡於諸侯。
03	僖公七年	鄭子華會齊侯請為內史。	（齊侯以子華無德失禮，加以拒絕）
04	僖公九年	周宰孔勸晉侯不與會。	齊侯不務德而勤遠略，……君務靖亂，無勤於行。
05	僖公十五年	晉陰飴甥會秦伯，盟于王城。	……貳而執之，服而舍之，德莫厚焉，刑莫威焉。

---

[88] 表中所列是行人辭令內容偏重以德觀念進行說服之例。其他涉及德觀念之行人辭令，因其非以德為主要說服內容，暫未列入表中。下文禮觀念之簡表，取捨標準亦同此。

			服者懷德，貳者畏刑，此一役也，秦可以霸。納而不定，廢而不立，以德爲怨，秦不其然。……
06	文公十三年	衛侯、鄭伯會魯文公請平于晉。	（賦詩內容見第三章論述）
07	文公十七年	鄭子家與晉趙盾書。	雖我小國，則蔑以過之矣。今大國曰：『爾未逞吾志。』敝邑有亡，無以加焉。古人有言曰：『畏首畏尾，身其餘幾？』又曰：『鹿死不擇音。』小國之事大國也：德，則其人也；不德，則其鹿也，鋌而走險，急何能擇？命之罔極，亦知亡矣，將悉敝賦以待於鯈。
08	宣公三年	王孫滿對楚莊王問鼎輕重。	對曰：「在德不在鼎。……周德雖衰，天命未改。鼎之輕重，未可問也。」
09	成公十三年	呂相絕秦。	（其書信內容誇晉國對秦國有德知禮的情況，藉此突顯出秦國的不義）

10	成公十六年	鄢陵戰後，曹人請于晉。	君唯不遺德、刑，以伯諸侯，豈獨遺諸敝邑？敢私布之。
11	**襄公十四年**	吳告敗於晉，會於向。戎子駒支賦〈青蠅〉。	（辭令內容以德、禮爲主要說服觀點）
12	襄公二十四年	子產寓書請范宣子輕幣。	子爲晉國，四鄰諸侯不聞令德，而聞重幣，僑也惑之……夫令名，德之輿也；德，國家之基也。有基無壞，無亦是務乎！有德則樂，樂則能久。
13	襄公二十五年	子產獻捷於晉。	今陳忘周之大德，蔑我大惠，棄我姻親，介恃楚衆，以憑陵我敝邑，不可億逞，我是以有往年之告。未獲成命，則有我東門之役。 （子產外交辭令以德、禮爲鄭國侵陳一事進行辯解）
14	襄公二十六年	齊侯、鄭伯如晉請歸衛侯。	晏平仲私於叔向，曰：「晉君宣其明德於諸侯，恤其

			患而補其闕，正其違而治其煩，所以爲盟主也。今爲臣執君，若之何？」
15	昭公元年	趙孟請叔孫豹於楚。	恤大舍小，足以爲盟主，又焉用之？
16	昭公十三年	平丘之會，子產爭承。	諸侯修盟，存小國也。貢獻無極，亡可待也。存亡之制，將在今矣。
17	昭公十九年	子產答晉問駟乞之立。	平丘之會，君尋舊盟曰：『無或失職！』若寡君之二三臣，其即世者，晉大夫而專制其位，是晉之縣鄙也，何國之爲？
18	昭公二十四年	子大叔言周王子朝之亂。	《詩》曰：『缾之罄矣，惟罍之恥。』王室之不寧，晉之恥也。
19	定公四年	劉文公合諸侯于召陵，謀伐楚。晉人假羽旄於鄭，將長蔡於衛。衛侯使祝佗私於萇弘。	其辭令內容徵引周禮舊制以爲說服之立論依據，最終以德爲歸結：「吾子欲復文、武之略，而不正其德，將如之何？」

　　上表所列事例，皆反映出德觀念對春秋外交辭令內容之
制約。由上表約略可知，德觀念是春秋文化的主要內涵。無
論是春秋早期（隱公、桓公）或春秋晚期（昭公、定公），
德觀念始終是外交辭令用以說服的重要立論依據。

　　要言之，德觀念在春秋初期仍具有相當的文化制約力
量。且在國際政治上，德是春秋霸主主盟的重要條件之一，
《左傳》外交辭令許多是發生於與盟國與盟主間之交涉。此
種語境下，運用德觀念來說服，往往能收到預期之效果。

　　如楚屈完如齊師（僖公四年），齊桓公欲立霸業，又恐
楚國北進，遂以伐蔡爲名，進逼楚國邊境。楚派遣屈完爲使，
掌握齊桓公欲成霸業的心理，一方面運用德、禮文化制約進
行說服。另方面表達楚國強硬的立場。屈完剛柔並濟的外交
辭令，促使齊國退兵。《左傳・僖公四年》記載其事如下：

> 　　四年，春，齊侯以諸侯之師侵蔡。蔡潰，遂伐
> 楚。…………師進，次于陘。夏，楚子使屈完如師。師
> 退，次于召陵。齊侯陳諸侯之師，與屈完乘而觀之。齊
> 侯曰：「豈不穀是爲？先君之好是繼，與不穀同好如
> 何？」對曰：「君惠徼福於敝邑之社稷，辱收寡君，寡
> 君之願也。」齊侯曰：「以此眾戰，誰能禦之？以此攻
> 城，何城不克？」對曰：「君若以德綏諸侯，誰敢不服？

君若以力，楚國方城以為城，漢水以為池，雖眾，無所用之。」屈完及諸侯盟。[89]

僖公四年（西元前 656 年），楚成王十六年，齊桓公三十年。春季，齊桓公率諸侯聯軍入侵蔡國，蔡國軍隊崩逃，諸侯聯軍轉進伐楚。楚成王派使者問齊桓公伐楚之因，管仲答以「爾貢苞茅不入，王祭不共，無以縮酒，寡人是徵。昭王南征而不復，寡人是問。」指出楚國多年未進貢濾酒用的茅草，並懷疑周昭王南巡狩獵卒於漢水與楚國有關。楚國表達願意進貢茅草，但對於周昭王之事則不知，其答云：「貢之不入，寡君之罪也，敢不共給？昭王之不復，君其問諸水濱！」楚國當時於成王領導下正積極發展國力，不願與中原各國發生爭戰，於是表現低調，於同年夏季派遣屈完到齊軍進行談判，以求和平解決此次外交衝突。

屈完至齊軍後，齊桓公「與屈完乘而觀之」，桓公此舉大有威脅楚國、炫耀齊師精銳之意。隨後雙方進行談判，齊桓公首先表達友好態度曰：「豈不穀是為？先君之好是繼，與不穀同好如何？」因為齊軍雖與諸侯聯軍伐楚，但桓公與管仲之意在於服楚，並不希望真正發生戰爭。屈完亦答以願意和談之意。

齊桓公見楚使態度不強硬，加上剛才閱兵之興未消，遂云：「以此眾戰，誰能禦之？以此攻城，何城不克？」桓公如此說一方面表現出霸主得意的神情，一方面有再次威嚇楚國之

---

[89] 《十三經注疏·左傳》，（臺北：藝文印書館），頁 201。

意。面對齊侯如此言論，楚屈完以德、禮觀念反駁之。其云:「君若以德綏諸侯，誰敢不服？君若以力，楚國方城以為城，漢水以為池，雖眾，無所用之。」簡短的幾句話，卻具有相當之說服力，當場令齊桓公無言以對，遂與屈完訂下盟約。

總結而言，屈完外交辭令的內容，以德、禮為主要的說服觀點，其能掌握齊桓公的霸主心理，同時表達楚國不拒戰的決心，因此能獲致預期的外交目的。

又如鄭子家與晉趙盾書（文公十七年），魯文公十七年（西元前 610 年），晉靈公十一年，鄭穆公十八年。此年夏季，晉國會諸侯於扈。由於晉國懷疑鄭國叛晉服楚，因此不見鄭穆公。鄭子家於是以書信的方式企圖說服晉國改變對鄭國的外交態度。《左傳》載此事如下:

> 晉侯蒐于黃父，遂復合諸侯于扈，平宋也。………
> 於是晉侯不見鄭伯，以為貳於楚也。鄭子家使執訊而與
> 之書，以告趙宣子，曰:「…………以陳、蔡之密邇於
> 楚，而不敢貳焉，則敝邑之故也。雖敝邑之事君，何以
> 不免？在位之中，一朝于襄，而再見于君。夷與孤之二
> 三臣相及於絳。雖我小國，則蔑以過之矣。今大國曰:
> 『爾未逞吾志。』敝邑有亡，無以加焉。古人有言曰:
> 『畏首畏尾，身其餘幾？』又曰:『鹿死不擇音。』小
> 國之事大國也:德，則其人也；不德，則其鹿也，鋌而
> 走險，急何能擇？命之罔極，亦知亡矣，將悉敝賦以待

273

於儵。唯執事命之。文公二年六月壬申，朝于齊。四年，二月壬戌，為齊侵蔡，亦獲成於楚。居大國之間，而從於強令，豈其罪也？大國若弗圖，無所逃命。」晉鞏朔行成於鄭，趙穿、公婿池為質焉。[90]

分析鄭子家此書信之說服立論，主要著眼於德觀念。其書信中首先列舉實際例證[91]，說明鄭國與晉國兩國關係之密切，以澄清鄭國「貳於楚」的形象。並指出，由於鄭國的努力，才使陳、蔡二國不敢專事楚國。

之後，子家徵引古人所云「畏首畏尾，身其餘幾？」與「鹿死不擇音」等諺語，說明鄭國之外交立場。子家信中指出：「小國之事大國也：德，則其人也；不德，則其鹿也，鋌而走險，急何能擇？」其言外之意是以鄭國比作鹿，表示晉國若過分逼迫鄭國，則鄭只有「鋌而走險」與晉國相對抗之途。

子家此言，含有以德說之的用意。晉國此時仍以中原盟主自居，因此糾合諸侯欲平宋。子家掌握晉國盟主心理，以

---

[90] 《十三經注疏・左傳》，（臺北：藝文印書館），頁349。

[91] 其信中云：「寡君即位三年，召蔡侯而與之事君。九月，蔡侯入于敝邑以行。敝邑以侯宣多之難，寡君是以不得與蔡侯偕。十一月，克減侯宣多，而隨蔡侯以朝于執事。十二年六月，歸生佐寡君之嫡夷，以請陳侯于楚而朝諸君。十四年七月，寡君又朝以蔵陳事。十五年五月，陳侯自敝邑往朝于君。往年正月，燭之武往朝夷也。八月，寡君又往朝。」

德觀念進行說服。同時表達若晉國不德，則鄭國只好作戰的態度。書信最後，子家說明鄭國處境之艱難。其云：「居大國之間，而從於強令，豈其罪也？」道出鄭國夾處兩強之間，舉步維艱的困境。一方面說明鄭國與楚國之關係，同時亦表達鄭國無奈的心境。

整體而言，子家此次外交辭令，能掌握晉國盟主的心理，同時以實際例證澄清鄭國叛晉服楚的誤會。加上子家信中表達鄭國不拒戰的態度。在剛柔並濟的外交辭令說服下，晉國派遣鞏朔與鄭國訂下盟約。

又如王孫滿以德說退楚師（宣公三年），此例是以德觀念說服的明顯例證。魯宣公三年（西元前 606 年），周定王元年，楚莊王八年。此年春夏之交，楚國以討伐陸渾之戎為名，屯兵周王室王畿附近。《左傳》載云：

> 楚子伐陸渾之戎，遂至於雒，觀兵于周疆。定王使王孫滿勞楚子。楚子問鼎之大小、輕重焉。對曰：「在德不在鼎。昔夏之方有德也，遠方圖物，貢金九牧，鑄鼎象物，百物而為之備，使民知神、姦。故民入川澤、山林，不逢不若。螭魅罔兩，莫能逢之。用能協于上下，以承天休。桀有昏德，鼎遷于商，載祀六百。商紂暴虐，鼎遷于周。德之休明，雖小，重也。其姦回昏亂，雖大，輕也。天祚明德，有所底止。成王定鼎于郟鄏，卜世三十，卜年七百，天所命也。周德雖衰，天命未改。鼎之

　　　　　輕重，未可問也。」[92]

　　西元前 607 年冬季周匡王崩，周定王即位。楚莊王見機不可失，遂於隔年春季以伐陸渾之戎為藉口出兵至洛水南岸，於王畿內舉行閱兵。面對楚國此舉，周定王遣王孫滿為使，以勞楚軍為名義與莊王會面，以問明本末。

　　楚莊王會見王孫滿，開口便問「鼎之大小、輕重」。杜預注云：「示欲偪周取天下。」鼎在春秋時期具有政治上象徵的意義，各諸侯國皆因其功配其爵而多少擁有鼎器，以代表其政治地位。其中周王室所擁有之九鼎，政治正統的重要象徵。楚國向被視為蠻夷，亦以蠻夷自居，因此楚國並未擁有鼎器。楚莊王有北進中原之意，遂把握此次周王更替之際，陳兵周疆希望能取得周天子對楚國地位之認同。

　　面對楚莊王問鼎之輕重，王孫滿答以「在德不在鼎」，分析王孫滿外交辭令內容，正是運用德、禮觀念進行說服。王孫滿以不卑不亢的語氣，道出夏初鑄九鼎之意義，主要為教育百姓「使民知神姦」，傳至桀因其失德遂為商所有，傳至商紂因其暴虐，鼎遂遷於周。

　　王孫滿道出九鼎傳承過程，主要是為指出九鼎之擁有與失去，主要是以德之有無為標準。所謂「德之休明，雖小，重也。其姦回昏亂，雖大，輕也。天祚明德，有所底止。」正是說明鼎之取去蓋以德之有無為準，有德之君，鼎雖小亦

---

[92] 《十三經注疏・左傳》，（臺北：藝文印書館），頁 367。

重不可去；無德之君，縱擁有大鼎亦無意義。至此，王孫滿之辭令，主要以德觀念爲說服之主軸。

最後王孫滿以「周德雖衰，天命未改。」作結，指出當初周成王取得九鼎之時，曾「卜世三十，卜年七百」，周朝至今未滿七百年，天命仍舊在周。因此，「鼎之輕重，未可問也。」《史記・周本紀》云：「王使王孫滿應設一辭，楚兵乃去。」〈楚世家〉亦有「楚王乃歸」之記載，知楚莊王爲王孫滿外交辭令所說服。

何以王孫滿運用德觀念，能夠說服楚莊王？分析如下：
1、王孫滿所言確實有理。就春秋時期而言，德確實是盟主、霸主所必備的重要條件。春秋早期各國雖有大小之別，但整體國力上並無明顯差距，因此，欲成爲霸主，必須取得多數國家的同盟，如齊桓公、晉文公等皆是。就楚莊王當時形勢而言，楚國確實有先修德以取得其他國家認同的必要性，此爲王孫滿選用德觀念爲外交辭令說服內容之原因。更深層而言，王孫滿以德說楚莊王是一種析明利害的方式。

2、國際形勢使然。楚國雖有滅周之力，但尚無對抗諸侯聯軍之力。若強攻周王室，勢必引起諸侯聯軍。王孫滿所謂「周德雖衰，天命未改」主要就是指出，周王室雖已式微，但名義上仍爲天下共主，除荊楚蠻夷不承認周王室地位外，各諸侯國仍尊周天子。若楚國強行侵攻王室，則勢必爲諸侯聯軍所圍。在考量國際形勢後，楚莊王暫時退兵。

總結而言，王孫滿所言「在德不在鼎」一句，充份顯示

其辭令內容是以德爲主要說服觀點。其辭令以德爲主要，配合國際形勢，以諸侯爲後盾，指出周天子仍爲天下共主之事實，迫使楚莊王暫時打消問鼎中原之念頭。進一步觀察王孫滿此次外交辭令，其辭令說服巧妙的以德觀念爲外衣，以國際形勢與利害關係爲支撐。使其說之以德的立論具有相當分量與說服力，從而迫使楚莊王知難而退。

　　此外，齊賓媚人賄晉（成公二年）一例，亦是外交辭令以德、禮觀念說服的明顯例子。魯成公二年（西元前 589年），齊頃公十年，晉景公十一年。此年六月，齊、晉兩國於鞌一地發生軍事衝突，齊師大敗。戰後，齊頃公派遣賓媚人賄賂晉國以求和談。《左傳》記載如下：

　　　　齊侯使賓媚人賂以紀甗、玉磬與地。「不可；則聽客之所爲」。賓媚人致賂。晉人不可，曰：「必以蕭同叔子爲質，而使齊之封內盡東其畝。」對曰：「蕭同叔子非他，寡君之母也。若以匹敵，則亦晉君之母也。吾子布大命於諸侯，而曰必質其母以爲信，其若王命何？且是以不孝令也。《詩》曰：『孝子不匱，永錫爾類。』若以不孝令於諸侯，其無乃非德類也乎？先王疆理天下，物土之宜，而布其利。故《詩》曰：『我疆我理，南東其畝。』今吾子疆理諸侯，而曰『盡東其畝』而已，唯吾子戎車是利，無顧土宜，其無乃非先王之命也乎？反先王則不義；何以爲盟主？其晉實有闕。四王之王也，樹德而濟

278

同欲焉；五伯之霸也，勤而撫之，以役王命。今吾子求合諸侯，以逞無疆之欲，《詩》曰：『布政優優，百祿是道。』子實不優，而棄百祿，諸侯何害焉？不然，寡君之命使臣，則有辭矣。曰：『子以君師辱於敝邑，不腆敝賦，以犒從者。畏君之震，師徒橈敗。吾子惠徼齊國之福，不泯其社稷，使繼舊好，唯是先君之敝器、土地不敢愛。子又不許，請收合餘燼，背城借一。敝邑之幸，亦云從也；況其不幸，敢不唯命是聽？』」[93]

鞍之戰，「齊師敗績」。所謂敗績，《左傳》凡例云「大崩曰敗績」[94]，即大敗。戰後，齊國國力耗損嚴重，因此齊頃公希望能與晉國達成和談。齊侯對和談成功之渴望，可由其對國佐出使前交待「不可，則聽客之所為」一句中看出。齊頃公所言，授權賓媚人以達成兩國和談為原則，若無法以賄賂達成和談之目標，則視對方提出之條件進行外交。

晉國執政郤克提出和談的條件：「必以蕭同叔子為質，而使齊之封內盡東其畝」，要求以齊侯母親蕭同叔子為人質，主要是晉國對齊國仍有防範。自齊桓公霸業之後，齊國於國際政治上始終保有一定的影響力。且齊國對晉國時敵時友，見晉國稍弱即有取代之意，因此晉國對齊國始終保持一

93　《十三經注疏·左傳》，（臺北：藝文印書館），頁 424。
94　見《左傳·莊公十一年》：「凡師，敵未陳曰敗某師，皆陳曰戰，大崩曰敗績」，《十三經注疏·左傳》，（臺北：藝文印書館），頁 152。

定的防範。此外，郤克要求齊國改變境內田畝方向，主要是
為軍事行動上之方便。對此兩條件，齊國皆無法接受。在此
外交困境下，賓媚人辭令由德、禮觀念進行說服。

賓媚人首先說明晉國提出兩條件，齊國皆不可能接受。並
進一步指出晉國提出以蕭同叔子為人質一事，有違孝道。所謂
「必質其母以為信，其若王命何？且是以不孝令也。」其又指
出晉國要求齊國改變田畝方向，是違背先王之命，是不義之舉。
所謂「曰『盡東其畝』而已，唯吾子戎車是利，無顧土宜，其
無乃非先王之命也乎？」賓媚人進而指出，「反先王則不義，何
以為盟主？」說明晉國提出無德不義的要求，將無法維繫盟主
之地位。

賓媚人進一步提出，若晉國不願與齊國和談，則齊國將頃
全國之力，不惜與晉國決戰。在賓媚人剛柔並濟的辭令說服下。
晉國執政郤克，重新考慮與齊國之和談。於同年七月。與賓媚
人盟於爰婁。《左傳》載云：「秋七月，晉師及齊國佐盟於爰婁。」

總而言之，德、禮觀念是春秋時期重要的價值判斷標準，
尤其在國際外交上，各國對盟主之要求，皆以德、禮為依歸。
賓媚人此次外交辭令以德、禮為說服內容，把握晉國欲繼續霸
業之心理。加上傳統德、禮文化觀念的制約，提升辭令的說服
力，使得郤克重新考量其提出之和談條件。

又如鄢陵戰後，曹人請于晉（成公十六年）一例，亦是
以德觀念為辭令說服內容之主要觀點。魯成公十六年（西元

前 575 年），晉厲公六年，曹成公三年。此年夏季，晉、楚戰於鄢陵，楚軍敗。戰後，曹國希望與晉國重修舊好，於是遣使請於晉。《左傳》載之如下：

> 曹人請于晉曰：「自我先君宣公即世，國人曰：『若之何？憂猶未弭。』而又討我寡君，以亡曹國社稷之鎮公子，是大泯曹也，先君無乃有罪乎？若有罪，則君列諸會矣。君唯不遺德、刑，以伯諸侯，豈獨遺諸敝邑？敢私布之。」曹人復請于晉。晉侯謂子臧：「反，吾歸而君。」子臧反，曹伯歸。子臧盡致其邑與卿而不出。[95]

曹國本屬於楚國陣營，鄢陵戰後，曹國基於本身利益考量，希望能與晉國修好。分析曹國使者請於晉的辭令內容，正是以德觀念進行說服之例。如前所論，德是春秋盟主主盟的重要條件之一，曹國趁鄢陵戰後，把握晉國盟主的心理，運用德觀念來說服，希望晉國能與曹國結盟。

其辭令「君唯不遺德、刑，以伯諸侯，豈獨遺諸敝邑？」一句，指出晉國能以德、刑平等對待各國，豈獨遺漏曹國？楊伯峻云「謂晉君賞所當賞，罰所當罰，德與刑俱無過失，故稱霸諸侯，豈於我曹國偏有所失？」[96]總之，曹國的外交

---

95 《十三經注疏‧左傳》，（臺北：藝文印書館），頁 480。
96 楊伯峻《春秋左傳注》，（高雄：復文書局），頁 892。

辭令內容，明顯表現出曹國企圖以德觀念說服晉國的意圖。

又如子產寓書子西以勸范宣子輕幣（襄公二十四年）一例，亦是以德觀念爲主要的辭令說服觀點。魯襄公二十四年（西元前 549 年），晉平公九年，鄭簡公十七年。此年春季，鄭伯由子西陪同前往晉國，子產請子西帶信給晉國執政大夫范宣子[97]。信的內容主要是對晉國歲幣之重提出意見。《左傳》載之如下：

> 范宣子為政，諸侯之幣重，鄭人病之。二月，鄭伯如晉，子產寓書於子西，以告宣子，曰：「子為晉國，四鄰諸侯不聞令德，而聞重幣，僑也惑之。僑聞君子長國家者，非無賄之患，而無令名之難。夫諸侯之賄聚於公室，則諸侯貳。若吾子賴之，則晉國貳。諸侯貳，則晉國壞；晉國貳，則子之家壞，何沒沒也？將焉用賄？夫令名，德之輿也；德，國家之基也。有基無壞，無亦是務乎！有德則樂，樂則能久。《詩》云：『樂只君子，邦家之基』，有令德也夫！『上帝臨女，無貳爾心』，有

---

[97] 歸納《左傳》行人辭令之表達方式，主要有對話、賦詩、書信三大類。對話爲外交場合交際廣爲運用之主要方式。賦詩則用於宴享之際，以表達敏感不便直言的議題。《左傳》行人辭令運用書信形式者，共四見，各見於文公十七年鄭子家與趙盾書、成公十三年呂相絕秦書及本次子產與范宣子書，與昭公六年晉叔向與子產書。除叔向與子產書外，另三次書信表達之外交辭令，皆獲得預期之說服效果。

令名也夫！恕思以明德，則令名載而行之，是以遠至邇
安。毋寧使人謂子『子實生我』，而謂『子浚我以生』
乎？象有齒以焚其身，賄也。」宣子說，乃輕幣。[98]

子產信中內容，主要針對晉國歲幣過重一事提出看法。其
辭令內容以德為主要的說服訴求，首句即云：「子為晉國，四鄰
諸侯不聞令德，而聞重幣，僑也惑之。」子產運用疑問句開頭，
以減低對方反感。「不聞令德，而聞重幣」一句，點明子產本信
內容說服之主要立論。

子產指出，就歷史經驗而言，若國君好聚斂，則易造成國
家內部之分裂，勸告范宣子勿蹈歷史覆轍。並指出德才是國家
長治久安的基礎，所謂「德，國家之基也」，惟有執政者修德才
能為國家奠定安定繁榮的基石。又云：「恕思以明德，則令名載
而行之，是以遠至邇安。」說明若范宣子能行德政，則能收攬
諸侯國之心，對於晉國霸業之持續有益無害，其言外之意為，
若晉國好聚斂，以重幣苛諸侯，對內將導致內部爭利而分裂，
對外亦將失去各國之尊重。

子產所論，有本有據，表面上以德為說服的主要內容，實
際上，其辭令內容寓利於德，提醒范宣子若能為政以德，則對
內對外皆有利無害，范宣子欣然接受，遂減輕各國歲幣負擔。
進一步分析子產之外交辭令，其辭令內容以德為表，以利為裏。
表面上以德觀念進行說服，實際上在辭令表達之間，亦將利害

---

[98] 《十三經注疏・左傳》，（臺北：藝文印書館），頁609。

得失做淸楚的分析。此種以德爲表以利爲裏的情況，至春秋晚期，成爲外交辭令說服的重要模式。

又如子產獻捷（襄公二十五年）一例，亦是德、禮觀念進行說服之例。魯襄公二十五年（西元前 548），鄭簡公十八年，晉平公十年。此年此年六月，鄭國子展、子產帥兵服陳，以報去年陳國隨楚國侵鄭之怨。秋季子產身著軍服，前往晉國獻入陳之功。晉國士弱質問子產，子產之外交辭令以德、禮進行說服。《左傳》載之如下：

> 鄭子產獻捷于晉，戎服將事。晉人問陳之罪。對曰：「昔虞閼父爲周陶正，以服事我先王。我先王賴其利器用也，與其神明之後也，庸以元女大姬配胡公，而封諸陳，以備三恪。則我周之自出，至于今是賴。桓公之亂，蔡人欲立其出，我先君莊公奉五父而立之，蔡人殺之，我又與蔡人奉戴厲公。至於莊、宣皆我之自立。夏氏之亂，成公播蕩，又我之自入，君所知也。今陳忘周之大德，蔑我大惠，棄我姻親，介恃楚眾，以憑陵我敝邑，不可億逞，我是以有往年之告。未獲成命，則有我東門之役。當陳隧者，井堙木刊。敝邑大懼不競而恥大姬，天誘其衷，啟敝邑心。陳知其罪，授手于我。用敢獻功。」晉人曰：「何故侵小？」對曰；「先王之命，唯罪所在，各致其辟。且昔天子之地一圻，列國一同，自是以衰。今大國多數圻矣，若無侵小，何以至焉？」晉人曰：「何

284

故戎服？」對曰：「我先君武、莊為平、桓卿士。城濮

之役，文公布命曰：『各復舊職。』命我文公戎服輔王，

以授楚捷－－不敢廢王命故也。」士莊伯不能詰，復於

趙文子。文子曰：「其辭順。犯順，不祥。」乃受之。[99]

晉士弱首先責問鄭國侵陳一事，要求子產提出說明。依《左

傳》所載，鄭國於襄公二十四年鄭簡公前往晉國時，曾向晉國

提出伐陳的請求：「是行也，鄭伯朝晉，為重幣故，且請伐陳也。」

[100]鄭國請伐陳的理由為「以陳國之介恃大國，而陵虐於敝邑，

寡君是以請請罪也…」[101]子西表示陳國以楚國為憑藉，多次騷

擾鄭國邊境，對鄭國國家安全造成影響，因此希望出兵伐陳。

晉國對鄭國請伐陳一事，未有明確表示[102]。在未獲晉國明

確表態下，鄭國於襄公二十五年六月，由子展、子產率軍攻打

陳國。子產面對晉國質問鄭國未獲同意即伐陳一事，其辭令首

先說明陳國與周王室之關係，所謂「則我周之自出，至于今是

---

[99] 《十三經注疏・左傳》，（臺北：藝文印書館），頁 622。

[100] 《十三經注疏・左傳》，（臺北：藝文印書館），頁 610。

[101] 《十三經注疏・左傳》，（臺北：藝文印書館），頁 610。

[102] 分析晉國對鄭國請伐陳一事所以未有明確表示，一方面是晉國國內
要求與楚弭兵的聲音逐漸興起。晉、楚相爭多年，對於雙方的國家
經濟與社會發展，皆產生相當的影響。因此，晉、楚兩國逐漸有停
戰弭兵的共識。在此情況下晉國不願與楚國再生衝突，以為弭兵營
造有好的氣氛。隔年七月（襄公二十五年），晉國會諸侯於重丘，
趙文子即提出弭兵的構想。另方面是晉國國內卿大夫間對立衝突的
情況日益明顯。

賴。」指出陳國乃是周武王長女大姬之後。進而徵引實例說明鄭國與陳國密切的關係。子產指出陳桓公卒後,陳國內亂(魯桓公五年),是鄭莊公出面加以穩定。又陳國發生夏徵舒之亂(宣公十年)時,鄭國提供陳成公保護。

子產此論,主要強調鄭國與陳國關係之密切,且說明鄭國多次幫助陳國。子產此一徵引史實為證的辭令技巧,主要為增加辭令的可信度。此即亞里斯多德《修辭學》中所謂的「徵引權威以增加可信度」。之後,子產云「今陳忘周之大德,蔑我大惠,棄我姻親,介恃楚眾,以憑陵我敝邑」此辭令為整篇辭令的重點,即以陳背德忘義為說明之重點,並強調此為鄭國出兵伐陳的主要理由。子產此論正是以德觀念進行說服之例證。

晉士弱進而責問鄭國侵略小國之舉不合德、禮。子產引「先王之命」為據,並指出今日所謂的大國,其領土亦多侵小所得,言外之意反諷晉國亦侵吞小國,無資格以此責鄭。士弱無言以對,改而由小節上挑剔,責問子產何以著軍服獻捷。子產引晉文公於城濮之役後所言「各復舊職」為依據,說明鄭國本擔任軍事職務,因此其著戎服獻捷是合禮且尊敬晉文公的行為。

子產辭令有本有據,或徵史實,或引先王,令士弱「不能詰」,進而化解晉、鄭間的嫌隙與衝突。《左傳》在此辭令後,載孔子盛讚子產此次之外交辭令文質彬彬,為辭令典範之言論,所謂「言之無文,行而不遠。晉為伯,鄭入陳,非文辭不

為功，慎辭哉。」[103]

　　以德觀念進行說服的例子，又如趙孟請叔孫豹於楚（昭公元年）。魯昭公元前（西元前 541 年），此年春季以晉、楚為首的南北兩集團，為商議弭兵細節集會於虢。會中莒人針對此年三月魯國侵莒一事向提出告訴，晉、楚於是逮補魯國出席虢之會的代表叔孫豹。晉國樂桓子隨同趙文子出席此次會議，其向叔孫豹索賄以為替其求情的代價，叔孫豹嚴正拒絕。趙武聽聞此事，以為叔孫豹忠、信、貞、義，是有德知禮之人，於是出面為叔孫豹向楚國求情。

　　趙文子的外交辭令，首先指明叔孫豹對楚、魯兩國關係之重要性。接著以分析國際形勢為基礎，進而提出「恤大舍小，足以為盟主，又焉用之？」的看法，由盟主必須具備德、禮的文化角度進行勸說[104]。

---

[103] 《十三經注疏‧左傳》，（臺北：藝文印書館），頁 623。

[104] 《左傳》載之如下：趙孟聞之，曰：「臨患不忘國，忠也；思難不越官，信也；圖國忘死，貞也；謀主三者，義也。有是四者，又可戮乎？」乃請諸楚曰：「魯雖有罪，其執事不辟難，畏威而敬命矣。子若免之，以勸左右，可也。若子之群吏，處不辟污，出不逃難，其何患之有？患之所生，污而不治，難而不守，所由來也。能是二者，又何患焉？不靖其能，其誰從之？魯叔孫豹可謂能矣，請免之，以靖能者。子會而赦有罪，又賞其賢，諸侯其誰不欣焉望楚而歸之，視遠如邇？疆場之邑，一彼一此，何常之有？王、伯之令也，引其封疆，而樹之官，舉之表旗，而著之制令，過則有刑，猶不可壹。於是乎虞有三苗，夏有觀、扈，商有姺、邳，周有徐、奄。自無令王，諸侯逐進，

287

　　如第三章所論，鄭國由於地理因素，春秋中期以後，成
爲晉、楚相爭的主要目標。鄭國自子產當政後，即採取以德、
禮服強的外交策略。此論點觀察子產及游吉[105]等人的外交辭
令內容即可獲得證實。如子產爭承（昭公十三年）一事，即
是以德服強的例證。魯昭公十三年（西元前 529 年），晉昭
公三年，鄭定公元年。此年秋季，晉國會諸侯於平丘。子產
於會中表達賦貢過重的意見，並希望晉國能減輕鄭國賦貢。
《左傳》載之曰：

> 及盟，子產爭承，曰：「昔天子班貢，輕重以列。
> 列尊貢重，周之制也。卑而貢重者，甸服也。鄭伯，
> 男也，而使從公侯之貢，懼弗給也，以為請。諸侯
> 靖兵，好以為事。行理之命無月不至，貢之無藝，
> 小國有闕，所以得罪也。諸侯修盟，存小國也。貢
> 獻無極，亡可待也。存亡之制，將在今矣。」自日
> 中以爭，至于昏，晉人許之。[106]

狃主齊盟，其又可壹乎？恤大舍小，足以為盟主，又焉用之？封疆之
削，何國蔑有？主齊盟者，誰能辯焉？吳、濮有釁，楚之執事豈其顧
盟？莒之疆事，楚勿與知，諸侯無煩，不亦可乎？莒、魯爭鄆，為日
久矣。苟無大害於其社稷，可無亢也。去煩宥善，莫不競勸。子其圖
之。」固請諸楚，楚人許之，乃免叔孫。由上可知，趙孟行人辭令以
德、禮爲說服的主要觀點。

[105] 游吉即子大叔，是子產有意培養的繼承人，亦是子產當政期間，負
　　　責鄭國外交政策執行的主要主官員。

[106] 《十三經注疏・左傳》，（臺北：藝文印書館），頁 812。

分析子產外交辭令內容，其首先徵引周代舊制，說明依據周禮鄭國爵位為男，則男爵有其職貢之定數。子產進而指出，自襄公二十七年晉、楚弭兵之後，「晉、楚之從交相見」，使得小國的賦貢增加。「行理之命無月不至」晉國行人每月前來催問賦貢之數，鄭國已至無法負擔的地步。子產進而由德角度切入，指出大國修盟主要為「存小國也」。如今晉、楚弭兵，反而增加小國的負擔。長期如此，鄭國將無法存立，所謂「貢獻無極，亡可待也」。子產的辭令內容具有相當的說服力，加上其「自日中以爭，至于昏」的不捨精神，晉國終於同意減輕鄭國的職貢負擔。

又如子產答晉問駟乞之立（昭公十九年）一事，亦是以德觀念進行說服者。魯昭公十九年（西元前 523 年），晉頃公三年，鄭定公七年。此年秋季，鄭國駟偃去世，駟氏族人立子瑕（駟乞）為繼承人。子產以為不順（應立子而非弟）但並沒由制止。子絲（駟偃之子）的舅父為晉國大夫，子絲往告其舅，希望晉國助其繼承家業。《左傳》載此事如下：

> 是歲也，鄭駟偃卒。子游娶於晉大夫，生絲，弱，其父兄立子瑕。子產憎其為人也，且以為不順，弗許，亦弗止。駟氏聳。他日，絲以告其舅。冬，晉人使以幣如鄭，問駟乞之立故。駟氏懼，駟乞欲

逃，子產弗遣；請龜以卜，亦弗予。大夫謀對，子
產不待而對客曰：「鄭國不天，寡君之二三臣札瘥夭
昏，今又喪我先大夫偃。其子幼弱，其一二父兄懼
隊宗主，私族於謀，而立長親。寡君與其二三老曰：
『抑天實剝亂是，吾何知焉？』諺曰：『無過亂門』，
民有亂兵，猶憚過之，而況敢知天之所亂？今大夫
將問其故，抑寡君實不敢知，其誰實知之？平丘之
會，君尋舊盟曰：『無或失職！』若寡君之二三臣，
其即世者，晉大夫而專制其位，是晉之縣鄙也，何
國之為？」辭客幣而報其使，晉人舍之。[107]

面對晉國大夫的質問，駟乞欲出奔，子產加以制止。當
鄭國大夫商討如何應對時，子產不待商議結果，即回應晉國
行人。其辭令以德為本，指出鄭國駟氏繼承人的廢立，是鄭
國本身的內部問題。鄭國為晉國的與盟國，並非晉國的縣
鄙，晉國若執意干涉鄭國的內政，是失德無禮之舉，且將有
失盟主之德。由子產的應對可知，子產雖以駟乞之立為不
順，但對於晉國欲干涉鄭國內政一事，表現出強烈的抗議態
度。其外交辭令以德為本，強調鄭國維護主權的決心。

又如子大叔言周王子朝之亂（昭公二十四年）一例，子
大叔引《詩經・小雅・蓼莪》：「缾之罄矣，惟罍之恥」一句，

---

[107] 《十三經注疏・左傳》，（臺北：藝文印書館），頁845。

勸晉國出兵平定周王室之內亂。游吉的外交辭令正是以德觀
念進行說服,《左傳》載之如下:

> 鄭伯如晉,子大叔相,見范獻子。獻子曰:「若
> 王室何?」對曰:「老夫其國家不能恤,敢及王室?
> 抑人亦有言曰:『嫠不恤其緯,而憂宗周之隕,為將
> 及焉。』今王室實蠢蠢焉,吾小國懼矣;然大國之
> 憂也,吾儕何知焉?吾子其早圖之!《詩》曰:『瓶
> 之罄矣,惟罍之恥。』王室之不寧,晉之恥也。」
> 獻子懼,而與宣子圖之。乃徵會於諸侯,期以
> 明年。[108]

　　分析游吉外交辭令內容,重點在於徵引「瓶之罄矣,惟
罍之恥」一句。《小雅‧蓼莪》中此句,主要以瓶、罍來說
明子女與父母之關係。子大叔引用此詩句,藉以比喻周王室
與晉國關係。指出周王室內亂難平,實是晉國之恥。晉國久
以中原盟主自居,今日因國內鬥爭而不願出兵平周王室內
亂,實有負盟主之名。子大叔外交辭令巧妙的引詩以為譬,
由德、禮文化角度說服晉國出兵平定周王室內亂。

　　總而言之,重德精神是中國文化中最根本、最有籠罩性
的一個特徵[109]。德觀念是春秋文化重要的內涵之一,其對外

---

[108] 《十三經注疏‧左傳》,(臺北:藝文印書館),頁886。
[109] 韋政通〈論中國文化的十大特徵〉。

交辭令之交際與接受,產生相當的制約與影響。如前所論,德、禮觀念爲一體兩面,德爲禮之本,禮爲德之用。以下說明禮觀念對外交辭令所產生的文化制約與影響。

四、禮觀念對外交辭令之文化制約

春秋時期對於禮,已區別出禮意與禮儀兩大部分。所謂禮意,是指禮的文化本質,即禮的精神與其所代表的文化內涵。所謂禮儀,是指以禮意爲本,用以表現禮意的行爲規範。整體而言,春秋時人對於禮的看法,強調以禮意爲本,以禮儀爲輔。

德與禮雖同爲春秋時期重要的文化內涵,但兩者在外交辭令說服上仍有差別。整體而言,以德說服者主要偏重在國君修爲或盟主條件等層面上;而以禮說服者則強調周代制度與國際慣例。又觀察《左傳》二百五十五年外交辭令內容之演變,發現春秋早期之辭令內容,多選擇運用德觀念爲外交辭令主要的說服內容,至春秋中晚期之後,運用禮觀念來說服的辭令內容逐漸增加。

此一現象與春秋思想觀念之轉變有關,德的觀念逐漸轉化爲今日所謂之道德意義,而禮的觀念則由原始宗教意義逐漸轉化爲人文意義。加上春秋中晚期國際政治上有之前的國際慣例可引爲證以增加說服力,因此春秋晚期運用禮觀念進行說服者,逐漸增加。

　　以下討論《左傳》外交辭令中，以禮觀念進行說服之例。分析《左傳》外交辭令內容，偏重以禮觀念進行說服者，計十八見。表列如下：

編號	紀　　　年	事　　　件	關　鍵　辭　令　摘　錄
01	隱公十一年	魯以禮平滕、薛爭長。	周之宗盟，異姓爲後。
02	莊公二十二年	陳完以禮辭齊卿。	羈旅之臣幸若獲宥，……君之惠也。所獲多矣，敢辱高位以速官謗？
03	僖公二十五年	周以禮辭晉文公請隧。	請隧，弗許，曰：「王章也。未有代德，而有二王，亦叔父之所惡也。」
04	僖公二十六年	魯展喜犒齊師。	恃先王之命。昔周公、大公股肱周室，夾輔成王。……
05	文公四年	甯武子以非禮，不答賦。	魯文公爲賦＜湛露＞及＜彤弓＞二詩，甯武子以爲非禮，故不答。（詳見第三章論述）
06	文公十六年	齊懿公以禮不與季文子盟。	齊侯回答：「請俟君間。」（表達出由於雙方地位

			不等，於禮不合，齊國將待魯君痊癒後，再與魯國訂盟）
07	宣公十二年	邲之戰，楚攝叔獻麋。	鮑癸止之，曰：「其左善射，其右有辭，君子也。」既免。
08	宣公十二年	邲之戰，晉魏錡獻麋於楚潘黨。	曰：「子有軍事，獸人無乃不給於鮮？敢獻於從者。」叔黨命去之。
09	成公二年	周以禮辭鞏朔獻捷。	……而鞏伯實來，未有職司於王室，又奸先王之禮。余雖欲於鞏伯，其敢廢舊典以忝叔父？
10	襄公九年	魯襄公送晉悼公，晉侯以公宴于河上，問公年，季武子對。	（徵引傳統禮制以爲說服立論）
11	襄公九年	晉荀偃、士匄取偪陽，欲封向戌，向戌辭。	若專賜臣，是臣興諸侯以自封也，其何罪大焉！
12	襄公二十一年	欒盈過於周，周西鄙掠之，欒盈辭於行人。	大君若不棄書之力，亡臣猶有所逃。若棄書之力，而思黶之罪，臣戮餘也，

294

			將歸死於尉氏，不敢還矣。
13	襄公二十五年	鄭子產戎服獻捷于晉。	今陳忘周之大德，蔑我大惠，棄我姻親，介恃楚眾，以憑陵我敝邑，不可億逞，我是以有往年之告。未獲成命，則有我東門之役。……（子產辭令說之以禮）
14	昭公三十年	晉頃公卒，鄭游吉弔且送葬。	諸侯所以歸晉君，禮也。禮也者，小事大、大字小之謂。事大在共其時命，字小在恤其所無。
15	定公十年	齊、魯夾谷之會，孔子以禮退萊人。	兩君合好，而裔夷之俘以兵亂之，非齊君所以命諸侯也。……於神爲不祥，於德爲愆義，於人爲失禮，君必不然。
16	哀公七年	吳徵魯百牢。	（子服景伯企圖以禮觀念說服吳國，但失敗）
17	哀公七年	吳太宰嚭召季康子，康子使子貢辭。	子貢辭令中指出吳國以大國之勢逼迫魯國，「豈禮也哉？」

18	哀公十五年	陳公孫貞子使楚及良而卒,上介于尹蓋以禮說吳。	是棄禮也,其何以爲諸侯主?

　　禮是春秋時期國際政治上重要的文化制約因素。外交辭令交際的成敗,在某種程度上亦受到禮觀念的制約。整體而言,行人的辭令內容與言行舉止若能合禮,則其外交辭令能產生較大的說服力,較易達成交際目的。反之,若行人言行失禮不當,則往往造成外交辭令交際的失敗。如鞏朔獻齊捷(成公二年)一事正是明顯例證,由於鞏朔獻捷一事本身不合禮制,因此周王室並未接受。

　　如前所論,禮是春秋時期重要的行爲與價值判斷標準,在國際外交上,合禮與否,更是左右行人外交交際成敗的重要因素之一。以下分析《左傳》外交辭令以禮爲主要說服觀點之例證。

　　《左傳》外交辭令以禮說之者,首見於滕薛爭長,羽父以禮說之(隱公十一年)一事。魯隱公十一年(西元前712年)。此年春季,滕侯與薛侯朝魯,雙方爭行禮先後次序,即爭地位之高低。魯隱公派羽父調停雙方爭端。《左傳》載此事如下:

十一年,春,滕侯、薛侯來朝,爭長。薛侯曰:「我先封。」滕侯曰:「我,周之卜正也;薛,庶姓也,我不可以後之。」公使羽父請於薛侯曰:「君為滕君辱在寡人,周諺有之曰:『山有木,工則度之;賓有禮,主則擇之。』周之宗盟,異姓為後。寡人若朝于薛,不敢與諸任齒。君若辱貺寡人,則願以滕君為請。」薛侯許之,乃長滕侯。[110]

羽父之辭令即運用禮的觀念進行說服,並獲致效果。分析如下:首先觀察滕薛二君爭先所持之理由,薛侯以為,薛之祖先奚仲居於薛地,並曾擔任夏朝車正之官,薛較滕先封,故理應先朝魯君[111]。滕侯則以為薛非周之同姓,「庶姓也」,且滕侯擔任周王室卜正之官,地位因較薛為高。二君立論皆與禮制有關,因此羽父順其立論,亦以禮說之。

羽父會見薛侯,引周諺「山有木,工則度之;賓有禮,主則擇之。」一句,說明周朝有宗盟的制度,所謂宗盟,「是周天子為了構築天下一統的宗法等級秩序,以宗法制為範式,以同姓貴族為對象的政權組織形式。其實質是姬姓宗法制組織原則的擴大。」[112]要言之,依周代宗盟制度而言,同姓諸侯之地位

---

[110] 《十三經注疏‧左傳》,(臺北:藝文印書館),頁78。

[111] 《十三經注疏‧左傳》,(臺北:藝文印書館),頁71。

[112] 有關春秋宗盟之相關論述,請見巴新生〈西周「宗盟」初探〉,(《東北師大學報:哲社版》,1997年2月),頁40至47。亦錄於《先秦、秦漢史》1997年、第4期,頁43至50。

較異姓諸侯為高。羽父說明此一制度，並希望薛侯能退讓。在羽父說之以禮之外交辭令內容下，薛侯讓滕侯先朝。

觀察以上外交辭令交際發現，羽父運用禮的觀念，提出宗盟的制度藉以說服薛侯。薛侯在此情況下，答應讓滕國先朝魯。羽父此次外交辭令，主要以傳統禮制為出發點，單純用以說服薛侯。此與春秋中晚期，外交辭令內容於德、禮觀念背後暗藏利害有所不同。此亦顯出春秋早期德、禮文化與中晚期以德、禮為掩飾的不同文化特質。

禮觀念對春秋時人的制約，除體現在政治、外交層面外。其於軍事上亦有相當程度的影響。《左傳》外交辭令中有兩件於戰爭中，以禮免禍之例。兩者均見於晉、楚邲之戰時。魯宣公十二年（西元前 597 年），此年夏季晉、楚兩國因鄭國歸屬問題，發生邲之戰。晉國由於指揮系統發生內部衝突，加上中軍帥指揮不當，大敗於楚。在雙方發生大規模衝突前，雙方曾進行外交交涉，但失敗。在邲之戰期間，《左傳》記載兩件以禮免禍之事：

> 楚子又使求成于晉，晉人許之，盟有日矣。楚許伯御樂伯，攝叔為右，以致晉師。…………晉人逐之，左右角之。樂伯左射馬，而右射人，角不能進。矢一而已。麋興於前，射麋麗龜。晉鮑癸當其後，使攝叔奉麋獻焉，曰：「以歲之非時，獻禽之未至，敢膳諸從者。」鮑癸止之，曰：「其左善射，其

> 右有辭，君子也。」既免。[113]

　　所謂「以致晉師」，杜預注云「單車挑戰」，即是駕單車討戰敵營。在晉、楚以外交方式進行交涉期間，楚國許伯、樂伯、攝叔三人同駕單車討戰晉軍，晉軍出營追擊。樂伯於挑戰之際，將弓箭用盡，僅剩一矢。於是射麋鹿，由車右攝叔送給晉國追兵。攝叔的辭令云：「以歲之非時，獻禽之未至，敢膳諸從者。」表示此一非常時期，獻禮無法依時歲節令。

　　攝叔的辭令表達出對晉軍的敬意，同時含有以禮說之的用意。對於楚國樂伯的獻麋，晉國追兵將領鮑癸云「其左善射，其右有辭，君子也。」指出楚師三人的言行舉止，不失為君子的作風，於是接受麋鹿，不再追擊三人。

　　類似的事件亦發生於楚國潘黨追擊晉國魏錡一事。《左傳》其事如下：

> 　　晉魏錡求公族未得，而怒，欲敗晉師。請致師，弗許。請使，許之。遂往，請戰而還。楚潘黨逐之，及榮澤，見六麋，射一麋以顧獻，曰：「子有軍事，獸人無乃不給於鮮？敢獻於從者。」叔黨命去之。

　　當晉、楚雙方進行戰爭前的外交談判時，晉國魏錡以擔

任使者為名，領軍前往楚營請戰，楚軍潘黨率兵追擊。雙方
追逐至熒澤時，晉國魏錡射斃鹿回車送給楚國潘黨。魏錡云
「子有軍事，獸人無乃不給於鮮？敢獻於從者。」由於魏錡
此舉合禮，楚國潘黨於是命令部下停止追擊。由上兩例可
知，禮的觀念對春秋文化有相當程度的影響。《左傳》於敘
述邲之戰時，特別補述此兩件事，其主要用意正是欲突顯出
德、禮文化對春秋時人之制約與影響。

又如單襄公以禮辭鞏朔獻捷（成公二年）一例，周王室
代表單襄公的辭令內容，正是以禮觀念為主要說服觀點。魯
成公二年（西元前 589 年），周定王十八年，晉景公十一年，
齊頃公十年。此年六月，晉、齊戰於鞍，齊大敗。是年冬季，
晉景公遣鞏朔獻捷於周王室。《左傳》記載如下：

> 晉侯使鞏朔獻齊捷于周。王弗見，使單襄公辭焉，
> 曰：「蠻夷戎狄，不式王命，淫湎毀常，王命伐之，則
> 有獻捷。王親受而勞之，所以懲不敬、勸有功也。兄弟
> 甥舅，侵敗王略，王命伐之，告事而已，不獻其功，所
> 以敬親暱、禁淫慝也。今叔父克遂，有功于齊，而不使
> 命卿鎮撫王室，所使來撫余一人，而鞏伯實來，未有職
> 司於王室，又奸先王之禮。余雖欲於鞏伯，其敢廢舊典
> 以忝叔父？夫齊，甥舅之國也，而大師之後也，寧不亦
> 淫從其欲以怒叔父，抑豈不可諫誨？」士莊伯不能對。
> 王使委於三吏，禮之如侯伯克敵使大夫告慶之禮，降於

卿禮一等。王以鞏伯宴，而私賄之。使相告之曰：「非
禮也，勿籍！」[114]

周定王以晉之獻捷不合禮制，不願接見鞏朔。但礙於晉
國面子，於是派單襄公與鞏朔會面。單襄公的主要任務，在
於婉拒鞏朔之獻捷，並維持周晉之間的友好關係，避免晉國
對周天子產生誤解。衡量各方因素，能拒絕鞏朔獻捷又可避
免誤解之辭令內容，以禮觀念最爲適當。單襄公辭令的內容
遂以禮爲主要訴求。

單襄公首先指出晉國獻齊捷之非禮。說明依據周制，對於
蠻夷戎狄之戰事才有獻捷之禮，若爲諸侯國間之爭端，在「敬
親暱、禁淫慝」的原則下，是不允許獻捷。今晉與齊鞍之戰，
屬於後者，因此晉國遣使獻捷，不合禮制。單襄公之後又云：「余
雖欲於鞏伯，其敢廢舊典以忝叔父？……」指出周王室與晉、
齊兩國皆有密切的關係，今晉、齊兩國之爭端，二方皆有不當
之處，並非齊國單方面之問題，因此晉國獻齊捷之舉，似乎過
分。面對單襄公說之以禮的行人辭令，鞏朔「不能對」，即無言
以對。

周定王除遣單襄公說服鞏朔外，恐不足，又令負責接待之
官員，「以侯伯克敵使大夫告慶之禮，降於卿禮一等」接待鞏朔。
鞏朔時位大夫，周王以降卿一等之禮待之，表現出對其之尊重。
此外，並私予賄賂，以安撫之。

---

[114] 《十三經注疏・左傳》，（臺北：藝文印書館），頁430。

　　周定王此舉充分顯示周王室對晉國之戒懼與依靠。但周王不見鞏朔之舉，亦顯出，周室雖衰，但對於禮樂制度之維護，仍有其堅持。此年為西元前 589 年距進入戰國時期尚有一百三十餘年，周禮制大體仍存，德、禮觀念仍影響當時人們的價值判斷與思維方式。附帶一提，晉國事後並未有任何舉動，知單襄公之辭令發揮其說服的效果。

　　又如鄭游吉以禮說楚（襄公二十八年）一例，楚國要求游吉折返，游吉以禮說之。魯襄公二十八年（西元前 545 年），楚康王十五年，鄭簡公二十一年。由於前一年（襄公二十七年）晉、楚達成弭兵之議，會中作出「晉、楚之從交相見」的決定。於是此年夏季，鄭國以游吉代表鄭簡公，前往楚國行聘問之禮。游吉行至漢水，楚國遣使要求其折返。

> 　　蔡侯之如晉也，鄭伯使游吉如楚。及漢，楚人還之，曰：「宋之盟，君實親辱。今吾子來，寡君謂吾子姑還，吾將使馹奔問諸晉而以告。」子大叔曰：「宋之盟，君命將利小國，而亦使安定其社稷，鎮撫其民人，以禮承天之休，此君之憲令，而小國之望也。寡君是故使吉奉其皮幣，以歲之不易，聘於下執事。今執事有命曰：女何與政令之有？必使而君棄而封守，跋涉山川，蒙犯霜露，以逞君心。小國將君是望，敢不唯命是聽？無乃非盟載之言，以闕君德，而執事有不利焉，小國是懼。不

然，其何勞之敢憚？」[115]

　　相關論述已見第三章，此處僅說明游吉以德、禮說服的情況。子大叔面對楚國請其折返，首先提出，襄公二十七年宋之盟是以保護小國為號召。晉、楚兩國以此為號，說服各諸侯國參與弭兵之盟。今日，其代表鄭國前往楚國獻上賦貢，是遵守宋之盟中「交相見」的約定，而楚國卻要求游吉折返，如此於禮不合，於德有失。

　　游吉的辭令內容佳，表達態度與反應亦適當。但由於楚國有意與晉國相爭，執意要求鄭君親自前往，於是並未接受子大叔的說服。而子大叔迫於形勢使然，只得折返鄭國。此例反映出一現象，即以德、禮進行說服，其性質上是一種柔性的說服，是一種訴諸文化制約的勸說方式。以德、禮進行說服，本身若無相當的實力，又無法配合國際形勢以創造本身有利條件，則德、禮說服僅能表現出說服者的文化素養，於實際交際中所能發揮之作用不大。

　　又如游吉以禮對晉詰（昭公三十年）一例，亦是以禮為外交辭令的主要說服內容。魯昭公三十年（西元前 512 年），晉頃公十四年，鄭獻公二年。此年夏季晉頃公卒，同年八月時，鄭國派遣游吉前往弔唁並送葬。晉國魏獻子對此不滿，游吉以禮說之。《左傳》載此事曰：

---

[115] 《十三經注疏・左傳》，（臺北：藝文印書館），頁 652。

夏，六月，晉頃公卒。秋，八月，葬。鄭游吉弔，且送葬。魏獻子使士景伯詰之曰：「悼公之喪，子西弔，子蟜送葬。今吾子無貳，何故？」對曰：「諸侯所以歸晉君，禮也。禮也者，小事大、大字小之謂。事大在共其時命，字小在恤其所無。以敝邑居大國之間，共其職貢，與其備御不虞之患，豈忘共命？先王之制：諸侯之喪，士弔，大夫送葬；唯嘉好、聘享、三軍之事於是乎使卿。晉之喪事，敝邑之間，先君有所助執紼矣。若其不間，雖士、大夫有所不獲數矣。大國之惠亦慶其加，而不討其乏，明底其情，取備而已，以為禮也。靈王之喪，我先君簡公在楚，我先大夫印段實往——敝邑之少卿也。王吏不討，恤所無也。今大夫曰：『女盍從舊？』舊有豐有省，不知所從。從其豐，則寡君幼弱，是以不共；從其省，則吉在此矣。唯大夫圖之！」晉人不能詰。[116]

魏獻子質疑鄭國僅派游吉一人弔唁且送葬，較襄公十五年時晉平公卒，鄭國派子西弔、子蟜送葬為簡。魏獻子令士景伯問明原由。游吉應對之辭令，以德為本，以禮為據。其首先指出禮的真義，是大國與小國間相互尊重與體恤。其云：「禮也者，小事大、大字小之謂。事大在共其時命，字小在恤其所無。」

進而指出，晉國對鄭國並無適當之尊重與體恤。反而時有重賦職貢，使鄭國疲於奔命。

游吉並徵引襄公二十八年時，周靈王卒，鄭國國君當時在楚國，於是派遣印段前往弔唁、送葬，周王室體恤鄭國，並未對此加以指責。所謂「王吏不討，恤所無也。」游吉此言，寓有暗諷晉國無資格論禮之意。分析游吉此次外交辭令，其內容以德爲基礎，指出盟主主盟當以德服人，對於小國應予適當尊重與體恤。以禮爲依據，徵引周王室「恤所無」之實例，以說服晉國。由於子大叔所論有本有據，晉士景伯「不能詰」。

上兩例爲鄭國游吉以禮應對之例。觀察《左傳》所載有關鄭國之外交辭令，發現鄭國自子產當政後，以德、禮說諸侯，成爲其主要外交政策[117]。鄭國由於國際形勢與地理因素，成爲晉、楚相爭的主要目標。子產巧妙的運用鄭國爲晉、楚緩衝地的形勢，於外交辭令謀畫上，強調「以德求援」、「以禮服強」的原則，爲鄭國爭取相當的生存空間。

分析子產以德、禮說服成功之因，主要在於晉、楚兩國在國際政治上極力爭取成爲霸主，而成爲霸主的首要條件，即是獲得多數諸侯國的支持。子產利用此點，以德、禮進行說服，迫使晉、楚兩國有時不得不接受鄭國的請求，藉此塑造本身在國際政治上有德知禮的形象，進而爭取其他諸侯的支持。

附帶說明一點，春秋時期國際政治之所以產生霸主政治，

---

[117] 相關論述見第三章第二節。

一方面是由於春秋文化產生的影響。在春秋德、禮文化的影響下，春秋各諸侯國並未興起代周而治的念頭。加上各國間實力雖有強弱，但由於經濟條件與生產方式的限制，各國未能無條件的擴充軍力。換言之，即雖有晉、楚等強國，但大國仍不足以完全征服他國。晉、齊關係可為例證：晉文公之後，齊雖為晉盟國，但晉國始終無法完全掌控齊國，而齊國履次與晉國為敵。總而言之，由於文化觀念與實際力量等因素，使得春秋時期在周王室衰微後，發展出霸主政治的政治形態。而鄭國便利用霸主政治的特性（盟主須要他國支持），以德、禮進行說服。

　　除鄭國實行以禮服強的外交政策外，魯國對於周代禮樂之保存與恢復，不遺餘力，其中孔子為代表人物。禮樂教化是孔子政治思想的主軸。孔子所謂的禮是指行為儀式或規範，樂是指雅樂，即所謂的「德音」。要言之，孔子所謂的禮樂是指具有正統道德意義的行為儀式與音樂[118]，並進而強調禮樂對人所產生的教化功能。《左傳》外交辭令中，亦載孔子德、禮說服之例。

　　魯定公十年（西元前 500 年），齊景公四十八年。此年夏季齊、魯修好，雙方君主會於夾谷。孔子陪同魯定公出席此會。《左傳》載此事如下：

---

[118] 謝謙《中國古代宗教與禮樂文化》，（成都：四川人民出版社，1996
　　年7月），頁2。

夏，公會齊侯于祝其，實夾谷。孔丘相，犁彌言於
齊侯曰：「孔丘知禮而無勇，若使萊人以兵劫魯侯，必
得志焉。」齊侯從之。孔丘以公退，曰：「士兵之！兩
君合好，而裔夷之俘以兵亂之，非齊君所以命諸侯也。
裔不謀夏，夷不亂華，俘不干盟，兵不偪好——於神為
不祥，於德為愆義，於人為失禮，君必不然。」齊侯聞
之，遽辟之。將盟，齊人加於載書曰：「齊師出竟而不
以甲車三百乘從我者，有如此盟！」孔丘使茲無還揖
對，曰：「而不反我汶陽之田，吾以共命者亦如之！」
齊侯將享公。孔丘謂梁丘據曰：「齊、魯之故，吾子何
不聞焉？事既成矣，而又享之，是勤執事也。且犧、象
不出門，嘉樂不野合。饗而既具，是棄禮也；若其不具，
用秕稗也。用秕稗，君辱；棄禮，名惡。子盍圖之！夫
享，所以昭德也。不昭，不如其已也。」乃不果享。齊
人來歸鄆、讙、龜陰之田。[119]

　　由犁彌所云「孔丘知禮而無勇」可知，孔子在當時以知
禮聞名於各國。對於此次會議，齊國犁彌獻計以萊人擾亂會
場，藉此威脅魯國達到齊國的外交目的。齊景公接受犁彌的
計策，於會議進行中讓萊人進入會場。孔子面對此情況，先
命人保護魯定公離開會場，接著令魯軍士擊殺萊人，其並指
出齊國此舉「於神為不祥，於德為愆義，於人為失禮」，並

---

[119]　《十三經注疏‧左傳》，（臺北：藝文印書館），頁976。

強調「君必不然」。分析孔子的外交辭令，其以德、禮文化
觀念為主要說服觀點明顯可見。其「君必不然」一句，更以
正言若反的技巧暗諷齊國之不德無禮。

　　盟會結束後，齊景公欲宴請魯定公，孔子恐齊國又有所
謀，於是推辭不往。其外交辭令指出，齊國若於夾谷中舉行燕
享之禮，是不合禮制之舉，所謂「犧、象不出門，嘉樂不野合。」
又指出，燕享之禮的舉行，主要意義在於昭明德行「夫享，所
以昭德也」。今日齊君不德無禮之舉甚多，又何須再行燕享之
禮。孔子此番外交辭令，亦以德、禮為說服的主要內涵。

　　此外，如子服景伯以禮辭吳徵百牢（哀公七年）一事，
亦可見魯國行人以德、禮文化觀點為說服內容之情況。魯哀
公七年（西元前 488 年），吳王夫差八年。此年夏季，魯哀
公與吳王會於鄫，吳國向魯國提出百牢要求，魯國外交行人
子服景伯以禮說服，《左傳》載之如下：

　　　　夏，公會吳于鄫。吳來徵百牢。子服景伯對曰：「先
　　王未之有也。」吳人曰：「宋百牢我，魯不可以後宋。
　　且魯牢晉大夫過十，吳王百牢，不亦可乎？」景伯曰：
　　「晉范鞅貪而棄禮，以大國懼敝邑，故敝邑十一牢之，
　　君若以禮命於諸侯，則有數矣。若亦棄禮，則有淫者矣。
　　周之王也，制禮，上物不過十二，以為天之大數也。今
　　棄周禮，而曰必百牢，亦唯執事。」吳人弗聽。景伯曰：

「吳將亡矣，棄天而背本。不與，必棄疾於我。」乃與
之。[120]

子服景伯面對吳國無禮的要求，立即以國際慣例回應曰
「先王未之有也」，蓋春秋中葉以後，國際慣例逐漸成爲國
際公法重要的依據與來源[121]。見子服景伯以國際慣例反駁吳
國的要求，吳國行人亦以國際慣例回應，表示宋國已答應百
牢的要求，若依國際慣例，魯國亦應答應。且魯國曾贈予晉
國大夫超過十牢以上之禮，吳王的身分較晉國大夫爲高，要
求百牢亦無不妥。

面對吳國霸道蠻橫的辭令，子服景伯改以禮來說服，其
指出魯國贈予晉國大夫范鞅十一牢之禮，主要是迫於大國的
威脅[122]。吳國若有圖霸中原之意，則當「以禮命於諸侯」，
子服景伯接著說明周代禮制最高爲十二牢，希望吳王取十二
而莫徵百牢。《左傳》載「吳人弗聽」，生動地表現出吳國行
人拒絕之神情。魯國迫於吳國威脅，最終答應給予百牢之貢。

子服景伯此次外交辭令交際失敗。分析其失敗之因，主

---

[120] 《十三經注疏・左傳》，（臺北：藝文印書館），頁 1008。

[121] 洪鈞培提出春秋國際公法之淵源：1、自然法或國際道德。2、周舊
制。3、習慣，即國際慣例。4、條約。5、國內法。（《春秋國際公
法》，頁 58 至 63。）

[122] 《左傳，昭公二十一年》載此事曰：夏，晉士鞅來聘，叔孫爲政。
季孫欲惡諸晉，使有司以齊鮑國歸費之禮爲士鞅。士鞅怒，曰：「鮑
國之位下，其國小，而使鞅從其牢禮，是卑敝邑也，將復諸寡君。」

要在於景伯未明吳王徵百牢之意，未能「知所說之心，以吾說當之」。吳王夫差於定公十四年闔廬爲越句踐所敗後成爲吳王，遂以報越之仇爲主要目標。此年吳王徵魯百牢，主要亦是爲擴充軍力。子服景伯說之以禮，不知吳王報仇之心，故「吳人弗聽」。

此外，此次外交辭令失敗亦是由於吳國本身文化素質所致。吳國爲南方新興勢力，其受中原文化影響較低，因此對於德、禮觀念的接受度，遠較中原各國爲低[123]。子服景伯以德、禮觀念來說服吳王，其說服力與接受度相對的較低，加上吳王本身主觀因素影響，因此辭令交際未能成功。

又《左傳》載錄此事之原委，或有其特別之用意。主要欲突顯出春秋時期德、禮文化觀念制約作用之結束。自周平王東遷起，周代的傳統禮制與文化道德觀遂逐漸崩壞。歷經二百五十餘年陵夷後，至吳徵百牢一事可謂禮樂制度完全崩解。此後，歷史由春秋時期進入戰國時期，德、禮觀念對人們價值判斷所產生的制約作用漸趨衰弱，取而代之的是原本隱藏於德、禮背後的利益關係。盛行於春秋的道德觀念在國際關係中的作用，至戰國時期已蕩然無存。

魯人恐，加四牢焉，為十一牢。（《十三經注疏‧左傳》，頁867。）
[123] 或言楚國亦爲蠻夷，何以其對德、禮說服仍能接受。楚國雖以蠻夷自居，但楚國歷來國君本身皆具備相當的文化素養。見第三章論述。

本 章 小 結：

歸納以上《左傳》外交辭令以德、禮為主要說服觀點之例子，有一問題可提出討論，即春秋外交辭令為何選擇以德、禮觀念作為說服的主要內容？如前所論，德、禮觀念是春秋文化的主要內涵，但春秋時期的德、禮觀念是隨著時代演進而不斷改變的，其變化的趨勢是朝向人文化角度發展。人文意識的興起與發展是春秋文化發展的主要趨勢。

整體而言，春秋外交辭令選用德、禮觀念進行說服，主要有以下三優點：其一，德、禮觀念是春秋時期重要的文化內涵與價值判斷標準。外交辭令以說服為目的，運用文化觀點進行說服，可藉由文化對人所產生無形的制約作用，增加辭令交際的成功率。

其二，德、禮觀念在春秋國際政治上，具有相當的影響力。尤其對盟主，德、禮更是其主盟的要件之一。春秋時期由於周王室衰微，齊桓公以後，霸主政治逐漸成形。但各諸侯國除爵位高低外，實質上皆處於平等的地位，則霸主如何能號令諸侯？整體而言，除須具備相當的軍事實力以為後盾外，盟主本身的德性與言行亦是各國是否聽令的重要影響因素。因此，齊桓公、晉文公主盟，皆舉尊王攘夷旗幟，藉此以勸服其他諸侯國[124]。

---

[124] 相關論述請見第三章第二節。

　　由上論述可知，德、禮觀念在春秋國際政治上具有一定的影響力，而外交辭令正是運用於國際外交場合中之辭令，因此，外交辭令內容以德、禮爲說服觀點，能產生較強的影響力。此亦是文化制約作用之一。

　　其三，就言語交際角度而言，以德、禮爲說服觀點，能表現說服者的禮貌與尊重，並能增加辭令的接受度與說服力。言語交際是一種交際雙方相互合作的溝通過程。交際進行中，若有任一方違反相互合作的原則，則言語交際將難以持續。此即語用學中「合作原則」的理論[125]。此外，言語的表達亦影響聽者的接受度。外交辭令以德、禮爲內容進行說服，能表現出對接受者的尊重與禮貌。又以德、禮爲辭令內容，能增加辭令的說服力：德、禮是春秋時期主要的價值判斷標準，以之進行說服，若被說者能接受，則顯出其爲有德合禮之人，且其接受說服亦是合德合禮之事。如此，對於雙方皆有利益，無形中能提升辭令的說服力。

　　總之，文化對外交辭令之制約，是春秋外交辭令不同於戰國及之後外交辭令的重要特色。春秋時期外交交際雖有爭鬥、有機巧，但其外交辭令間亦流露出崇德尙禮的文化意蘊，此爲其他時代所未有。此論點比較《戰國策》與《左傳》之外交辭令即可明顯看出。德、禮爲春秋文化的主要內涵，外交辭令說服無論動機如何，能以德、禮爲說服觀點，則能

增加辭令的接受度與可信度。

又分析《左傳》以德、禮為主要說服內容之事例，發現想要以德、禮觀念進行說服者，除辭令內容須強調德、禮觀念的重要性，與考量對方文化素養外，國家實力往往才是左右德、禮說服的重要因素。德、禮說服是一種柔性說服，其主要藉著德、禮文化對人們產生的制約作用來進行說服。但以德、禮為說服觀點的外交辭令，若無國家實力為後盾，或創造有利形勢以為憑藉，如夾谷之會，孔子的反應[126]。則以德、禮說服的外交辭令，僅能表現出表達者的文化素養，於實際交際上無法產生作用。

此外觀察《左傳》外交辭令，發現德、禮文化制約雖廣為各國行人於外交辭令中用以作為說服內容之主題。但德、禮多為外衣，真正辭令說服之關鍵，主要在於利害關係。外交辭令之目的以爭取利益為主，因此，利益才是外交辭令交際主要動機[127]。但以利益為主體的辭令內容，往往不便於公開外交場合中表達，因此外交辭令在利益為本的基礎上，選擇以德、禮文化為保護。此種情況愈至春秋晚期愈為盛行，

---

[125] 有關「合作原則」理論，請參見第二章論述。

[126] 孔子面對萊人擾亂，隨即召集隨從軍隊入會場，一方面保護魯定公，一方面進行擊殺萊人的工作。此舉同時為孔子創造有利的形勢，場內魯軍能擊殺萊人，亦能擊殺齊景公。在此形勢下，孔子行人辭令以德、禮為說服內容，為齊景公提供一下臺階。若齊侯接受孔子所言，撤走萊人，則不至於不德無禮。

[127] 相關論述見本書第三章第四節。

分析其因主要是由於春秋晚期國際形勢愈形複雜所致。

外交交際的目的在於謀取國家利益，無論以何種說服觀點，爭取利益是外交辭令的最終目標。由於春秋晚期國際形勢日益複雜，外交辭令的交涉益形困難，於是外交辭令運用德、禮觀念為掩護，將利益交涉隱藏於德、禮說服背後，藉此以進行說服，增加外交辭令交際的成功率。

第五章 結 論

　　《左傳》是中國現存典籍中，記載先秦資料最詳備者。
其書（含《春秋》）凡十九萬六千餘字，內容豐富，文辭典
麗。極具經學、史學與文學價值。《左傳》對史事之載記採
取「言事並重」的原則，除對史事原委作詳細敘述外，對於
言談對話之記錄亦十分強調。可以說，《左傳》是今日保存
先秦語言使用現象的重要典籍。其中有關外交辭令之資料，
更反映出春秋時期語言的實際運用狀況。

　　行人是春秋時期對折衝尊俎的外交使節的稱呼。所謂外
交辭令，是指外交交際時所運用之特殊語言系統。外交辭令
因性質、表達方式與說服內容而有不同。外交辭令於《左傳》
中計二百三十六則，而涉及交際成敗者，有一百二十九例，
其中交際成功者計一百零七則，失敗者有二十二則。此類外
交辭令是本文探討的主要對象。

　　由語言學角度而言，《左傳》外交辭令本質上是一種言
語交際行為。在言語交際過程中，有些語言現象不單純是語
言本身的問題，並且牽涉到使用語言的人及語言使用的環
境，想要正確地解釋這些現象，則必須借助語用學。

　　語用學（Pragmatics）就是語言實用學。是研究特定情
景中的特定話語，特別是研究在不同的言語交際環境下，如
何理解語言和運用語言的一門學科。關於《左傳》外交辭令

相關問題的探討，學者多專注於其修辭技巧與語言特色上，對於外交辭令的實際交際過程與影響交際結果之變數，較少著墨。爲補前輩學者之不足，本文運用語用學的觀念，針對《左傳》外交辭令實際交際過程及影響交際結果之因素作深入的探討。

歸納《左傳》外交辭令的說服觀點，主要有五：文化觀點、利益觀點、形勢觀點、邏輯觀點、情感觀點。其中文化觀點是春秋外交辭令說服的重要特色。禮樂制度與德、禮觀念是春秋文化的主要內涵。德與禮的觀念充分影響春秋時人的價值判斷。在國際政治上，要求盟主以德、禮服人，以德、禮主盟。在國內政治上，要求以德、禮撫民、治民。此外，在軍事上亦強調將領元帥之德、禮修養。總之，德、禮是春秋文化的主要內涵，亦是春秋時期重要的價值判斷標準。

或云春秋時期是禮樂崩解之時，何以德、禮觀念是春秋時人重要的價值判斷標準？主要可由兩角度說明，在制度層面上，春秋時期是周代禮樂文化觀念轉型期，傳統的禮樂制度面臨新觀念的衝擊，產生新的發展與轉變。隨著文化人文化的發展，傳統禮樂制度的約束力逐漸減弱。就文化發展層面而言，隨著時代的變遷與觀念的轉化，春秋文化在無形中逐漸朝人文化角度發展。錢穆先生稱：「歷史有漸無頓」，文化的更迭與轉化也是漸進的。在人文自覺意識逐漸興起的春秋時期，傳統的禮樂制度，在文化人文化發展趨勢下，逐漸轉化，傳統雜有宗教神鬼色彩的德、禮觀念，逐漸發展成爲

道德文化觀念，進而成爲影響中國思維的重要文化內涵。在此轉化過程中，《左傳》記載許多對德、禮內涵的人文說解。

文化說服觀點是春秋行人喜愛運用的方式。所謂文化說服觀點，是指運用文化對人們價值判斷深層隱微的制約作用，來達到說服的目的。觀察《左傳》外交辭令運用文化觀點說服者，愈至春秋中晚期愈多，且其文化說服背後，往往隱藏有利益的說服。

《左傳》外交辭令的本質是言語交際。所謂言語交際，是指運用語言進行觀念的溝通與情感交流的一種交際過程。外交辭令的主要目的在於達成預設的外交目標，因此說服是外交辭令的最終目的。在此前提下，借鏡語用學中言語交際的觀念，可以對《左傳》外交辭令之交際過程與影響交際成敗之因素，進行深入的分析與探討。

交際參與者、交際動機、交際媒介、信息內容與交際語境是言語交際構成的五大要素，而此五者亦是影響《左傳》外交辭令交際結果之重要因素。語境是指言語交際當時交際雙方所處的主、客觀環境。語境（Context），是指言語交際過程中表達某種特定意義時所依賴的各種時間、地點、場合、話題、交際者身份、地位、心理背景、時代背景、文化背景、交際目的、交際方式、交際內容所涉及到的對象，以及各種與語言表達式同時出現的非語詞指號等等。

整體而言，語境是語用學中重要的觀念，亦是言語交際

時交際雙方藉以理解判讀話語意義的重要憑藉。在外交辭令交際過程中，話語符號的「言外之意」才是行人表達的主要意義，而欲瞭解言外之意，則須由辭令表達當時之言語環境入手。因為不同之語境，會影響辭令之解釋。瞭解溝通當時之語境後，方能解析出外交辭令字面意義背後所蘊藏之真正含意。

語境大體可別為主觀語境及客觀語境兩類。在諸多客觀語境中，又以國際形勢對外交辭令交際產生最大的影響。所謂形勢比人強，有時迫於形勢無奈，對於不合理之外交辭令亦只能勉強接受。國際形勢是指國家於國際政治環境中所處的地位及與他國間的外交關係。換言之，即國家在國際政治環境中所能產生的影響力。整體而言，春秋國際形勢是左右外交辭令的主要背景因素，隨著春秋各階段不同國際形勢之轉變，各國的外交政策與外交辭令亦隨之有不同的規畫。平王東遷至鄭莊公去世期間，由於霸主政治尚未成形，各國間的外交活動尚不頻繁，外交辭令之載錄亦較少。至齊桓公、晉文公先後稱霸，會盟政治正式形成，國際間的盟會朝聘成為解決國際爭端與衝突的重要手段。隨著外交活動的日漸頻繁，外交辭令的重要性亦日增。積極爭取國家利益，消極避免國家損失，成為外交辭令交際的重要意義。晉文公卒後，楚國勢力日增。晉、楚爭霸，南北相衡之勢確立後，外交辭令的重要性更形顯著。

鄭國子產、游吉、晉國叔向、魯國叔孫豹、孔丘、子貢

等人，運用辭令爲國家避禍免災，爭取國家利益。爲後世所稱頌。春秋晚期，隨著吳、越勢力的興起，春秋文化逐漸轉型，外交辭令亦在不覺間逐漸轉化爲戰國縱橫辭令。春秋外交辭令文化說服的特色，漸爲戰國功利說服所取代。

　　若國際形勢是間接影響外交辭令交際的背景因素，主觀語境則是影響辭令交際成敗的直接因素。所謂主觀語境是指外交行人本身的心理因素：如行人的人格特質、預設立場、文化素養、修爲人品，以及交際當時行人的身分、地位、情緒、態度等。就表達者而言，在諸多主觀因素中，「角色觀念」與「可信度」是影響辭令交際的因素。在言語交際中所謂「角色」的觀念，是指「言語交際的參與者，在言語交際活動中實際所處的<u>交際地位</u>和實際所具有的<u>身份</u>。」角色觀念的正確與否，影響言語交際的進行與交際結果。正確的角色扮演有助言語交際更精確的溝通，錯誤的角色扮演則會造成言語交際的障礙。

　　亞里斯多德《修辭學》中論及增加語言的說服，提出「信譽證明」一項，正是說明可信度對言語交際之重要性。所謂的可信度不單指外交辭令內容的可信，同時亦包括表達的人格修養、言行舉止的可信賴度。總之，可信度影響外交辭令交際。

　　就接受者而言，「人格特質」與「預設心理」，是影響辭令表達與接受的主要因素。所謂人格特質，是指個人因長期受某種文化或價值觀之薰染，結合本身性格，所產生的一種異於旁人的獨特人格特徵。由於人是言語交際的主體，辭令的表達與接受皆與交際雙方有密切的關係，人格特質是影響一個人價值判斷的重要因素，因此，行人的人格特質對於外交辭令的表達與接受會產生相當的影響。

　　所謂預設立場，是指接受者對某事某物預存之好惡與價值判斷。就心理學角度而言，每個人心中對於外界事物皆有好惡、取捨的標準，此一價值判斷之定見與標準影響人的言行。就言語交際角度而言，外交辭令是一說服的過程，主要希望說服對方改變態度。然而，人的價值觀一旦建立後，即具有相當程度的排他性，欲說服對方改變既有之觀念，並非易事。《韓非子・說難》指出「凡說之難，在知所說之心，可以吾說當之。」說明說服真正的困難不在於說服的技巧或相關的技術，如何能真正瞭解被說者的預設立場，才是真正困難所在。

　　此外，行人的臨場反應亦影響辭令交際成敗。觀察《左傳》外交辭令交際，發現無論所運用的說服觀點為何，利益始終是外交辭令的主要交際動機。因為，外交活動本就是以爭取國家利益為主要目的，外交辭令的交際正是執行國家外交政策的一種手段。總而言之，外交辭令是一種言語交際行

爲，在整個交際過程中，客觀國際形勢與主觀行人因素等皆對外交辭令交際產生影響。由言語交際角度，探討外交辭令的實際交際與成敗之相關論述，請見「語用學與《左傳》外交辭令」。

　　論及《左傳》外交辭令則不能不討論「外交賦詩」的問題。賦詩是春秋外交辭令中極爲特殊的一種言語交際方式，是透過選賦某詩篇某詩句的方法，以間接的方式表達交際信息內容。關於春秋外交賦詩的探討，前輩學者多有論述，本文另由語用學角度，就外交賦詩作不同角度的說解。

　　就語用學角度而言，《左傳》外交賦詩是言語行爲中所謂的「間接言語行爲」，亦即外交辭令所欲表達之真正信息內容，不在於所賦詩句的表層意義上，而是深藏於所選賦詩篇、詩句的文字意義之下。換言之，選賦詩篇、詩句的言外之意才是外交賦詩真正的溝通主體。外交賦詩是運用「間接言語行爲」，主要運用言語交際時對「合作原則」、「禮貌原則」的刻意違反與破壞，來達到其暗示言外意義的表達方式。

　　整體而言，所賦詩句的言外之意，才是外交賦詩的主要交際信息內容。又欲正確解讀外交賦詩所蘊含的言外之意，語境是關鍵所在。語境對於外交賦詩產生一定的「限定作用」，即語境對於外交賦詩意義的解釋，具有限定解釋範圍的功能。即透過語境作爲判讀外交賦詩的標準，進一步來理解行人選賦詩篇、詩句所代表的真正意義。

　　總之，運用新視野、新方法來探討中國傳統典籍，是今後學術發展的方向之一。語用學是二十世紀新興的學科，外交辭令的本質是言語交際，因此本文運用語用學觀念來探討《左傳》外交辭令相關問題，期能對《左傳》外交辭令有更深層之探討，並爲《左傳》研究開拓新視野。

　　此外，本文限於篇幅與時間，所能探討之問題有限。其他如：《左傳》外交辭令所反映出的春秋文化狀況、外交賦詩與傳統比興觀念之關係、外交辭令的修辭技巧、外交辭令與先秦政論文章之關係、外交辭令與戰國縱橫家之關係及行人與春秋外交及賓禮之關係等問題。將於日後持續進行探討。

出版說明：

　　本書爲作者碩士論文一部分，因篇幅之故，本書主要針對言語交際與文化制約等相關問題進行討論，有關外交賦詩相關論述，請見「語用學與《左傳》外交賦詩」一書。

【 參 考 書 目 】

說明：《左傳》相關研究，向來為學者所重視，有關《左傳》相關問題之探討，成果斐然。語言學為二十世紀新興學科，語言學、語用學之相關討論為當代學者所重，相關之學術專著亦有一定之成果。以下羅列之書目以學者出版之專著為主，其它如單篇期刊論文、博碩士論文等參考資料，請見筆者碩士論文所附書目。此外，關於書目排列順序，主要依據出版年月先後而定。而出版年月則以該書版權頁所載為主。

一、春秋、左傳類

1、典籍部分：

晉・杜　預《春秋經傳集解》，臺南：利大出版社，民國 69 年 1 月初版。

晉・杜　預《春秋釋例》，臺北：中華書局，民國 69 年 11 月臺二版。

明・石光霽《春秋書法鉤元》，臺北：藝文印書館，民國 65 年 10 月初版。

明・王　源《左傳評》，臺北：新文豐出版公司，民國 68 年 8 月初版。

清・姚彥渠 撰《春秋會要》，北京：中華書局，1955 年 11 月第 1 版。

清・林　紓 選《左傳擷華》，臺北：文光圖書公司，民國 46 年 2 月初版。

清・劉文淇《春秋左傳舊注疏證》，香港：太平書局，1966 年 10 月版。

清・方苞 口授 王兆符 傳述 《左傳義法舉要》，臺北：廣文書局，民國 66 年 1 月初版。

清·高士奇 《左傳紀事本末》，臺北：里仁書局，民國70年12月出版。

清·馬　驌 著徐連城 校點《左傳事緯》，山東：齊魯書社，1992年6月一版。

清·顧棟高《春秋大事表》，北京：中華書局，民國82年6月一版。

清·勞孝與《春秋詩話》，廣東：廣東高等教育出版社，1996年9月一版。

瑞典 高本漢著陳舜政 譯《高本漢左傳注釋》，臺北、國立編譯館，民國61年
　　　　　　　　　　　　　　　　　　　　　　　　　　　2月印行。

韓席籌 編註《左傳分國集注》，臺北：華世出版社，民國64年10月臺一版。

章太炎《春秋左傳讀》，臺北：學海出版社，民國73年4月初版。

楊伯峻 《春秋左傳注》，高雄：復文圖書公司，民國80年9月二版。

日本·竹添光鴻《左傳會箋》，臺北：天工書局，民國82年5月出版。

吳闓生 《左傳微》，安徽：黃山書社，1995年12月一版。

2、學者專著：

劉師培 《劉申叔遺書 1-4 》，臺北：大新書局，民國54年8月出版。

葉政欣《春秋左氏傳杜注釋例》，嘉新水泥文化基金會，民國55年出版。

劉正浩《周秦諸子述左傳考》，臺北：臺灣商務印書館，民國55年11月初版。

劉正浩《兩漢諸子述左傳考》，臺北：臺灣商務印書館，民國57年9月初版。

楊向時《左傳賦詩引詩考》，臺北：中華叢刊編審委員會，民國61年5月印行。

陳新雄、于大成 編《左傳論文集》，臺北：木鐸出版社，民國65年5月出版。

戴君仁 等《春秋三傳研究論集》，臺北：黎明文化，民國70年1月初版。

張高評《左傳導讀》，臺北：文史哲出版社，民國71年10月初版。

張高評《左傳之文學價值》，臺北：文史哲出版社，民國71年10月初版。

張高評《左傳文章義法撢微》，臺北：文史哲出版社，民國71年10月初版。

高葆光《左傳文藝新論》，臺中（東海大學研究叢刊），民國72年8月四版。

葉政欣《杜預及其春秋左氏學》，臺南：興業圖書公司，民國73年2月出版。

謝秀文《春秋三傳考異》，臺北：文史哲出版社，民國73年8月初版。

張端穗《左傳思想探微》，臺北：學海出版社，民國 76 年 1 月初版。

程發靱《春秋要領》，臺北：三民書局，民國 78 年 4 月初版。

美・王靖宇《左傳與傳統小說論集》，北京：北京大學出版社，1989 年 5 月。

張其淦《左傳禮說》，《叢書集成續編 272》，臺北：新文豐，民國 78 年 7 月。

張以仁《春秋史論集》，臺北：聯經出版事業公司，民國 79 年元月初版。

沈玉成《左傳譯文》，高雄：復文圖書出版社，民國 79 年 9 月再版。

程發靱《春秋人譜》，臺北：臺灣商務印書館，民國 79 年 12 月初版。

張素卿《左傳稱詩研究》（國立臺灣大學文史叢刊之八十九），民國 80 年 6 月。

程元敏《春秋左氏經傳集解序疏證》，臺北：臺灣學生書局，民國 80 年 8 月。

李新霖《從左傳論春秋時代之政治倫理》臺北：文津出版社，民國 80 年 8 月。

沈玉成、劉寧《春秋左傳學史稿》，江蘇古籍出版社，1992 年 6 月一版。

曾勤良《左傳引試賦詩之詩教研究》，臺北：文津出版社，民國 82 年 1 月初版。

丁禎彥 吾敬東《春秋戰國時期觀念與思維方式變遷》湖南出版社，1993 年 1 月。

舒大剛《春秋少數民族分佈研究》，臺北：文津出版社，民國 83 年 3 月初版。

張高評《左傳之武略》，高雄：麗文文化公司，民國 83 年 10 月初版。

張高評《左傳之文韜》，高雄：麗文文化公司，民國 83 年 10 月初版。

張素卿《敘事與解釋—《左傳》經解研究》臺北：書林出版公司，1998 年 4 月。

簡宗梧《鎔裁文史的經典—左傳》，臺北：黎明文化，民國 88 年 4 月初版。

趙生群《春秋經傳研究》，上海古籍出版社，2000 年 5 月第 1 版。

二、語言、符號、傳播、說服、修辭學類

1、學者專著：

（1）、語言學符號學

奧斯丁（Austin）《How to do Things with Words》，哈佛大學（編），1975 年二版。

王政白《文言實詞知識》，安徽：安徽教育出版社，1978 年 12 月第 1 版。

325

何自然《語用學概論》，湖南：湖南教育出版社，1983 年 4 月第 1 版。

黃六平《漢語文言語法綱要》，臺北：漢京文化，民國 72 年 4 月初版。

陳　原《社會語言學》，上海：學林出版社，1983 年 8 月第 1 版。

德・索緒爾《普通語言學教材》，臺北：弘文館出版社，民國 73 年 10 月初版。

日・早川博士 著 鄧海珠 譯《語言與人生》，臺北：遠流出版公司，民國 74 年
　　　　　　　　　　　　　　　　　　　　　　　　　　　　　3 月初版。

伯樂 著，張彥民、張霄亭合譯《思想傳播學》，臺北：水牛出版社，民國 74 年
　　　　　　　　　　　　　　　　　　　　　　　　　　　　　4 月初版。

王　鋼《普通語言學基礎》，湖南教育出版社，1988 年 5 月第 1 版。

王泗原《古語文釋例》，上海：上海古籍出版社，1988 年 8 月第 1 版。

申小龍《中國句型文化》，吉林：東北師範大學出版社，1988 年 11 月第 1 版。

何兆雄《語用學概要》，上海外語教育出版社，1989 年 5 月第 1 版。

羅常培《語言與文化》，北京：語文出版社，1989 年 9 月第 1 版。

申小龍《中國文化語言學》，吉林：吉林教育出版社，1990 年 9 月第 1 版。

程詳徽《語言風格學初探》，臺北：書林出版社，民國 80 年 1 月出版。

濮之珍《中國語言學史》，臺北：書林出版社，民國 79 年 11 一版。

湯炳正《語言之起源》，臺北：貫雅文化事業，民國 79 年 12 月初版。

陳恩泉 主編《語言文學論集》，廣東：廣東教育出版社，1990 年 12 月第 1 版。

俞建章、葉舒憲《符號：語言與藝術》，臺北：久大文化公司，民國 81 年 3 月。

張世祿 主編《古代漢語—上》，臺北：洪葉文化事業，1992 年 9 月初版。

郭錫良 等人主編《古代漢語—上》，北京：語文出版社，1992 年 9 月第 1 版。

劉增福《奧斯丁》，臺北：東大圖書公司，民國 81 年 10 月初版。

日・西槇光正 編《語境研究論文集》，北京：北京語言學院出版社，1992 年 11
　　　　　　　　　　　　　　　　　　　　　　　　　　　　　月 1 版。

葉蜚聲、徐通鏘《語言學綱要》，臺北：書林出版社，1993 年 3 月出版。

王世賢 主編《新型古代漢語》，四川：巴蜀書社，1993 年 5 月第 1 版。

郭錦福《漢語與中國傳統文化》，北京：中國人民大學出版社，1993 年 6 月。

劉煥輝《言語交際與交際語言》，江西高校出版社，1993 年 8 月第 1 版。

Gerald J. Massey 著、何秀煌 譯《符號邏輯導論》，臺北：三民書局，1993 年 8 月四版。

徐道鄰《語意學概要》，友聯出版社，民國 82 年 10 月四版。

楊烈雄《文言語法學》，廣東：暨南大學出版社，1993 年 12 月第 1 版。

申小龍《語文的闡釋》，臺北：洪葉文化，1994 年 1 月初版。

何樂士《左傳語言研究文集·第一分冊·左傳範圍副詞》，長沙：岳麓書社，1994 年 1 月第 1 版。

王一川《語言烏托邦─20 世紀西方語言論美學探究》，雲南人民出版社，1994 年 5 月第 1 版。

中國社會科學院語言研究所「漢語運用的語用原則」課題組 編著《語用研究論集》，北京：語言學院出版社，1994 年 7 月第 1 版。

管燮初《左傳句法研究》，合肥：安徽教育出版社，1994 年 12 月第 1 版。

石安石《語義研究》，北京：語文出版社，1994 年 12 月第 1 版。

王占馥《語境語語言運用》，內蒙古教育出版社，1995 年 8 月第 1 版。

常敬宇《漢語詞匯與文化》，北京：北京大學出版社，1995 年 8 月第 1 版。

楊忠、張紹杰《語言理論與應用研究》，長春：東北師範大學出版社，1995 年 10 月 1 版。

王德春、孫汝建、姚遠《社會心理語言學》，上海外語教育出版社，1995 年 12 月第 1 版。

徐烈炯《語意學》，臺北：五南圖書出版公司，1996 年 6 月初版一刷。

程祥徽《語言與傳意》，香港：海峰出版社，1996 年 6 月一版。

寸鎮東《語境與修辭》，貴州人民出版社，1996 年 6 月第 1 版。

李幼蒸《結構與意義》，北京：中國社會科學出版社，1996 年 9 月第 1 版。

孫維張、呂明臣《社會交際語言學》，長春：吉林大學出版社，1996 年 12 月。

戴昭銘《文化語言學導論》，北京：語文出版社，1996 年 12 月第 1 版。

胡明揚 主編《西方語言學名著選讀》，臺北：書林出版公司，1996 年 12 月。

吳禮權《中國語言哲學史》，臺北：臺灣商務印書館，1997 年 1 月初版第一刷。

周慶華《語言文化學》，臺北：生智文化事業公司，1997 年 8 月初版。

桂詩春 寧春岩《語言學方法論》，北京：外語教學與研究出版社，1997 年 9 月。

何秀煌《記號學導論》，臺北：水牛出版社，1997 年 10 月四版。

陳宗明《中國語用學思想》，杭州：浙江教育出版社，1997 年 12 月第 1 版。

香港科技大學人文學部主編《邏輯思想與語言哲學》，臺北：臺灣學生書局，1997
年 12 月初版。

張　喬《模糊語義學》，北京：中國社會科學出版社，1998 年 2 月第 1 版。

恩思特‧卡西勒著 張思明 校譯《語言與神話》，臺北：桂冠圖書公司，1998
年 2 月初版三刷。

日‧池上嘉彥 著；林璋 譯《詩學與文化符號學》，南京：譯林出版社，1998
年 2 月第 1 版。

美‧A.P. 馬蒂尼奇 編；牟博、楊音 、韓林合 等譯《語言哲學》，北京：商務
印書館，1998 年 2 月第 1 版。

余光雄《英語語言學概論》，臺北：書林出版公司，1998 年 6 月增訂五刷。

謝國平《語言學概論》，臺北：三民書局，民國 87 年 10 月增訂出版。

蔡曙山《言語行為和語用邏輯》，北京：中國社會科學出版社，1998 年 11 月。

法‧羅蘭‧巴特 著、王東亮 譯《符號學原理》，北京：三聯書店，1999 年 6
月第 1 版。

陳　忠《信息語用學》，山東教育出版社，1999 年 7 月第 1 版。

馮廣藝《語境適應論》，湖北教育出版社，1999 年 9 月第 1 版。

姜望琪 編著《語用學—理論及應用》，北京大學出版社，2000 年 1 月第 1 版。

邢福義 主編《文化語言學》，湖北教育出版社，2000 年 1 月。

索振羽 編著《語用學教程》，北京大學出版社，2000 年 5 月第一版。

（2）、傳播學、接受學、說服談判：

方鵬程《先秦合縱連橫說服傳播的研究》，臺灣商務印書館，民國 64 年 2 月。

張玉法《先秦的傳播活動及其影響》，臺北：臺灣商務印書館，民國 72 年 4 月。

吳予敏《無形的網路—從傳播學的角度看中國的傳統文化》，臺北：雲龍出版社，
民國 80 年 3 月臺一版。

宋嗣廉 黃毓文《中國古代演說史》，長春：東北師範大學出版社，1991 年 10
月第 1 版。

周禮全 主編《邏輯 — 正確思維和成功交際的理論》，北京：人民出版社，1994
年 4 月第 1 版。

ROBERT C. HOLUB 著、董之林譯《接受美學理論》，臺北：駱駝出版社，1994 年
6 月第 1 版。

ELIZABETH FREUND 著、陳燕谷譯《讀者反應理論批評》，臺北：駱駝出版社，
1994 年 6 月一版。

李學英《信息接受論》，武漢：湖北教育出版社，1994 年 9 月第 1 版。

龔文庫《說服學—攻心的學問》，北京：人民出版社，1994 年 10 月第 1 版。

John Fiske 著 、張錦華 譯《傳播符號學理論》，臺北：遠流出版事業，1995
年 3 月初版。

牟傳琳 牟傳珩《談判學研究—談判的理論方法與技巧》，青島：青島海洋大學
出版社，1995 年 12 月第 1 版。

張曉芒《先秦辯學法則史論》，北京：中國人民出版社，1996 年 8 月第 1 版。

孫旭培《華夏傳播論》，北京：人民出版社，1997 年 10 月第 1 版。

張秀蓉《口語傳播概論》，臺北：正中書局，1998 年 9 月初版。

（3）、修辭學：

清・馬建忠《馬氏文通》，臺北：臺灣商務印書館，民國 67 年 5 月臺一版。

鄭奠、譚全基編著《古漢語修辭學資料彙編》，臺北：明文書局，民國 73 年
9 月初版。

黃永武《字句鍛練法》，臺北：臺灣商務印書館，民國 77 年 2 月十一版。

陳望道《修辭學發凡》，臺北：文史哲出版社，民國 78 年 1 月再版。

希臘 亞里斯多德 著 羅念生 譯 《修辭學》，北京：三聯書局，1991 年 10 月。

黃慶萱《修辭學》，臺北：三民書局，民國 81 年 9 月增訂六版。

譚學純、唐躍、朱玲著《接受修辭學》，上海教育出版社，1992 年 12 月第 1 版。

蔡宗陽 《陳騤《文則》新論》，臺北：文史哲出版社，民國 82 年 3 月初版。

周振甫《中國修辭學史》，臺北：洪葉文化，1995 年 10 月初版。

張志公《漢語辭章學論集》，北京：人民教育出版社，1996 年 3 月第 1 版。

劉煥輝《修辭學綱要》，南昌：百花洲文藝出版社，1997 年 5 月第 1 版。

王一川《修辭論美學》，長春：東北師範大學出版社，1997 年 5 月第 1 版。

陸稼祥《內外生成修辭學》，重慶：重慶出版社，1998 年 7 月第一版。

三、史學類

吳・韋昭《國語》，臺北：里仁書局，民國 70 年 12 月出版。

（上海師範大學古籍整理組點校）

唐・劉知幾 著 清・浦起龍釋《史通通釋》，臺北：里仁書局，民國 82 年 6 月。

清・章學誠《文史通義》，臺北：里仁書局，民國 73 年 9 月出版。

孫　曜《春秋時代之世族》，上海：中華書局，民國 25 年 9 月再版。

錢　穆《中國文化史導論》，臺北：正中書局，民國 40 年 3 月臺初版。

劉伯驥《春秋會盟政治》，臺北：中華叢書，民國 51 年 3 月印行。

黎東方《先秦史》，臺北：臺灣商務印書館，民國 55 年 7 月臺一版。

呂思勉《先秦史》，香港、太平書局，民國 57 年 8 月一版。

徐復觀《中國人性論史 先秦篇》，臺北：臺灣商務印書館，1969 年 1 月初版。

楊亮功《先秦文化之發展》，臺北：臺灣商務印書館，民國 67 年 5 月初版。

杜維運《史學方法論》，臺北：三民書局，民國 68 年 2 月初版。

童書業《春秋史》，臺北：臺灣開明書店，民國 68 年 9 月臺一版。

徐復觀《兩漢思想史 卷三》，臺北：臺灣學生書局，民國 68 年 9 月初版。

姚秀彥《先秦史》，臺北：三民書局，民國 66 年 9 月初版。

杜正勝《周代城邦》，臺北：聯經出版事業公司，1979 年 1 月初版。

余英時《中國知識階層史論 古代篇》，臺北：聯經，民國 69 年 8 月初版。

許倬雲《求古編》，臺北：聯經出版事業公司，民國 71 年 6 月初版。

張蔭麟《中國上古史綱》，臺北：里仁書局，民國 71 年 9 月出版。

屈萬里《先秦文史資料考辨》，臺北：聯經出版事業公司，民國 72 年 2 月初版。

瞿同祖《中國封建社會》，臺北：里仁書局，民國 73 年 6 月初版。

許倬雲《西周史》，臺北：聯經出版事業公司，民國 73 年 10 月初版。

潘　英《中國上古史新探》，臺北：明文書局，民國 74 年 3 月初版。

張羽孔 主編《中國歷史大事編年・第一卷》，北京出版社，1987 年 11 月。

王貴民《商周制度考信》，臺北：明文書局，民國 78 年 12 月初版。

劉長林《中國系統思維》，北京：中國社會科學出版社，1990 年 7 月第 1 版。

日・中村元 著、徐復觀 譯《中國人之思維方法》，臺北：臺灣學生書局，民國
　　　　　　80 年 4 月修訂版。

劉起釪《古史續辨》，北京：中國社會科學出版社，1991 年 8 月第 1 版。

常金倉《周代禮俗研究》，臺北：文津出版社，民國 82 年 2 月初版。

劉　翔《中國傳統價值觀念詮釋學》，臺北：桂冠圖書公司，1993 年 4 月初版。

顧詰剛 等《古史辨》，臺北：藍燈文化事業公司，民國 82 年 8 月二版。

徐鴻修、安也致《春秋貴族法規研究》，廣西師範大學出版社，1993 年 9 月。

陳恩林《中國春秋戰國軍事史》，北京：人民出版社，1994 年 1 月一版。

楊升南《中國春秋戰國政治史》，北京：人民出版社，1994 年 4 月一版。

段志洪《周代卿大夫研究》，臺北：文津出版社，民國 83 年 5 月初版。

夏曾佑《中國古代史》，臺北：臺灣商務印書館，民國 83 年 9 月臺一版四刷。

謝　謙《中國古代宗教與禮樂文化》，成都：四川人民出版社，1996 年 7 月。

楊儒賓、黃俊傑《中國古代思維方式探索》，臺北：正中書局，民國 85 年 11 月。

張榮明《殷周政治與宗教》，臺北：五南圖書公司，民國 86 年 5 月初版。

楊　華《先秦禮樂文化》，漢口：湖北教育出版社，1997 年 3 月第 1 版。

魯士春《先秦容禮研究》，臺北：天工出版社，民國 87 年 7 月出版。

楊　寬《西周史》，臺北：臺灣商務印書館，1999 年 4 月初版一刷。

孫廣德《中國政治思想史專題研究集》，臺北：桂冠圖書，1999 年 6 月初版。

李衡眉《先秦史論集》，山東：齊魯書社，1999 年 10 月第 1 版。

四、諸子類

先秦・韓非　清・王先慎　《韓非子集解》，臺北：世界書局，民國 80 年 10 月。

劉　奇《論理古例》，臺北：臺灣商務印書館，民國 55 年 7 月初版。

蕭登福《鬼谷子研究》，臺北：文津出版社，民國 79 年 10 月出版。

方鵬程《鬼谷子：說服談判的藝術》，臺北：臺灣商務印書館，1999 年 8 月。

五、外交、國際政治類

1、學者專著：

李其泰《外交學》，臺北：正中書局，民國 51 年 11 月臺初版。

陳顧遠　《中國國際法溯源》，臺北：臺灣商務印書館，民國 56 年 7 月。

黃寶實　《中國歷代行人考》，臺北：中華書局，民國 58 年 6 月增訂一版。

洪鈞培　《春秋國際公法》，臺北：中華書局，民國 60 年 2 月臺一版。

傅啟學編《中國古代外交史料彙編上冊》，臺北：國立編譯館，民國 69 年 9 月。

徐傳保 編《先秦國際法之遺跡》，錄於上海書店《民國叢書‧第三編》。

Hans J. Morgenthau 著 張自學 譯《國際政治學》（《Politics Among Nations》），
　　　　臺北：幼獅文化事業公司，民國 79 年 4 月第 7 印，頁 747。

Frederic S. Pearson；J. Martin Rochester 著 胡祖慶 譯《國際關係》
　　（《International Relations》），臺北：五南圖書公司，民國 84 年 10 月。

石之瑜《近代中國對外關係新論——政治文化與心理分析》，臺北：五南圖書公司，
　　　　民國 84 年 12 月初版。

何茂春《中國外交通史》，北京：中國社科院，1996 年 10 月一版。

裴默農《春秋戰國外交群星》，四川：重慶出版社，1998 年 12 月第一版第二刷。

語用學與《左傳》外交辭令

著　　　者：	陳致宏
發　行　人：	許錟輝
出　版　者：	萬卷樓圖書有限公司
	台北市羅斯福路二段 41 號 6 樓之 3
	電話(02)23216565・23952992
	FAX(02)23944113
	劃撥帳號 15624015
出版登記證：	新聞局局版臺業字第 5655 號
網 站 網 址：	http://www.wanjuan.com.tw/
E　-mail：	wanjuan@tpts5.seed.net.tw
經 銷 代 理：	紅螞蟻圖書有限公司
	台北市內湖區文德路 210 巷 30 弄 25 號
	電話(02)27999490
	FAX(02)27995284
承 印 廠 商：	晟齊實業有限公司
電 腦 排 版：	浩瀚電腦排版股份有限公司
定　　　價：	320 元
出 版 日 期：	民國 89 年 12 月初版

ISBN 957-739-319-5